lonely planet

EPIC RUNS *of the* WORLD

在全世界跑步

U0831976

中国地图出版社

目 录

容易 较难 史诗级

© Ian Walton for Virgin Money London Marathon / © Courtesy of Big Sur Marathon | Reg Regalado / © Stefano Jeantet

前 言

今天，跑步不仅仅意味着锻炼。马拉松不再只属于健身达人，这项运动已发展为一种狂热而多元的亚文化。当然，人们依然会通过跑步来塑身，但也有很多人在跑步中思考。有些人跑步是为了追求快感，或者只是为了保持清醒的头脑，还有些人把参加比赛当作一种广交朋友的方式。很多人在人行道上跑步，更多人离开公路，跑进荒野。无论在哪儿跑，用什么方式跑，大多数跑步者都认为这是他们生活中持久而基本的理想运动方式。

大多数跑步者还会认同一点：汗流浃背地穿梭于风景之间，能让你对这个地方生出一种深刻而奇妙的感觉。无论是在家附近熟悉的路线上反复奔跑，还是在旅行途中探索一片奇异的新大陆，跑步都能让你更深入地认识一座城镇以及居住在那里的居民。与步行游览不同，跑步可以迫使人们内省，还能让你在短时间内游历更多的地方。可以说，了解一个陌生环境最佳和最快的方式之一，便是参加一场本地赛事，那大概也是唯一能够兼顾锻炼和观光的方式。

事实上，跑步已经与旅行建立起一种令人惊讶的共生关系——经验丰富的旅行者坚称它可以治疗时差综合征，而跑步似乎确实是我们在旅行时仍会进行的一项运动，无论短期出差还是环球探险。只需要往行李里塞一双跑鞋，它就可以把我们带到珠峰大本营、澳大利亚内陆甚至北极，再简单不过。随着越来越多的人尝试跑步旅行和探险，有组织的赛事开始在全球各种极限环境中涌现。而且不只是普通马拉松——超级马拉松也在蓬勃发展。

过去10年，跑步界最引人注目的趋势或许是：那些总在下班后跑几公里的人已经能跑上10公里了；那些习惯跑上10公里的人开始跑马拉松了；那些跑过两场马拉松的人，竟然盯上了超级马拉松。

本书囊括了全球最棒的200多条跑步线路，它们分布于七大洲的大约60个国家。其中主要的51条特色线路均来自一手资料，由热衷跑步（有的人甚至以此为生）且坚信"跑过才了解"的作者撰写。这些故事会让你相信，有时候跑步也是见识一个地方的不错方式。

阅读本书，你将了解到，为何拥有120年历史的波士顿马拉松会成为这座美国最古老城市的一大骄傲，而一条从邦迪海滩到库吉海滩的轻松路线（只要跑上1小时）又是如何帮助你加入悉尼海滩健身迷的行列。你还将知道，为何撒哈拉沙漠严酷的156英里（250公里）马拉松等多日分段赛如此让人念念不忘，冬季的一场环魁北克快跑会怎样带你领略这座城市的美丽。

如何使用本书

本书的五个章节分别收录了特定地区的特色跑步线路，从容易上手的公园、城市环线，到具有代表性的马拉松、漫长而艰难的超级马拉松。目录页的色彩标记会帮你快速区分哪些线路比较容易，哪些线路需要强健的体魄和坚定的意志，哪些线路介于这两者中间（大多数参考的是距离和海拔高度）。每条主线都附有带你追随作者脚步的实用信息，以及具有类似特征的其他三条线路或赛事，可能离你更近或更容易实现。

需要指出的重要一点是，本书中的几条超难线路只有少数人有能力完成。在很多情况下，撰写这些内容的作者都是每天付费练习的专业跑步者。但这些故事在带你足不出户云游四海方面，价值不可估量。读过死亡谷的恶水135英里马拉松，你无疑会口干舌燥；再读一读众所周知令人摸不着头脑的巴克利马拉松，你恐怕也会眩晕。这些故事会鼓舞你振作起来，为一些大胆的想法开始训练，或许有一天，你也能报名参加一场从来不敢想象的比赛。

无论你决定往愿望清单中加入何种跑步项目，都最好花些时间搜集、研究详细的地图，依据各种有可能带你不走寻常路的线路选择装备。友好对待同行的跑步者，也要更友好地对待途经的野外环境。准备好面对当地人可能流露的奇怪眼神，以及最重要的一点：千万别忘记带上跑鞋。

顺时针从上至下：脚步沉重地跑过新西兰的开普勒步道；跑在澳大利亚的大洋路上；波西塔诺，意大利阿马尔菲海岸风景如画的休息站。4～5页：穿越澳大利亚拉拉平塔路径的复杂地形。

2～3页，顺时针从左至右：用双脚体验古老的吴哥窟和加利福尼亚大瑟尔的阳光；意大利阿尔卑斯山脉上的奇装异服主题跑；经典的伦敦马拉松。

亚洲

金山岭长城马拉松

慢跑在中国风生水起，

对于梦想在亚洲的人类奇迹上创造个人纪录的跑步者来说，这真是个好消息。

当我抵达金山岭长城马拉松的6英里（10公里）标识并穿过长城最高的一座烽火台时，我感到无比震撼。这段蜿蜒曲折、敌楼密集的古长城，与当今中国振奋人心的跑步热潮形成了鲜明的对比。金山岭上绵延的石龙雄伟壮观，穿着反光背心的身影在长城上艰难跋涉，我惊叹于新与旧两个世界竟以如此精彩的方式发生碰撞。

金山岭长城马拉松于每年4月举办，线路沿北京东北约80英里（130公里）处经过修复的几段长城展开，地点在为国内外游客参观长城而修建的一片现代化景区内。比赛实际上只有一小段在长城上，其他部分包括多种地形，可以欣赏长城美景，令人心旷神怡。不必非要跑到长城上面，你便可以领略长城的气势、历史及意义。

上过7年级的历史课之后，我就被中国的长城迷住了。这座5500英里（8850公里）长的建筑竟然建造于无法借助任何现代机械的遥远古代，还是中学生的我对此感到无比好奇。我饶

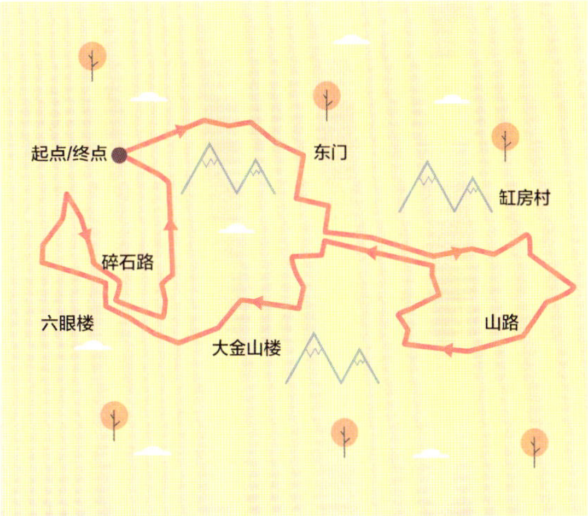

© Bobby Chen | 500px

有兴趣地了解到黏合石块的灰泥中还加入了米汤作为主要成分，以及长城如何保护古代的中国农耕民族免遭游牧民族的

侵扰。

走到起跑线的时候，选手们紧张地凑在一起，试图在清晨的寒冷空气中相互取暖。我尚未从前一天华盛顿至北京的14小时航班中恢复过来，此时情绪有些低迷，行动迟缓。从大概1500名参赛选手中听到有人用英语闲聊让我感到有些慰藉，他们中间还有不少从中国香港过来的英国人和澳大利亚人。虽然大多数选手是来自北京周边、人口密集地区的中国人（新手们大多想要向公众展示健身及其乐趣），但这场赛事依然具有鲜明的国际色彩。

随着开跑时间的临近，本地人真正地活跃起来了。一个北京跑团在起跑线的横幅下面摆姿势拍照，两名穿着粉色和橙色同款跑步服装的中国少女在开跑前紧紧拥抱。一位戴着纽约洋基队帽子的本地中年男人冲我竖起大拇指。接着，扬声器开始大声放出电子合成的流行音乐，3名比赛大使出现在小舞台上，带领大家充满活力地快闪热身。场面似乎有点儿像20世纪90年代初的健身视频，还有点像北京夜店的舞池现场。

几分钟不到，我们站在了起跑线上，准备开跑。"5！……4！……3！……2！……1！"预先录好的发令枪声响起，我们踏上征程。比赛从公园新铺道路的一段下坡路开始。2英里过后，随着选手们之间的距离被拉开，我们开始上坡，前方出现一座巨大的石砖大门，大门顶上有一座精心设计的蓝绿色青铜宝塔。气喘吁吁的选手排成一列，向上跋涉，穿过丘陵，然后登上长城众多烽火台中的一座。古代，烽火台上戍守的军人会沿着长城传递军事情报，如果入侵者逼近，就会点燃烽火作为信号。而在我们的比赛中，烽火台及其迷宫般阴暗的楼梯井，还有陡峭危险的台阶，都是独具特色的障碍物。

一般来说，在长城上跑步并非易事。实际上，有时候那更像是在崎岖的山间小径上跑步。上面有非常陡峭的台阶，迫使很多选手必须手脚并用，即使在平地上，脚下的石块也并不平坦，地面坑坑洼洼。想要欣赏风景，你还得先准确找到前行的方向。长城上没有一模一样的地方，你每迈出一步风景都不一样。在大约5英里的标志处，我突然踢到了自己的脚，扭伤了脚不说，还在失控的惊慌中一阵踉跄，以为自己肯定会摔个狗啃泥。还好我及时控制住了身体，没有摔跤。

终于，我们顺着一段台阶跑下了长城，进入了一片排水渠旁边的树林，穿过灌木中蜿蜒的小径。小径通向一座古老的村庄，那里有几名本地人正在尘土飞扬的小片田地上准备春播。一名穿着卡其裤和蓝毛衣的中国小男孩正安静地站在路边，朝

屹立不倒

最古老的长城始建于公元前7世纪，在此后的多个朝代，它被不断地重建、修葺和加固。曾经，城墙在中国延伸13,000多英里（21,000公里），如今只剩下大约5500英里（8850公里）保存完整。现存的长城大多建于明朝的1368年至1389年，1567年至1575年经过大规模维修。从辽宁虎山至甘肃省的一段保存得最完好。

顺时针从上至下：崎岖的山岭意味着无数上坡下坡；金山岭比赛几乎没有观众；脚底下的石头不稳固。10～11页：金山岭经过全面修复的一段长城。

经过的选手挥舞手中的彩色玩偶。与在世界各地大城市中举办的马拉松不同，这场比赛真正的观众似乎只有选手们的亲朋好友。

救助站补给的方式也很独特。半路上，我记得自己拿过水、香蕉和小番茄，然后再次沿陡峭的土路爬回长城。这一次，线路径直沿长城阴凉的南侧延伸约半英里，却让人感觉无比漫长。终于，我抵达了另一座城墙关口，爬上另一段让大腿抽筋的台阶，登上顶端，开始另一场艰苦的跋涉。

线路完成大约2/3的时候，我们彻底告别长城，回到公园的道路和小径上。这倒是一件好事，因为我的双腿已经筋疲力尽。我步履艰难地跑过最后5英里，冲过终点线。

跑完金山岭长城马拉松，我用了5小时多一点，肯定没法儿创下什么个人纪录。但回想起站在长城令人瞩目的烽火台及美丽的山坡高处，我不禁想到，如今的我为自己7年级的课程交出了一份多么不可思议的作业啊！　**文 / 布莱恩·梅茨勒**

跑步指南

起点 / 终点 // 金山岭长城公园

距离 // 26.2英里（42公里），还有10公里和21公里组别

到达 // 北京首都国际机场距离比赛起点约85英里（135公里）。有旅游专线从北京市中心直达金山岭长城。

何时去 // 4月。

住宿 // 金山岭长城悦苑酒店离起点较近；北京船舶重工酒店比较靠近北京市中心。

更多信息 // www.jslmarathon.com

行前参考 // 金山岭长城马拉松吸引了来自世界各地的跑步选手。赛事主办方会提供几种北京旅行套餐。

更多类似体验

在人类奇迹上跑步

印加古道马拉松，秘鲁

这项传统的活动更像是一次体验式跑步，而非一场竞技性比赛。从库斯科（Cusco）市中心出发，选手们沿最初的朝圣小道进入印加帝国的宗教之都、具有传奇色彩的“印加失落之城”——马丘比丘（Machu Picchu）。即使对于最老练的越野跑步者来说，这条线路都需要付出艰苦卓绝的努力，翻越环境严酷的山地，海拔高度介于8000~13,779英尺（2400~4200米）之间。26.2英里（42公里）的线路包括垂直高度10,400英尺（3170米）的上坡和11,000英尺（3350米）的下坡。不过，艰难跋涉的痛苦将会被抵达马丘比丘的狂喜和沿途邂逅考古遗址的惊喜一并带走。[另外，“印加古道经典30公里”是一条稍短的18英里（约29公里）跑步线路，从库斯科城外出发。两项活动都属于多日跑的游览项目，项目中包含了进入印加古道必需的特别许可证。]

起点 // 库斯科，秘鲁

终点 // 马丘比丘

距离 // 26.2英里（42公里）

更多信息 // www.andesadventures.com

佩特拉古城沙漠马拉松，约旦

佩特拉（Petra）古城沙漠马拉松是一项26.2英里（42公里）的赛事，浓郁的历史风情激荡人心。地点在约旦南部的沙漠地区，周围都是曾在电影《夺宝奇兵3》中出镜的壮观古迹。从公元前9000年在粉色砂岩中凿出的佩特拉古城附近出发，参赛选手沿着举足轻重的文化之路奔跑，途经古墓、寺庙、石窟等古迹，然后闯入约旦沙漠如月球般荒芜的风景之中。前半段赛道随着沙漠和沥青道路起伏，后半段陡然攀升，经过公路和碎石小路，直至22英里（35公里）标志附近的最高点，高度约为4600英尺（1400米）。值得庆幸的是，陡峭的上坡路之后便是通往终点线的4英里（7公里）下坡路。

起点 // 佩特拉

终点 // 瓦迪穆萨（Wadi Musa）

距离 // 26.2英里（42公里）

更多信息 // www.petra-desert-marathon.com

塔瓦香蕉赛跑，智利

复活节岛以古老的石像而闻名，每年2月的塔帕蒂节（Tapati Festival）期间都会举办一场歌颂本土文化的独特比赛。活动持续两周，亮点是塔瓦拉帕努伊铁人三项赛（Tau' a Rapa Nui Pa' ari triathlon），包括划芦苇船1300英尺（400米）、扛着两大捧重达22磅（10公斤）的香蕉赤脚奔跑大约3280英尺（1000米），以及游泳400米，地点均在一座被水淹没的古火山口里。当地鼓励游客参加比赛，尽管他们可能不愿像本地人那样只裹一块传统的兜裆布。岛上还有许多参加越野跑步的机会，比如在海拔1663英尺（507米）的泰雷瓦卡峰（Maunga Terevaka）那长满草的山坡上上下往返7英里（11公里），以及从安加罗阿（Hanga Roa）跑到一片白色沙滩（曾在这里发现最早的人类脚印），全程12英里（19公里）。

起点 / 终点 // 安加罗阿，复活节岛

距离 // 0.6英里（1公里）

更多信息 // www.easterislandspirit.com/tapati-festival

从上至下：沿印加古道至马丘比丘；约旦佩特拉古城下方的沙漠小径。

香港太平山

想纵览这座高楼林立的大都市，以及延伸至远处无比苍翠的乡村风景，
那就在日落时分跑上全香港岛最高的山顶吧。

克服时差综合征的方式据说有不少：在室内戴墨镜，服用褪黑素，甚至用光照膝盖后部（不信？你查！）。但最好的方式是什么？很简单。跑上一座大山。第一个下午不要纠结于是接受文化冲击还是努力保持清醒，你应该晒晒太阳，分泌大量内啡肽。

在某个地方读到这个理论之后，我觉得自己必须在抵达香港的时候试一试。我看过上千张关于香港的屏保图片，印象中它像是一座科幻小说中的城市——高楼大厦流光溢彩，被港湾水面的倒影映衬得尤为高大。但所有跟我交流过的人都说它是一座适合户外活动的城市，有绿地、山区和岛屿，最适合跑步。知情人士告诉我，我其实可以在一个夕阳无限好的时刻跑上这座岛屿的最高点——太平山，见识一下这座城市的两副面孔。

所以下午5点以前，在我最容易打瞌睡的时候，我昏昏沉沉地走出地铁站，来到香港公园。我本打算从地铁站就开始跑步，但初次来到香港市中心还没几分钟，我忍不住想要走一走，

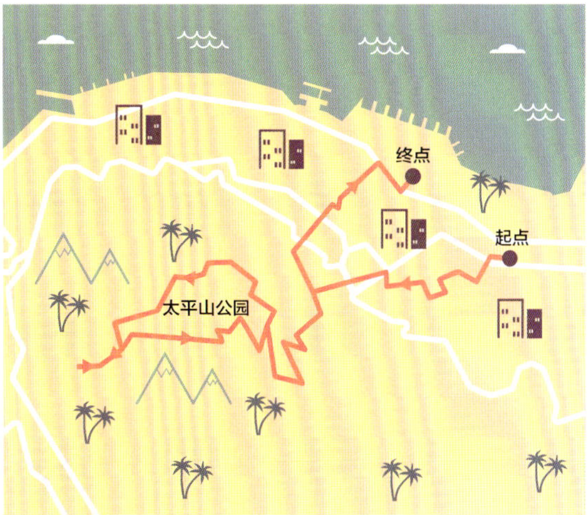

© Mike Pickles / Alamy Stock Photo

看一看。周围三面都是高耸的摩天大楼，唯有一面的山顶上没有高楼，可以见到一片葱茏。公园里面人很多，分布着杂七杂八

© Adrienne Pitts | Lonely Planet

的太极园、龟池和游乐园。身处这座亚洲大城市，我忽然感到自己的渺小和格格不入。

但我知道那都是时差综合征在捣鬼，所以我面朝山坡，拖着脚步不情愿地开始慢跑。起初，我必须得说，感觉很糟糕。除了立马就得面临上坡，还受到路上人来人往的影响，我根本没办法保持合适的节奏。这座热带城市比我去过的所有地方都闷热，错综复杂的小路让我无法确定该走哪一条。并且，总有个声音在我脑海里叫嚣——我还是想躺在床上……

不过，随后我的步伐开始适应坡度。我的呼吸变得跟心跳一样有规律，我的双腿能够跟上节奏了。我向上穿过香港动植物公园，踏上旧山顶道。

这条步行小路以离谱的角度蜿蜒向上。步行的人挤在上面，有的甚至还倒着走，好让自己的小腿得到放松。我只能抬腿落脚，迈着小步，若不是还能以稳定的速度与路人擦肩而过，我都觉得自己是在原地踏步。有的路人冲我微笑以示鼓励，有的路人却摇摇头，好像不管我做什么都是应该的。

我急促的呼吸声盖住了城市的声音。热带树木在路上洒下阴凉。闷热潮湿的空气让我大汗淋漓。双腿每摆动一次，长久积累的脚踝赘肉上都会滴下几滴汗水，好像正在变得更加紧实。闷头向前，我在这个机械的运动过程中浑然忘我。我跑起来了，开始享受脂肪的燃烧。

不知不觉间，我到了山顶。我的左侧是住宅和公寓，坐落于被很多人称为“全世界最昂贵的街道”旁边。上方是凌霄阁，一座奇特的铁砧形状的综合性商业中心，透过玻璃幕墙能看到送人上下山的7层楼自动扶梯。我还能感觉到身后的风光，但并不情愿停下脚步来欣赏。

毕竟，奔跑的乐趣才刚刚开始。我沿着卢吉道右转，跑上太平山那条著名的环道，行人立刻变得稀少。没过多久，这条路也变窄了，接入一条位于陡峭山坡上的平坦小道，路边还有黑色的铁栏杆。

从那儿穿过林间一处空隙，我开始饱览美景。脚下，是世界上最立体的城市环绕港湾——一颗东方明珠闪耀在中国南海。维多利亚港旁边的高楼上映出背后的山峦。随处可见青翠的山峰。海岸如同摩天大厦的插针包，它们的距离如此之近，以至于从这里俯瞰，仿佛造就出一种独特的地形。穿插其间的南海在落日余晖的照耀下波光粼粼。如果说攀登至此还没有让我窒息的话，那么眼前的景色做到了。

恋恋不舍地暂时放下风景，我开始专注于跑步的质量。脚

© Roland Nagy | Alamy Stock Photo

越野模式

众所周知，香港是世界上人口密度最高的地区之一（只有摩纳哥、新加坡和澳门能够与之匹敌）。但实际上这里只开发了25%的土地，其余的75%大多是受保护的乡村。纵横交错的小径使它成为全亚洲最适合跑步的城市之一。关于小径网络的更多信息，登录www.hiking.gov.hk查看。

从左至右：从太平山顶俯瞰香港；卢吉道是欣赏城市夕阳的最近位置。16～17页：小径上每一道转弯都有美景。

下的城市地面很平坦，但经过的地形让我感觉更像是在山中小径上跑步。其实原因显而易见，只是我被时差搞糊涂的大脑并未预料到——这条路线环绕太平山顶，所以风光移步换景。跑步的时候，每转过一道弯，就意味着前方的岛上风景又多了一道，身后的港湾风光又少了一抹。我终于找到了别人口中适合户外活动的香港——一幅囊括苍翠岛屿、无数船只和遥远城镇的海景画。太阳落下时，我转回卢吉道。

回到我最喜欢的观景台，我停下脚步。接下来的1小时，香港还会大变样。白天，这座城市与壮丽的自然风光相得益彰；到了晚上，视线不自觉集中于人文景观，还有城市中心令人难以想象的密集人潮及生活气息。车流汇成一条条光带。大楼上投射出巨型影像：行走的动物、游弋的鱼和飘荡的云。这座仿佛《银翼杀手》场景的城市充满生机，我站在观景台上，四周的宁静让这一切显得更加脱离现实。

靠在栏杆上，我的汗水渐渐褪去。现在是晚上7点，我觉得自己无比清醒。时差综合征、文化冲突全都消失了。我要在这儿待1小时，欣赏万家灯火。今天应该能睡个好觉。明天，我将精神焕发地醒来，用完整的第一天兴奋地探索脚下这座城市。

文 / 皮尔斯·皮卡德

跑步指南

起点 // 金钟站（Admiralty Station），香港岛

终点 // 中环站（Central Station）

距离 // 8.5英里（13.5公里）

到达 // 从香港岛和大陆前往金钟地铁站很方便。乘坐电车速度较慢，风景更优美。

何时去 // 香港全年气候温暖。

住宿 // 中环迷你酒店是本次跑步起点附近的经济型住宿选择。如果你预算充裕，可以入住第二十一威菲路酒店，这是一座细长的大楼，29层以上可以观赏美景。

更多信息 // www.greatruns.com / hong-kong-peak-circle；www.lcsd.gov.hk/tc/healthy/wheretorun.html

行前参考 // 如果你想待到日落以后，带上手电筒，以备下山时使用——小径非常黑。

更多类似体验

城市山地跑

达尼丁，新西兰

根据吉尼斯世界纪录大全的记载，全世界最陡峭的街道是新西兰城镇达尼丁（Dunedin）的鲍德温街（Baldwin St）。它的长度只有1150英尺（350米），却陡峭异常，35%的坡度让人在攀登时无比艰难。无怪乎这条街的周边区域能够成为南岛的跑步天堂。这里有完备的小径网络，包括上坡、滨海及纵横于奥塔戈半岛（Otago Peninsula）的路段——以数量众多的信天翁闻名。从达尼丁植物园（Dunedin Botanic Garden）出发，沿北路（North Rd）跋涉片刻，然后进入诺伍德街（Norwood St），在此改道，从鲍德温街上坡，经阿诺德街（Arnold St）下坡（这一段必须打卡），一路前往贝休恩谷（Bethunes Gully）。那里有一条穿过松林和天然林的小径，伸向卡吉尔山（Mt Cargill）山顶，你可以在那儿俯瞰半岛。

起点／终点 // 达尼丁植物园

距离 // 10.5英里（17公里）

更多信息 // https://www.dunedin.govt.nz/community-facilities/walking-tracks

里斯本，葡萄牙

众所周知，在里斯本的阿尔法玛区（Alfama）和上城区（Bairro Alto），铺着石灰岩鹅卵石的街道、棕榈成荫的广场和出乎意料的风光组成一座狭窄陡峭的迷宫。深夜和清晨，具有探索精神的人在这里揣着怦怦跳的心，一边奔跑一边游览古老的里斯本，大饱眼福。在这个拥挤狭窄的地方，很难挑出（或者循行）一条线路。比较好的办法是，跑过一连串标志性地点，看看最后你会到达哪里。城堡不容错过，还有里斯本主教堂（Sé Cathedral）和圣卢西亚观景台（Miradourode Santa Luzia），圣卡塔琳娜观景台（Miradouro de Santa Catarina）和阿尔坎塔拉圣伯多禄观景台（Miradouro de São Pedro de Alcântara）肯定能让你好好欣赏上城区。这条线路估计会让你迷路，还要攀登很多台阶，但一路上乐趣无穷。

起点／终点 // 罗西奥广场（Rossio Plaza）地铁站

距离 // 4～6英里（6～10公里）

第比利斯，格鲁吉亚

如今从欧洲前往高加索已经有了廉价航班，人们逐渐发现了这些位于欧洲边缘的亚洲国家的魅力。格鲁吉亚的首都第比利斯坐落于这个山国的中心，所以有几条从市中心出发的让人跑断腿的线路也并不稀奇。想要见识最美的第比利斯，乘坐61路公共汽车，前往瓦凯公园（Vake Park），爬至将近1970英尺（600米）处，经过龟湖（Turtle Lake），到达海拔3280英尺（1000米）的山顶。从那儿开始享受一条长途跑步线路，穿过风景壮观的姆塔斯明达公园（Mtatsminda Park），沿索洛拉基山脊（Sololaki Ridge）途经格鲁吉亚母亲雕像（Mother Georgia），到达从4世纪至今始终俯瞰老城的纳里卡拉要塞（Narikala Fortress）。从那儿顺着科捷·阿布哈兹街道（Kote Abkhazi St）前行，然后沿老城墙至自由广场（Freedom Sq）。

起点 // 瓦凯公园

终点 // 自由广场

距离 // 8.6英里（14公里）

从上至下：有人说达尼丁的鲍德温街是全世界最陡峭的街道；格鲁吉亚紧靠第比利斯两侧的房屋。

香港太平山

印度探险跑

在亨比附近的石原和遗址之间跑步，最大的障碍是被宏伟的印度教古庙或世界一流的攀岩线路诱惑得分散了注意力。

在印度的亨比，历经沧桑的古印度王国维贾亚纳加尔（Vijayanagar）遗址几乎与四周超现实主义的花岗岩砾石风景融为一体。它们好像是从彼此身上自然生长出来的，如同吉尔莫·德尔·托罗（Guillermo del Toro）的电影中自然世界和超自然世界的交会点。遗址分布于班加罗尔（Bengaluru）以北217英里（350公里）处的卡纳塔克邦（Karnataka）中部平原，是一批批登山和攀岩爱好者的向往之地：历经亿万年形成的岩层连绵数公里，在热带的阳光下攀登世界一流花岗岩的诱惑，吸引着越来越多的人前来。但即使你对拽着一条绳索攀爬不感兴趣，这里也会有一项冒险适合所有愿意甩开双腿的人——跑步。

穿上一双合脚的多功能户外鞋，亨比周边的丘陵就能变成你的全地形障碍训练场——跑步、攀爬，或者自由攀登——见证你成绩的是四周失落文明的遗址。不过类似环绕公园的那种悠闲慢跑恐怕不适合。这座古城只有几个区域设有大门并收取门票，蜿蜒穿过遗址的土路特别容易扭伤脚踝，圆形的花岗岩十分粗糙，攀爬于巨石之间动不动就会划破双手和膝盖。

一天，当客栈里面的其他人还在打鼾时，我叫醒睡在门旁的前台接待员，悄悄地走进曙光之中。每天的这个时候，亨比市场（Hampi Bazaar）都是猴子而非人类的世界。成群结队的恒

河猴在墙上溜达，随着我距离村庄居民区越来越远，慢慢跑上赫玛库塔山（Hemakuta Hill）的花岗岩山坡，经过维贾亚纳加尔时代一连串仅存轮廓的遗址，猴子的数量越来越多。上次过来的时候，我跟着城里半数的旅行者，闲逛着走上这座小山，观看夕阳从仍在使用的维鲁巴克沙神庙（Virupaksha Temple）头顶落下。不过我今天的目标是山顶密布的花岗岩巨石，在半明半暗的光线之下，它们看上去更像是蘑菇或者多肉植物，而不是没有生命的岩石。

我注意避开峭壁间散落的原始建筑，在两块房子大小的巨石中间找到一条缝隙，足有烟囱那么宽。我挤进中间，即使裹着一层厚厚的攀岩胶带，攀到顶端的时候，我的指关节还是流血了。站在这个有利位置，我为自己规划了一条穿行于遗址和峭壁之间的线路。于是我回到地面，沿着宽石拱廊跑了起来；这条拱廊曾经是维贾亚纳加尔古国的一座热闹集市。

我的第一站是翻过山脊前往亨比市场以东，那里的阿丘塔拉亚神庙（Achyutaraya Temple）中间有被侵蚀的扶壁——通常游人较多，但这个时候只有一群庙塔和柱子静静矗立。我停下脚步，试图攻克苏莱市场（Sule Bazaar）旁边一连串看起来很有趣的攀岩难题，这条宽阔的大道从前是维贾亚纳加尔古国的红灯区。

凑近观察之后发现，实际上很多巨石明显都是尚未完工的神庙建筑。古代石匠留下的人工孔洞整齐排列，取代了天然的线条。

我本该乐于花上一天时间一路翻越这些引人入胜的遗址，看看还能发现什么早已被人遗忘的古迹。但毕竟我是来跑步的，所以我乖乖地把镁粉袋塞回腰带，开始干正事，放弃主路，转入维塔拉神庙（Vittala Temple）后面错综复杂的赶牛小路。

一旦离开被人踩出的小路，亨比就更像是一条障碍赛跑的赛道，而不仅是跑步线路。我就像电子游戏中的人物一样，一路穿过支棱八叉的矮灌木丛，在大石头上跳来跳去，躲开荆棘，最大限度地利用岩石遍地的地形。在山脊的尽头，我发现一群农民正将饲料装上顺流而下的小木船。经过和农民短暂的商量，我得以搭船前往北岸的白色村庄阿内冈迪（Anegundi）。

在这里，冥想的氛围被更为传统的印度式体验所取代——喇叭“嘟嘟”作响的摩托车、市场上大声叫嚷的商贩、在眼花缭乱的外国人身旁边跑边笑的孩子们——但这仅仅是一支插曲。再次跑进乡村的时候，我尽可能躲开柏油路，选择田野边

神话传说

根据印度教学者的说法，亨比是神话中基斯基达国（Kish-kinda）的所在地，还是印度史诗《罗摩衍那》中猴神哈努曼的家乡。根据传说，这位罗摩神（Lord Rama）最忠实的追随者出生于阿内冈迪村庄附近的安贾娜德里山，在不毛之地流浪了千年，随后才开始英雄的征程，从魔王罗波那（Ravana）手中救出了悉多（Sita）。

从左至右：亨比的众多遗址很难不让人分心；绕一小段路，与古老的雕刻面对面。23页：巨石环绕的维鲁巴克沙神庙

缘的土路，于是又找回了清静。

更多的大石头兀立于农田的绿色汪洋中，仿佛一座座赭色的岛屿，不过我早已瞄准了更高的目标：安贾娜德里山（Anjanadri Hill）顶端的安贾娜马塔神庙（Anjana Matha Temple），根据传说，那里是《罗摩衍那》时代猴神哈努曼（Hanuman）的出生地。

顶着热带地区逐渐上升的气温跑上570级台阶，我简直被汗水浸透了。我停下来稍事休息，恢复体力，享受凉爽的微风，欣赏周围的风光。跑步返回亨比市场仿佛闲庭信步：迂回却平坦的线路穿过农田，通往河畔村庄维鲁帕布尔加迪（Virupapur Gaddi），正对栋格珀德拉河（Tungabhadra）对岸的亨比市场。再一次乘船渡河，我在维鲁巴克沙神庙下方的河堤台阶下船。一群身着莎丽（sari）的女人正在村外昔日的神庙和宫殿雕饰石基上勤快地洗衣服，敲打出黎明的勃勃生机。

看着眼前的一切，我感到一种凯旋的愉悦。用不了一小时，我身上每一件被汗水浸透的衣物都会被送到台阶上成堆的待洗衣物中，而我将在旅行咖啡馆的芒果树下悠闲放松，心满意足地消磨掉今天最热的时光。　**文 / 乔 · 拜恩德洛斯**

跑步指南

起点 / 终点 // 维鲁巴克沙神庙，亨比市场

距离 // 8.5英里（14公里）

到达 // 北京、上海、广州都有飞往班加罗尔的定期航班，那里有开往霍斯佩特（Hosapete）的火车，乘坐公共汽车很快即可抵达亨比市场。

何时去 // 10月至次年4月。

住宿 // 亨比市场和阿内冈迪有很多客栈，但政府已经开始取缔历史区内开设的住宿场所，所以拜访之前要提前核实。

更多信息 // www.tourismofindia.com

行前参考 // 鞋底较软的多功能户外鞋比传统跑鞋更合适，跑步手套便于攀爬锋利的巨石。另外，一定要带上印度卢比现金，用于支付船费。

右页：缅甸蒲甘佛塔上空的热气球，四周是适合快速奔跑的平坦地形

更多类似体验

跑步穿越遗迹

法塔赫布尔西格里，印度

印度莫卧儿帝国的宏伟遗址大多是热闹的朝圣地点，所以不太适合身穿紧身莱卡运动服的跑步者。但法塔赫布尔西格里（Fatehpur Sikri）有足够安静的角落，你可以不受当地风俗的干扰跑步，只需选择一身朴素的行头，比如宽松的运动裤和T恤。阿克巴命运多舛的都城遗址分布于四周的农田之间，只有贾玛寺（Jama Masjid）经常有朝拜者光顾，所以你可以先在宫殿之间曲折前行，然后前往当年莫卧儿商人扎营的大车店，接着慢跑进入印度乡村的翠绿田野。

起点 // 法塔赫布尔西格里火车站

终点 // 西格里希萨伊夫（Sikri Hissa Iv）村

距离 // 3~9英里（5~15公里）

贡开，柬埔寨

吴哥窟占据了柬埔寨的所有头条，但继续往北几个小时车程处的雨林中，掩映着另一座寺庙城市的壮观遗址，里面遍布丛林藤蔓和高棉雕刻，而且只有少量游客。对于渴望异域植物、古老遗迹或者只是与虫鸣相伴的跑步者来说，它无异于一个理想世界。在遗址附近的旅馆过夜，你有可能一人独享这片梦幻般的风景：鳞次栉比的寺庙、破败的雕刻和干涸的池塘。不过需要警惕的是：贡开（Koh Ker）的地雷并未完全排除，所以明智的跑步者一定要跑在连接已发掘寺庙的主路上。

起点 // 贡开村

终点 // 贡开的五塔庙（Prasat Pram）

距离 // 2~9英里（3~15公里）

蒲甘，缅甸

蒲甘（Bagan）的佛塔群是亚洲的一大奇迹，也是理想的跑步地点，这里纵横交错的乡村小径平坦、干燥，伊洛瓦底江岸有一处完美的终点，可以在那儿欣赏如血的残阳慢慢沉入雾气迷蒙的山后。建议将跑步时间安排在傍晚凉爽的时候，那时落日熔金，红砖佛塔如同森林的剪影。寺庙群占地10平方英里（26平方公里），也就是说，只要你的双腿还有力气，你就可以一直跑：从金光闪闪的瑞喜宫塔（Shwezigon Paya）绕一小段路，前往老蒲甘的大门，或者继续跑上几英里，经过新蒲甘和良乌（Nyaung U）之间的农田及其中间的偏远佛塔。

起点 // 瑞喜宫塔，良乌

终点 // 老蒲甘船码头

距离 // 3~12英里（5~20公里）

京都鸭川河畔

在日本的寺庙之都，一次不经意的跑步，
便能发掘出隐藏的宝藏和被忽视的生活片段。

日本京都，一个夏初的潮湿傍晚，我无意中从城市的火车总站出发，开启了一次短途跑步。将家人送上返回东京的高铁之后，我感到又累又饿。我先是试图搞清要返回当时居住的郊区该如何乘坐公共交通才最合理，之后我便放弃了这个想法，开始跑步。我知道自己在哪儿，也大概知道自己要去哪儿，只是不太确定如何到达。最终的结果便是我平生最难忘的一次跑步历程。

现在我把它称作我“一期一会”的跑步之旅。在日本期间，我学会了这个表达方式，大意是“此时此刻，永不再现”；有的人把它解释成“一生只有一次的时刻”。当然，我对这个概念很熟悉，但从未想过将它用于跑步。如今回头想想才明白，这座日本曾经的首都与东京相比只是个位于乡野的村庄，但却是一个似乎每个角落都隐藏着“一期一会”的地方。这座城市宁静的外表下面潜藏着不可思议的意外时刻。

京都群山环抱，处处绿意盎然。这里大约有150万居民，规模肯定不能算小，但与东京超过830万的人口相比，绝对是小巫见大巫。京都还是日本传统町屋从“二战”中幸存下来的少数大城市之一。从东京出发，乘坐2.5小时的火车，下车的那一刻，你会觉得时间慢了下来，而且这座城市似乎永远蒙着一层柔和的金光。

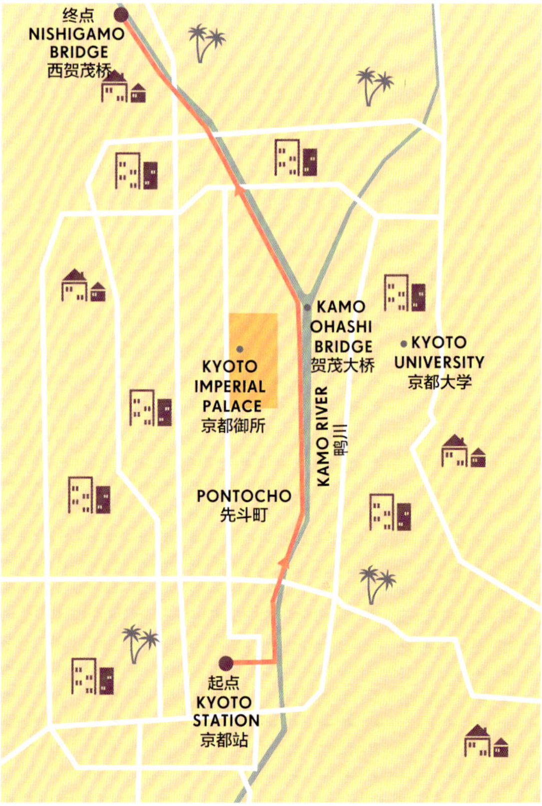

“这才是我想象和希望见到的日本——葛饰北斋和歌川广重笔下的木桥、神社的朱红鸟居……”

京都三面环山，郁郁葱葱，山清水秀，并未被城市的扩张吞噬。这才是我想象和希望见到的日本——葛饰北斋（Hokusai；日本江户时代的浮世绘画家）和歌川广重（Hiroshige；江户时代的另一位浮世绘画家）笔下的木桥、神社的朱红鸟居……第一次漫步其间时，我觉得好像每一栋建筑都是寺庙。如果听上去像是夸张，那你得知道，这里的寺庙神社数量超过1600座。

来到京都之后，我已经随意地跑过几次步，但都是围绕御所，在草木葱茏的城市北部沿预定线路跑步。我还跑过哲学之道——这条步行小路沿溪流蜿蜒约1.5英里，从银阁寺（Ginkaku-ji）至南禅寺（Nanzen-ji），后者是一座13世纪的佛教禅寺，也是所有跑步者不容错过的地方。阶梯式弧形屋顶、砾石斜坡、绘有苍鹭的艳丽屏风，会让你觉得仿佛跑在歌川广重的版画中。

但我遗漏了鸭川（Kamo River）：这条河从北部山区发源，一路奔流至南部的下鸭神社（Shimogamo-jinja shrine）。城市的河畔经常是行人络绎不绝的热闹场所。闲逛的游客（当然，我没把自己算进去）让人不管以什么速度都很难运动起来，而且河畔线路的汽车尾气往往多过风景。然而，今天，它似乎是我从A点前往B点的最合理线路，所以我选择了这条路。

从忙碌的车站进入河畔小路，四周立刻变得无比宁静。这里有宽阔的绿色河岸，两边鲜花茂盛。芦苇伸出水面，白鹭在河中捕鱼。樱花季即将过去，每阵风都能吹落残存的花瓣。

我过了桥，河面虽宽，水流却很浅（大部分地方深度不足1米），实际上你完全可以从专门放在水中的龟形踏脚石上跳过去。河水流过平坦的石头时，发出柔和的“汩汩”声。本地人在这儿钓鱼、散步，或者跟我一样跑步；孩子们在戏水。鸭川流经京都最著名的艺伎区祇园（Gion），但它的风采大多不为人所见。不过，先斗町（Pontocho）背靠河流的餐厅露台上已经摆满了餐桌。

若是心中有了目的地，我经常会稍微加快奔跑的速度，只为尽快抵达目的地。但那个晚上，我发现自己跑步时尽可能地放慢步伐，只为全身心地陶醉其中。

跑过2英里左右，我碰巧在京都大学（Kyoto University）附近赶上了一场“即兴室外音乐会”。起初只有一名青年优雅地演奏小提琴（我以为他是个街头艺人）；继续往前几百米，一名长笛手吹出跌宕起伏的乐声；再过两百米左右，我又经过一名弹奏电子琴的钢琴师；后来还有几名独唱和对唱的歌手；继续前

山中僧侣

居住于京都比睿山（Mt Hiei）的僧侣有时会为了寻求开悟，用1000天跑上1000场马拉松。只有不到50人曾经取得过这项非凡的耐力成就，他们被尊为“活着的圣人”。幸运的是，普通跑步者无须实现这种跑步的史诗级壮举或者追求圣人的地位，只需探索美丽的小径。

© Toorykrub | Shutterstock

行不久，我又遇见一名小提琴手。后来我才知道，这里是学习音乐的大学生们最喜欢的练习地点。

快到终点的时候，我遇到了完美的最后一幕，甚至让我忍不住驻足片刻：前面有一对身着日本传统服装的夫妇手挽着手慢慢地走着。她穿着淡粉色的夏季和服和传统木屐，头发梳得一丝不苟，身后的手袋恰到好处；他身着深色和服，系着色彩对比鲜明的金色腰带。实际上，日本游客在京都穿着租来的服装观光很常见，不失为一种缅怀往昔的浪漫怀旧方式。尽管听起来有些做作和奇怪，甚至可能有点儿庸俗，但它与鸭川河畔此时此刻的场景完美融合，似乎能将你带回过去的岁月。

如果你像我一样，每天都跑步，那么肯定不想一次又一次重复已经厌倦的同一条线路。你会反观内心，试图忽略车流和看厌了的小山。但在一些新地方，你可能会回到某个时刻，甚至与"一期一会"不期而遇。

那天，我本可以沿鸭川一直跑下去，甚至不会留意到时间的流逝。这次的经历提醒我，最好的跑步体验还应该具有冒险性和探索性。它还让我明白，我们日常的跑步也会遇到"一期一会"。如果没有，那只是因为我们寻找的时间还不够长。

文 / 凯特 · 卡特

顺时针从上至下：鸭川河畔的餐厅；跑步者在这里不多见；春天樱花盛开，29页：鸭川河畔排列的传统民居。

跑步指南

起点 // 京都站，市中心以西

终点 // 西贺茂桥（Nishigamo Bridge）

距离 // 6英里（10公里）

到达 // 京都与东京之间有新干线。

何时去 // 一年中的大部分时间，这条河流两岸都是本地人喜爱的地方。3月下旬至4月中旬是樱花盛开的时节。

住宿 // 祇园是风景最美的地方，不过市中心和京都站周边的酒店最多，并且都位于河流附近。

更多信息 // www.greatruns.com/kyoto-kamo-river-paths

行前参考 // 鸭川沿岸的小路还非常适合骑车或循环训练，沿途有长凳和活动区。

右页：东京马拉松，全世界规模最大的比赛之一，也是6个主办世界马拉松大满贯的城市之一。

更多类似体验

日本必跑线路和赛事

东京马拉松

在日本，马拉松是一项受全民追捧的运动，优秀的选手更是全国民众的偶像。即使作为业余选手参加东京马拉松，你也能听到"加油！加油！"的欢呼声，一旦跑完全程，你还会看到排着长队的志愿者夹道为你鼓掌。线路都安排在这座城市最宽阔的平坦大道，终点就在皇居（Imperial Palace）外。如果有机会参加友谊赛——马拉松前一天的5公里热身赛——一定要抢到名额。与来自世界各地的选手们齐聚一堂，大家穿着民族服装，脸上画着国旗的颜色，更是一次欢乐有趣的体验。

起点 // 东京都厅舍

终点 // 皇居

距离 // 26.2英里（42公里）

更多信息 // www.marathon.tokyo/en

箱根小道，箱根

从东京羽田机场乘坐火车，仅1.5小时即可到达关东地区这些无比美丽的小道。天气晴朗的日子，你可以从小道上的很多地方望见富士山的美景，还有清澈见底的湖泊和青翠茂盛的森林。公路跑是日本最主要的跑步形式，越野跑相对新颖，但关东地区有很多俱乐部和赛事，通常由本地商店组织。如果你有幸在新年期间留在日本，绝不能错过"箱根驿传"（Hakone Ekiden）——一场在东京和箱根之间举办的接力赛，还会在电视上面向数以百万激动的日本民众直播。比赛线路中有几个小山峰和山脊，让你上上下下地奔跑。在前往金时山（Mt Kintoki）的陡坡上，你能发现两三家茶馆，或者跑跑芦之湖（Lake Ashi）附近13英里（21公里）的小道。

起点 / 终点 // 箱根站

距离 // 5～20英里（3～12公里）

更多信息 // www.hakone.or.jp

比睿山，京都

从春天的鲜艳杜鹃到秋天的如火枫叶，京都周边山区的风景四季分明，无比壮观。这里还有多条小径和线路，但无论你走哪条路，地形都高低不平，岩石密布。虽然与12,388英尺（3776米）的富士山相比，这里的海拔高度不高，只有2782英尺（848米），但绝对是不错的锻炼场所，随着你登上山顶并到达被联合国列入《世界遗产名录》的延历寺（Enryaku-ji），景色变化明显。上山路上沿途的风景同样令人赞叹——天气晴朗的时候，你甚至一路上都能望见大阪（Osaka）。喜欢极限探险的人可以挑战完整的43英里（69公里）"京都一周"（Kyoto Isshu）步道。如果想要一日游，可以乘火车至修学院（Shugakuin）站。这里有一条热门小径从距离车站约1.5英里（2.4公里）处出发，向上延伸至比睿山（Mt Hiei），直至延历寺（如果不想走下山，可以乘坐缆车）。

起点 / 终点 // 修学院站

距离 // 往返7英里（11公里）

START

厦门马拉松

在寒冬里前往温暖的南方，用一场马拉松迎接新年，
在如画的海边赛道上感受厦门这座岛城与众不同的魅力。

1月，是来南方的好时机。当北方还在下着鹅毛大雪，东南一隅的岛城厦门依然绿树成荫、鸟语花香，加上干燥无雨，空气能见度佳，绝对是脱掉秋衣秋裤和羽绒服的最佳时机。厦门马拉松也颇合时宜地选在了每年1月的第一个星期天。

厦马是突破自己的最好时机。你可以在开年的第一周，就在一年甚至人生的To do list上，划掉那条“完成一次全马”。经历了“夏练三伏、冬练三九”，就是这个时候，该展现你的执行力了，去挑战这个看似不可能的任务！作为一个隔了4年才又跑了第二次（全程）马拉松的人，相信我，一个人的首马很可能就是一个now or never的时刻。

厦马42.195公里的赛道沿着厦门岛最美丽的南部海岸线跑

图虫提供

一个来回，核心路线足以串起岛上最经典的几个旅行目的地：风景极佳的黄厝海滩、“最文艺的村庄”曾厝垵、依山临海的厦门大学、中古店和咖啡馆扎堆的沙坡尾、美食云集的中山路等。如果你是第一次到厦门，不用参考什么旅行指南，沿着赛道周围逛一圈，也足够让你完成一趟旅行了。

厦马的起点和终点都在国际会展中心，采用公共交通抵达是最好的方式。从起点开始，“彩旗飘扬、锣鼓喧天”的集体活动画面感便扑面而来。厦马是目前国内除了北马、上马之外第三个只有全程马拉松的比赛，每年赛事规模控制在3万人左右。

大多数普通跑者的出发时间差不多是上午8点，出了起点拐个弯，就来到了主赛道——环岛路。作为一个土生土长的厦门人，走过无数遍的环岛路，也去过世界上很多海岛城市，但不论何时开车、骑车、跑步经过环岛路，都依然会赞叹环岛路的漂亮宜人。她常换常新的园林布置，自带的文艺气息，总是满足着旅行者们对南方“面朝大海、春暖花开”的期待。

跑过3公里处的“一国两制、统一中国”大牌匾，会提醒你对面就是浅浅的海峡。在20多年前还没有环岛路的时候，这里还是一大片战备林。6公里左右是一个平缓的上坡道，即便你是个有经验的跑者，也会感受到心率的提升。从这里一直到11公里处的厦门大学，都处于不断上坡下坡的状态，中间会路过“网红渔村”曾厝垵。

跑到这里的时候，你很难忽视厦马超乎寻常的友好的赛道氛围，这是你在国内其他马拉松比赛中很难体会到的。尤其是自发在路边围观的市民，都非常卖力地为所有的跑者高喊加油。最起劲的是小朋友，个个伸出真挚的双手要和跑者们击掌鼓劲。从他们的眼神中看得到一种熟悉的集体主义自豪感和对体育运动质朴的热爱。而且这种热情可以持续到比赛结束，这一点最是难得。

这种氛围和厦门的城市特质有关。到2020年为止，厦马已经走过了18年的历程。相对于近五年才雨后春笋般出现的中国城市路跑，厦马算得上“历史悠久”了。虽然比不上北马和上马这种带着明星城市光环的大型赛事，但厦马和她所在的城市气质一样：温馨而有人情味。

11公里左右，终于跑到我的母校“南方之强”厦门大学，真正坐拥无敌海景的中国最美大学。我在厦大读书的时候，厦马刚刚开始举办，当时听说有人要去参加马拉松，还是一脸问号。什么是马拉松？要跑多远？我能参加吗？没承想，青春年少的时候没跑过马拉松，到了30多岁才来凑热闹。

转上演武大桥，这是一个所有人都会“哇……”一声的地方。演武大桥是世界上距海面最近的跨海大桥，人在桥上跑，就像在海上行。在你的右手，可以观察厦门岛的轮廓。在你的左手，可以毫无阻碍地看到世界遗产鼓浪屿。不论你是否认可这些新世遗，鼓浪屿还是值得在有空的时候“到此一游”。在“千城一面”的中国城市当中，这是为数不多有特色的城区。

跑下桥就来到了轮渡码头和中山路的街口，这个时候你会闻到各种沙茶味、炸物味和不知哪儿来的饭香，碳水化合物和脂肪的诱惑冲击着你正进入极限的脆弱身心。艰难地克服这些诱惑后，进入周围环境相对平庸的城市赛道段，一直到半程折返点，这段路算上往返有6公里左右。当你再次回到轮渡码头，再被碳水化合物冲击一轮的时候，就算正式踏上迈向终点的返程路了。

在31公里处，一定要去吃一吃进明寺的补给——厦马补给菜单上最著名的“进明寺面线糊”。进明寺的补给原来是“私补”（也就是非官方补给站），声名远扬后被收编成了官方补

一定要全副武装

厦马开跑的温度一直都维持在15℃~20℃之间，穿上背心（或者T恤）短裤就够了，千万别穿多了，否则跑10公里就会热晕。空顶帽、墨镜也最好都戴上，防晒霜要涂得够厚。尤其是完赛成绩在4小时以上的选手，很可能面临后半程在太阳下炙烤的情况。不要像我一样，最后被晒伤了。

顺时针从上至下：选手冲过终点线；厦门大学美丽的校园；装扮成黑白无常的参赛者。34~35页：参赛者跑在演武大桥上。

给。大量热心观众的私补，也是厦马的一大特色。私补有时候真的是救命稻草。我还记得第一次跑马的时候没什么经验，当时厦马的补给系统还不够完善，就是靠着一个陌生人手里的一条士力架才撑完了最后的5公里。

冲过42.195公里的牌子，我还是故作镇定地发了一条朋友圈，放松酸胀的双腿之余享受一下云点赞。走出赛后恢复区，正午的阳光已经有些灼热，跑步的人如潮水般退到单车、公车、地铁上去，回归到了正常的生活状态。究其本身，完成一场马拉松只对你个人有意义。我们终究还是要回到朝九晚五（甚至可能是996）的生活中去，在每一个忙碌的日子里，日复一日年复一年地绕着同样的赛道，跑着10公里、15公里、20公里，最后才能完成那个42.195公里的里程碑，用跑步去对抗着自己世界里的那一点什么。至于是什么，每个人都有自己的答案。

文 / 黄嵩

跑步指南

起点 / 终点 // 厦门国际会展中心

距离 // 42.195公里

到达 // 厦门的航线网络和高铁交通都很发达。

何时去 // 1月的第一个周末，运气好的话可以拼上元旦假期，1月是厦门跑步的最佳季节。

住宿 // 起终点附近有许多步行可达的星级酒店可供选择，但要尽早预订，厦马每年都非常火爆。环岛路沿线遍布民宿，也是不错的选择。

更多信息 // http://www.xmim.org

行前参考 // 比赛前一天可以在环岛路上试跑3公里，感受一下赛道气场。

右页：鼓浪屿僻静的巷道很适合跑步。

更多类似体验

厦门多样地形探秘

东坪山越野跑

东坪山是厦门岛内的一座宝藏山峰，一般只有本地人才会在周末上山踏青郊游，游客罕至，有一种大隐隐于市的美感。跑腻了大公路，来越野跑吧。东坪山越野跑环绕东坪山一圈，公路道、林道、岩石道，各种地形都有，满足一切“野”的乐趣。16公里的距离不算长，爬升700米的强度不算高，算是入门级的越野跑。目前的赛事只有夜跑项目，记得戴上头灯，最好有一定越野经验后再尝试。

起点 / 终点 // 东坪山歌友会

距离 // 16公里

鼓浪屿日出跑

能在世界文化遗产鼓浪屿城区上跑上一圈，恐怕是不少跑者心之所向。每年11月底在鼓浪屿上开赛的日出跑，就能满足这个心愿。路线囊括了鼓浪屿所有的经典建筑，三一堂、番婆楼、八卦楼、海天堂构等，几乎叫得上名字的都在路线之内。而且沿途还有钢琴和四重奏乐队，简直太符合鼓浪屿的气质了。但要注意，这项赛事仅接受女性报名。

起点 / 终点 // 鼓浪屿钢琴码头

距离 // 8公里

五缘湾环湾跑

五缘湾是位于厦门东北角的内湾，是游艇帆船的锚地，更有五缘湿地公园，被称为厦门绿肺。环湾有非常完备的行人步道和自行车道，机动车无法进入且地势平坦，每到周末，许多本地跑者都会驱车来此做拉练。黄昏的时候绕着内湾跑一圈，可以看到红树林里栖息的白鹭、归港的帆船以及三三两两在湿地公园草坪上野餐的人群。跑步的过程中可以走进这座城市最真实的一面。

起点 / 终点 // 五缘湿地公园

距离 // 贴着环湾步道跑一圈，正好10～11公里

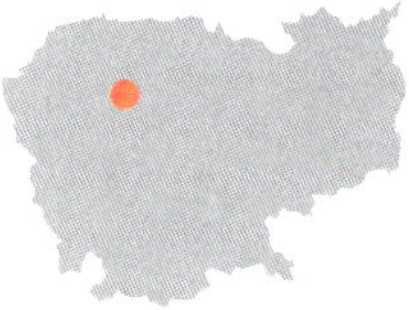

吴哥窟国际半程马拉松

这场赛事在东南亚最伟大的古代庙宇之间举行，
炎热、潮湿、神奇、无序——就如同柬埔寨本身。

比赛当天，走进黎明前夕令人窒息的高温中，我们的喉咙已经渴得冒烟儿了，我和丈夫系紧跑鞋的鞋带，跌跌撞撞地走上暹粒（Siem Reap）热闹的街头。爬上正在等待我们的突突车，我强忍着反胃，吃了一根香蕉。比赛当天，我一般都会有点儿紧张。不过当司机熟练穿梭于拥堵的街道时，温暖的空气带着熟悉的气息吹过我的脸庞，我感到一种莫名的舒适。

我们乘车前往吴哥考古公园（Angkor Archaeological Park）时，天还没亮。那里坐落着全世界最壮观的几处遗址，历经几百年建成的寺庙群，其中最古老的可以追溯至9世纪。吴哥曾经是世界上最大的城市，据估计，鼎盛时期它的人口超过100万。

在红色高棉高压统治的数十年间，吴哥几乎没什么变化，直到随后的若干年中，这里的旅游业渐呈“井喷”之势，使得暹粒这座一度沉寂的城市摇身一变，成为熙熙攘攘的地区中心。每天早上有数百人聚集在最大的寺庙，等待观看日出。每年造

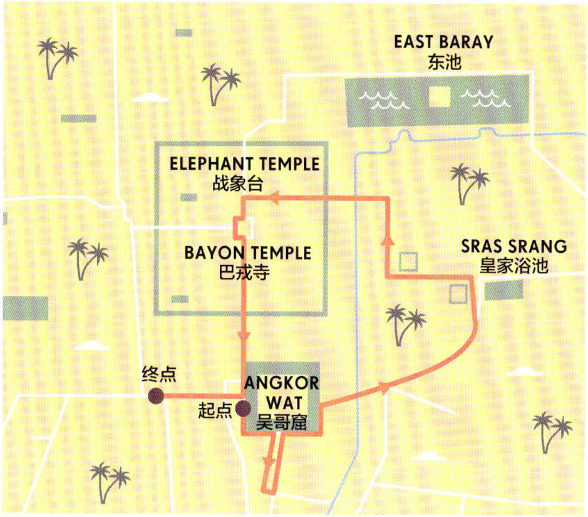

© Mark Read | Lonely Planet

访遗迹的游客超过200万。

不过，我和丈夫乔（Joe）刚到吴哥的这一天，街道上明显

© EyesWideOpen / Getty Images / © Xinhua / Alamy Stock Photo

“那些寺庙看上去即将被周围丛林的绞杀榕吞噬，却依然傲然耸立。”

没有多少游客。原来他们都挤在汽车和突突车里——这些车辆正将来自世界各地的选手送往第22届吴哥窟国际半程马拉松的起点。

可是尚未抵达寺庙的入口，我们的突突车就减慢了速度，然后令人沮丧地停了下来。笑容满面的司机转过身，向我们保证这里距离目的地只有几分钟的路程，不必担心。可我和乔在发展中国家待得久了，早就知道他们是怎么回事。除了我们以外，还有几十辆车挤在仅容一车通过的入口缓缓挪动。后来的事实证明，整个赛事都跟眼前一样，人们对时间无所谓的态度令人惊讶。

于是我们决定干脆提前开始我们的比赛，跑完剩下的路程，作为热身。也就是在这段路上，那些冲破丛林和绞杀榕的吞噬、傲然耸立的寺庙映入了我的眼帘。

它们矗立于宁静昏暗的茂密树冠中间，是失落已久的世界留下的寂寥遗迹。“难以置信我们要在这儿跑步。”乔在我身旁轻声说道。我们不免想要驻足凝望，但比赛开始的时间一分一秒地临近。

等我们终于到达起点的时候，已经汗如雨下。太阳尚未升起来，但我们敢说，今天一定将是我们参加过的比赛中最热的一次。几分钟拖成几小时，比赛依然没有开始。我们忧心地看着太阳在天空中越爬越高，心里明白气温也会随之迅速蹿升。

整整过了两个小时，发令枪声才响起。我总是很喜欢比赛的最初时刻：一群人分外积极，争先恐后，都试图比别人快上几秒钟；这么多火热的身体挤挨在一起；还有不知道今天这场比赛将以何种方式结束的一种紧张感。

经过前面几座寺庙的时候，我们伸长脖子，想要看清它们宏伟和精美的一面，还有不可思议的大石块如何被稳固地堆砌起来，以及上面的叙事雕刻。在一条平常会被游客、突突车和旅游大巴堵塞的大道上见到这些古迹时，我们的身边只有其他几名选手。当我在几天以后被人群裹挟着参观寺庙时才明白，此时我体验到了大多数人从未在这些寺庙中间感受过的宁静。在最初几英里的某个地方，我明白自己的胸口喘不过气来不只是因为运动的劳累，还因为自己正沉湎于令人惊叹的建筑和历史。有的选手还停下脚步自拍——这帮人可真没好胜心。

比赛开始大约1小时后，街道再次面向公众开放。尽管气氛不再那么清静，但此时路边站着一排排本地观众，有的只是在

© EyesWideOpen | Getty Images

马上行动！

21世纪初，吴哥的塔布隆寺（Ta Prohm）在安吉丽娜·朱莉主演的电影《古墓丽影》中出镜并一举成名。最终它为寺庙群的保护带来了福音，因为拍摄团队会为现场拍摄的每一天付出当地人闻所未闻的$10,000，这笔资金全部直接投入了公园项目。

从左至右：出售补充体力的食品的暹粒小贩；上午独享寺庙的跑步选手；突突车将选手送到起点。40～41页：傍晚的吴哥窟

树荫下观看，有的则哈哈大笑（不是跟我们一起笑，而是冲我们笑）。本地孩子还会跑上赛道，举手与我们击掌。

快到终点的时候，街上出现了几排跟我们一样的外国人，操着各种听不懂的语言欢呼。我需要欢呼——这个时候，我会拼尽全力，比起挪动双脚，我愿意迎接更大的挑战。一般来说，我是个相当厉害的冲刺选手。然而，令人难受的高温和潮湿束缚了我的手脚。

好在接下来，我挂上了熟悉的“二挡”。我飞速超过向着终点晃悠的选手，经过更为高大的寺庙，随后冲过终点线。然后仅此而已——没有散步放松，没有分发苹果或饮用水的志愿者队伍，只有迅速递给你的一枚勋章，后来我们便陷入柬埔寨无处不在的人潮中。与世界各地的大多数比赛不同，终点附近的人群并没有很快散开的打算。

虽然线路大多是平坦的路面，但突突车、汽车、游客和高温让人觉得它的距离远远不止13英里（21公里）。尽管如此，我和乔还是跑到了终点，漫无目的地走过人群，与来自世界各地的人交朋友，此时此刻，我们哪儿都不想去。或者，我们只想回到那片遗址，好好探索一番。 **文 / 阿丽西亚·瑞博恩**

跑步指南

起点 / 终点 // 巴戎寺（Bayon Temple），吴哥考古公园

距离 // 13.1英里（21公里）

到达 // 从暹粒经公路前往公园，路程大约3～4英里（4.8～6.4公里）。突突车和出租车随处可见。不过最好前一天晚上通过所居住的客栈或酒店安排好去起点的车辆。

何时去 // 12月的第一个周末。

住宿 // 包括Courtyard Marriott和Angkor Palace Resort在内的几家酒店提供马拉松套餐。

更多信息 // www.cambodia-events.org/angkor-half-marathon

行前参考 // 这场比赛的最大挑战是高温、潮湿。饮用水有补给，不过强烈建议自行预备其他补给品。

右页：泰国皮皮群岛有很多通往偏远海滩的土路。

更多类似体验

宁静的东南亚

皮皮群岛，泰国

泰国岛屿最有名的是狂欢的派对和完美的海滩，来到这里，你首先想到的不会是跑步。但是，跑步的人可以利用皮皮群岛（Ko Phi Phi）上景色优美、维护良好的小径逃离喧嚣的旅游区，前往宁静的观景点和更为僻静的海滩。先攀登大约1英里的水泥台阶，或者更平缓、更长的柏油公路，前往能够俯瞰岛屿的三处观景点。如果选择台阶，这是一条有趣的助燃大腿肌肉的线路；不过公路蜿蜒穿过当地村庄，路标数量有限，是更为安静的选择。小路最终通向岛屿另一侧的4片海滩：都阁湾（Ao Toh ko）、北榄（Paknam）、兰迪（Rantee）和罗巴高（Lo Bakao）。

起点 / 终点 // 通塞（Tonsai）村

距离 // 3～6英里（5～10公里）

下龙湾马拉松，越南

穿过越南下龙湾（Halong Bay）的经典之旅是乘坐一艘航速缓慢的老式帆船。然而，如今越来越多的人奔着下龙湾马拉松来到这里。这场比赛将带你与雨林覆盖的石灰岩峭壁面对面，它们从碧波中拔地而起，景致令人叹为观止。这条线路呈现了最美的海湾风光。跑步的人首先将看到东南亚最长的单跨桥白雀大桥（Bai Chay）令人赏心悦目的风景，然后继续穿过山岭和小渔村，踏上海岸小路。与该地区举办的其他很多赛事不同，这场11月份举办的跑步比赛平均气温一般在18℃上下。

起点 / 终点 // 广宁省会展中心

距离 // 26.2英里（42公里）

更多信息 // www.halongmarathon.com

万荣小道，老挝

长期以来，万荣（Vang Vieng）都是东南亚背包客行程上的一大热点，不过近年来已经从派对胜地转型为欣欣向荣的旅行探险地。环绕这座老挝城镇的自然之美从未被破坏，使它成为登山、划艇及如今在喀斯特山景中越野跑步的理想大本营。万荣超级马拉松绝对是一条恢宏的线路。5场比赛的海拔高度累计提升16,000英尺（4875米），其中最长的一条线路盘旋翻越附近的山脉，途经大约海拔为3700英尺（1125米）的最高点。比赛提供85公里和52公里的超级马拉松，还有更容易实现的30公里、18公里和8公里线路。

起点 / 终点 // 万荣

距离 // 5～52英里（8～85公里）

更多信息 // www.race-central.com

阿富汗马拉松

对于很多人来说，跑步代表着自由；对于一些勇敢的社会活动家，以及更为勇敢的本地选手来说，跑步还代表着一场通往平等的漫长征程。

比赛开始3小时，我们还没跑完一半的路程，比我最好的公路马拉松成绩几乎多用了一倍的时间。但我不在乎。我正在地球上最美丽的地方一边跑步一边见证历史。我在参加初次举办的阿富汗马拉松，旁边是扎伊娜卜（Zainab），这个国家唯一的女性选手。在这个国家，体育运动不仅受到部落政治的严格限制，甚至经常严禁女性参加。

在巴米扬（Bamyan）省这个清爽的秋天早晨，我们俩都在高海拔的空气中艰难呼吸。扎伊娜卜知道所有人的眼睛都在看她，有人表示好奇，有人表示支持，还有很多人强烈反对。2015年的阿富汗，女性独自外出依然很罕见。从一群全身上下包裹在传统蓝色长袍（burkhas）下的女性身边跑过时，我突然理解了这件事情的重大意义，仿佛我已经做好准备，准备比以往跑得更远。

阿富汗尚未准备好成为全世界下一个有影响力的马拉松举办地点。平民的死伤情况依然多得令人沮丧，这个国家的很多地方仍然处于战火之中。然而，阿富汗的中部高地依然有着较为安宁的迷人角落。从喀布尔（Kabul）乘坐30分钟飞机可以到达的巴米扬省，被认为是阿富汗较安全的地方之一，几乎没有在最近的周边冲突中受损。巴米扬城的意思是"光芒闪耀的

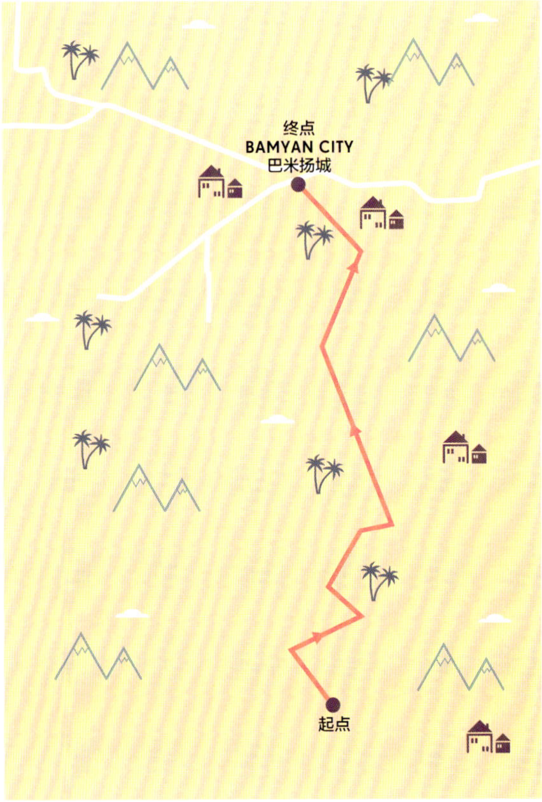

Marathon of
AFGHANISTAN

© Courtesy of Untamed Boarders | Abdul Latif Azimi

地方”，这里弥漫着浓厚的历史气息。从城里的各个角落都能望见对面岩壁中雕凿出的那座著名大佛——2001年被塔利班部分摧毁，仅存残迹。作为阿富汗第一家滑雪俱乐部及年度滑雪比赛的所在地，巴米扬的民众对该地区的体育活动已经有所适应。

几年前，探险旅行社老板詹姆斯·威尔科克斯（James Willcox）与英国赛事总监詹姆斯·宾厄姆（James Bingham）接洽，询问是否可以帮助他们主办一项具有历史意义的活动。经验丰富的他们致力于策划一场欢迎所有人参加的活动——但他们不知道人们将对扎伊娜卜的参赛作何反应。

这就是我来这里跑步的原因之一。作为借助户外探险和体育活动在冲突地区塑造女性领导者的慈善机构“自由奔跑”（Free to Run）的创始人兼主席，我对阿富汗跑步运动的发展寄予厚望。我很清楚，如果妇女儿童不能参加，那么人们在男女平等上已经实现的微小进步都将倒退。

比赛当天早晨，我们穿上宽松的长裤和长袖T恤，戴上运动头巾，而不是穆斯林头巾，乘坐吉普车抵达距离市中心26.2英里（42公里）的起跑线。我和扎伊娜卜在寒冷的空气中蹦跳着取暖，心脏紧张地跳动。这一天，很有可能大获成功，甚至史无前例，但依然存在遭遇暴力和不幸的可能性。

按照计划，10公里的比赛将在马拉松开始前进行。这项比赛面向所有人，不过男性和女性的出发时间隔了几分钟，以免出现肢体接触。至少初衷是这样。男性出发几秒钟后，女人们几乎都按捺不住了，没过多久，她们也冲过起跑线，试图赶上前面的人。穿着凉鞋或平底鞋的10岁女孩们推推搡搡地争着向队伍的前方跑去。有机会在外边跑步，对于她们来说，是一种纯粹的欢乐和兴奋。

在主赛期间，我和扎伊娜卜排在一群阿富汗男人的后面。队伍中还有几名外国女性，但扎伊娜卜才是大家注意的焦点。我们出发的时候，附近兴都库什山脉（Hindu Kush）寒冷的高山气流悄然来袭。

我们沿着柏油公路跋涉，淡金色的沙漠在两侧延伸。最初的10～15英里，基本上只有我们两人，我们按照自己的节奏安静地奔跑，偶尔会有车辆鸣着喇叭从身边驶过。比赛补给站摆满蛋糕、水果、本地葡萄干、坚果、饮用水和果汁。不过等我们到达的时候，它们已经被消耗掉不少。

我们慢慢跑回巴米扬城的时候，风景开始变化。乡村低处出现很多用泥巴和草建造的房屋，中间夹杂着被人悉心照料的

阿富汗探险

班德阿米尔国家公园（Band-e-Amir National Park）距离巴米扬城仅90分钟车程，提供在这个内陆国家游泳的难得机会（但女性依然只能在屏障后面浅尝辄止）。公园还有天鹅形状的游乐船。如果捐款的话，“自由奔跑”组织提供皮划艇和立式桨板。

顺时针从左至右：从中部高地挺进；马拉松线路穿过恢宏的建筑；巴米扬省拥有令人难忘的景点，47页：比赛由“野性边疆”和“自由奔跑”组织策划。

青翠农田。路上的车流越来越多，我们不得不跟汽车、卡车、驴车等共用跑道。

抵达城市郊区的时候，车辆尾气充斥着我的鼻腔和口腔，于是我们把脖子上的运动头巾拉起来，遮住下半张脸。小店门口的路人盯着我们看。我们没有忽视他们的目光，一边往前跑一边笑着挥手致意。孩子们咯咯笑着，蓄着胡须的大人们迷惑地眨着眼。一些青年男女同样朝我们挥手——我不禁想知道，当我们跑过的时候，他们在想什么呢？

终于，浑身尘土、汗迹和盐渍的我和扎伊娜卜冲过了终点线——排名垫底。跑了6.5小时，但我俩都明白，我们跑过的距离和取得的成就远远不止26.2英里。

从那以后，我每年都要参加阿富汗马拉松。詹姆斯·宾厄姆相信，这项活动已经成为希望、多样性和国家统一的重要象征。更重要的是，参加10公里甚至全程马拉松比赛的阿富汗女性数量逐年增加。它不仅是一次勇气的展示，也说明民众的接受度不断提高。亲戚朋友总说我去阿富汗跑步太疯狂，但是经过与扎伊娜卜一同跑步的那天后，不去阿富汗跑步才会让我发疯呢！　**文 / 斯蒂芬妮·凯斯**

跑步指南

起点 / 终点 // 巴米扬省，中部高地（实际线路会根据安全情况进行调整）

距离 // 6~26.2英里（10~42公里）

到达 // 为了安全起见，建议跟随“野性边疆”（Untamed Borders）的旅行团入境。

何时去 // 秋季（出于安全考虑，具体日期不对外公布）。

住宿 // 巴米扬的Gholghola Hotel是一家现代化大型酒店，配备Wi-Fi和餐厅。更便宜、更有趣的选择是Silk Road Hotel。

更多信息 // www.untamedborders.com; www.freetorun.org

行前参考 // 阿富汗的安全形势不稳定。你需要密切关注政治局势，在本国大使馆登记。对于女性来说，帽子及运动头巾有助于你在比赛期间不过于引人注目。

右页：伊朗的卢特沙漠是世界上最炎热干燥的跑步地点之一。

更多类似体验

中东马拉松

伊朗丝绸之路超级马拉松

伊朗丝绸之路超级马拉松在伊朗克尔曼（Kerman）省举办，横跨卢特（Dasht-e Lut）沙漠，分为6个赛段，历时7天。尽管男女同跑在德黑兰（Tehran）尚未被接受，但好在沙漠中的规矩比较宽松。卢特沙漠是地球上最炎热干燥的地方之一，气温经常达到50℃以上。勇于挑战极限环境的选手们将收获一路令人赞叹的风光，比如火星表面般的熔岩层、盐滩及沙丘等。

起点 / 终点 // 卢特沙漠，克尔曼

距离 // 155英里（250公里），自给式分段赛

更多信息 // www.worldrunningacademy.com/wraextremeraces/isru

埃尔比勒马拉松，伊拉克

伊拉克库尔德斯坦（Kurdistan）的埃尔比勒（Erbil）马拉松远离这个国家其他地区的暴力冲突，为选手们提供了体验现代伊拉克的机会。比赛由名为“运动与和平埃尔比勒马拉松组织”的非营利性机构主办，旨在借助比赛促进和平和非暴力进程，实现男女同场跑步的目标。比赛线路由围绕200英尺（60米）环路的4圈线路组成，终点在萨米·阿卜杜勒拉赫曼公园（Sami Abdulrahman Park），选手们将经过城堡和贾利勒·哈亚特清真寺（Jalil Khayat Mosque）等景点。尽管比赛曾因为安全原因被取消，但它的热度并未降低，每年照样吸引着来自伊拉克及世界其他地区的跑步选手。

起点 / 终点 // 萨米·阿卜杜勒拉赫曼公园

距离 // 3英里（5公里）家庭趣味跑；6英里（10公里）；26.2英里（42公里）

更多信息 // www.erbilmarathon.org

巴勒斯坦马拉松

巴勒斯坦马拉松每年春季在伯利恒（Bethlehem）举办，起点和终点都是马槽广场（Manger Square）。马拉松线路包括两段13英里（21公里）的环路，经过难民营和以色列26英尺（8米）高的隔离墙，让选手们真切地意识到在巴勒斯坦如此压抑的环境下人们是如何生活的。赛事由非营利性社会组织“运动权利”（Right to Movement）发起，利用跑步“讲述不一样的冲突”，比赛的主办单位后来改为巴勒斯坦奥委会（Palestine Olympic Committee）。它可能不是风景最优美的马拉松，但肯定是能够带给你最多收获的比赛。

起点 / 终点 // 马槽广场，伯利恒

距离 // 26.2英里（42公里），另外还有半程马拉松、10公里和5公里组别

更多信息 // www.palestinemarathon.org

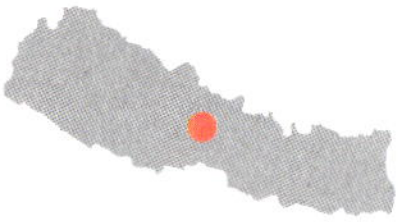

攀登尼泊尔山麓

博克拉（Pokhara）的费瓦湖（Phewa Tal lake）以南丛林密布的山脉，是一条风景优美的环线，能使你将尼泊尔喜马拉雅山的风光尽收眼底。

正如我在亚洲时的一贯做法，黎明时分，在闷热潮湿的空气袭来之前，我穿过尼泊尔博克拉的街道，开始跑步。第一缕曙光洒上街道的时候，我早已离开客栈。灰蒙蒙的雾气笼罩着城镇宁静的费瓦湖，大概1小时以后才会被阳光驱散。

博克拉市中心几乎空空荡荡，只有一群出租车司机正在路边的小摊上喝着热气腾腾的尼泊尔奶茶（chi-ya），迎接清晨的到来。我一边孤零零地慢跑，一边观望古老尼瓦式神庙瓦拉喜金庙（Varahi Mandir）的层层屋顶，以及系在湖岸的五颜六色的小船。

如何在发展中国家的混乱环境中悠闲跑步，是旅行中一项永恒的挑战。在过往的几十次旅行开始前，我都往行李里装了短裤和跑鞋，最后却都因为交通、气温和污染而作罢。然而，尼泊尔有点儿不一样。当然，像加德满都（Kathmandu）这样的地方依然不缺要命的交通、能把人晒蔫的高温和呛人的柴油废气。但一旦离开这个国家不断扩张的城市，喜马拉雅山清新冰凉的空气立即就会灌进你的肺。若是想要深入安纳布尔纳峰

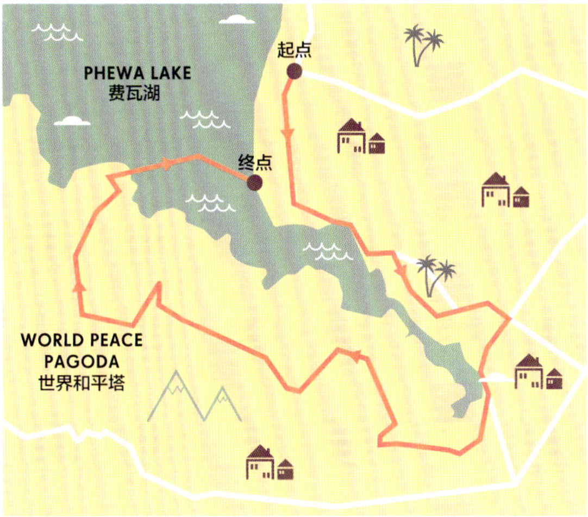

© Feng Wei Photography | Getty Images

(Annapurna),博克拉不失为一处安宁的大本营,你既可以步行几星期,穿越该地区,也可以攀登山峰,挑战极限。

从海拔仅仅194英尺(59米)的德赖平原到29,072英尺(8848米)的珠穆朗玛峰,尼泊尔曲折迂回的地形,使得海拔高度能在短时间内迅速提升。对于愉快地徒步两星期、再在山顶跑上26.2英里(42公里)的超人们来说,尼泊尔的马拉松和高山超级马拉松活动数不胜数;而对于普通跑步者来说,这里也有几条足以改变人生的线路,尤其是在毗邻喜马拉雅山的尼泊尔中部山区,那里森林连绵,水稻梯田遍布山脊。

尽管中部山区有不少地方可以作为跑步的起点,有的甚至就在加德满都的郊区,但从距离安纳布尔纳高山峭壁仅有一条山谷之隔的城镇博克拉出发,最完美不过。从博克拉市中心绕一段路很容易前往桑冉库特(Sarangkot)、卡洪丹达(Kahun Danda)和世界和平塔(World Peace Pagoda)等地,它们是攀登附近壮观山峰的最佳热身线路。我决定跑上世界和平塔,它是由日本山妙法寺(Nipponzan-Myōhōji)在世界各地修建的几十座和平塔之一。

坐落于山谷中的博克拉空气清新。你可以从酒店门口开始跑步,不必担心被喇叭声大作的密集卡车和摩托车撞倒。我在费瓦水坝以南的人行小桥旁边踏上一条通往宝塔的小路。清爽的早晨,我精神振奋,不由得加快步伐,风景在眼前伸展开来,左边绵延着平坦的稻田,右边耸立着森林繁茂的阿南达山(Ananda Hill)。找到正确的小路之前总要经历几次失败,这在尼泊尔是常有的事情。最后,我不得不向正在用水龙头洗头的一名本地农民打听。没用多久,我便找到了某个不大的印度教圣地,那里有拐入森林的小径,也是跑步乐趣开始的地方。

在尼泊尔跑步,有时既要为登山付出顽强的努力,又会像定向越野一样挠头困惑。虽然可以依靠树干上时而出现的路标刻痕,但攀上山脊顶端还是需要一定的直觉和运气。不过,树阴下的蜿蜒小径宁静而舒适,可以安抚你那些迷茫的时刻。

在碎石小路上轻盈飞奔的时候,我没有见到其他人,只遇见了身形魁梧的猕猴一家,吵吵闹闹地冲过灌木丛。尽管按照尼泊尔的标准来说,海拔提升的幅度不过350米,但比起我在家乡的正常线路来说,它毕竟是一场登山活动,以至于我在到达山脊顶端的泥泞山口时,早已气喘吁吁,口干舌燥。

就在这里,奔跑的目标终于成为眼前真实的风景。我像超级英雄那样连蹦带跳地跨过陡峭的小径,登上了博克拉的地标——和平塔——前方平坦开阔的山顶。我坐下来大口呼吸,

隐秘的山峰

虽然靠近安纳布尔纳山脉,但博克拉最具标志性的山峰并非海拔8000米以上的那些山峰,而是鱼尾峰,一条不甘落后的小鱼,高度为22,943英尺(6997米)。从博克拉望去,这座山像是一座由冰雪和石头砌成的完美金字塔,孤立于四周的群峰之外。在山峰四周徒步,当这座隐秘的山峰赫然映入你的眼帘时,它的名字,尼泊尔语中的"鱼尾",就是对它最好的诠释。

顺时针从上至下:与加德满都相比,博克拉的街道非常安静;这次跑步的终点是费瓦湖;提神的奶茶。52~53页:俯瞰博克拉的和平塔。

"在山顶上,奔跑的目标终于成为眼前真实的风景——四周环绕着喜马拉雅群峰。"

© imageBROKER | Alamy Stock Photo

四周环绕着喜马拉雅群峰，它们高高在上地俯瞰着向外延伸的城镇街道和费瓦湖依旧薄雾缭绕的水面。

山脉孕育出独特的微气候，从和平塔眺望出去，风景并非一览无余，但此时此刻，安纳布尔纳山脉上方只有一道淡淡的云，将近23,000英尺（7000米）的鱼尾峰（Machhapuchhare）被托举在上，如同结冰的金字塔，抢走了两侧山峰的风头。更棒的是，和平塔旁边还有一家小吃摊正在营业。我买了一杯奶茶，以安抚自己那辛劳攀登的双腿肌肉。

上山的旅程结束后，返回博克拉的下山路无忧无虑。我飞速冲过森林，直到山脊北侧的湖畔。抵达河岸时，我与从较短的北坡线路第一批上山前往和平塔的路人擦肩而过。与候客的船夫商议一番，我准备乘坐一艘色彩鲜艳的小船返回博克拉。

乐趣并未就此终结。船夫划到湖心的时候，我请他停下来，然后扯掉鞋袜，憋一口气，从一侧跳进冰冷的湖水。对我来说，跑步的目的是重新发掘自己的动物本性，而当我在湖里戏水的时候，虽然需要屏住呼吸，虽然身上酸痛不已，但那种神清气爽的感觉如此真实，使我坚信自己那颗喜爱马拉松的心依然活蹦乱跳。　**文 / 乔 · 拜恩德洛斯**

跑步指南

起点 // 湖滨区，博克拉

终点 // 费瓦湖，博克拉

距离 // 5英里（8公里），外加乘船15分钟

到达 // 加德满都有定期航班飞往距离湖滨区1.5英里（3公里）的博克拉机场；通往和平塔的小径起点在城镇西南边。

何时去 // 10月至11月或3月至4月。

住宿 // 博克拉遍布客栈和酒店，大多位于湖滨区和大坝区。

更多信息 // www.welcomenepal.com/places-to-see/pokhara.html

行前参考 // 清晨出发最好，赶在从博克拉出发步行的人之前；该地区过去出现过抢劫现象，需要稍加警惕，不过慢跑的人应该不会引起小偷的注意。

更多类似体验

高海拔探险

珠峰马拉松，尼泊尔

大多数人对步行前往珠峰大本营都需要再三思量，打算跑步的似乎只有受虐狂了。珠峰登山者的大本营位于世界最高峰的山肩，海拔17,600英尺（5380米），珠峰马拉松是从大本营开始的下坡线路，从山上跑到南池市场（Namche Bazaar）。也就是说，选手们有两周时间跋涉攀登至大本营，同时适应高海拔环境，比赛结束时还能在珠峰地区唯一像样的小镇享受一份讲究的饭菜和一瓶冰镇啤酒。这项艰巨的任务需要攀登数千米，还有陡峭的下坡路，对所有越野跑步者都是一大挑战。至于60公里的珠峰超级马拉松，在心里憧憬一下就好了……

起点 // 珠峰大本营

终点 // 南池市场

距离 // 26.2英里（42公里）

更多信息 // www.everestmarathon.com

帕罗至虎穴寺，不丹

根据传闻，不丹最著名的寺庙是由莲花生大士（Guru Rinpoche）骑着老虎飞到这处高崖时所建。据说是空行母用头发将这座虎穴寺（Taktshang Goemba）固定在岩壑的峭壁上——跑步来此需要一定的勇气和精心的后勤计划，才能确保向导在恰当的时间与你会合，带你进入建筑群。不过，探索帕罗（Paro）附近的乡村也是一种惬意的跑步方式。尽管拥有不丹唯一的国际机场，但帕罗只是一座村庄，算不上城市，所以沿着小路和西北部的帕罗河进入田野并非难事，随后便可踏上前往虎穴寺的徒步小径。

起点 // 帕罗

终点 // 虎穴寺

距离 // 7.5英里（12公里）

列城至提克西，克什米尔地区

拉达克（Ladakh）的山谷大概是世间最接近世外桃源的地方，纵横交错的小径是高海拔的训练场，能令奥运会的专业运动员垂涎不已。唯一的挑战是离开被繁忙公路和军营环绕的列城（Leh）。乘坐本地长途汽车前往乔格兰萨尔（Choglamsar）能省下不少麻烦，然后沿印度河岸坑坑洼洼的田间小径奔跑，将现代世界甩在身后。顺着河向东，河岸边的岩丘上有一连串古老的佛教寺庙，最后跳上开往列城的长途汽车返回。想要体验史诗般的感觉？那就跑上25英里（40公里）长的一圈，途经谢伊（Shey）、提克西（Thiksey）、斯塔克纳（Stakna）、马特（Matho）和斯托克（Stok）等地的寺庙，消耗卡路里，结下善缘。

起点 / 终点 // 乔格兰萨尔的列城

距离 // 6~25英里（10~40公里）

从上至下：参赛者在尼泊尔珠峰马拉松的起点；挑夫在珠峰大本营展示自己非凡的耐力

首尔汉江

如今，跑步群体依然稀奇的城市可不好找，
韩国的首都正是这种见证跑步亚文化逐渐兴起的地方。

我们需要澄清的是：在首尔（Seoul）市中心跑步虽非易事，但正在变得越来越容易——正因如此，如今它才是最吸引跑步者的地方之一。

与亚洲许多规模庞大的首都一样，首尔是一座不断扩张的大都市。超过2500万人口生活在这一地区，其中将近一半、总计1000多万人集中在市区。这座城市人口密集，布局复杂，道路曲折，缺少开阔的绿地，步行的话，很难迅速找到方向。设定跑步路线并非易事，而那正是来访的跑步者需要做的，因为这里几乎没有现成的跑步文化可以借鉴。

不过韩国正在成为技术、商业、教育和流行文化（取决于你是否认为韩流是文化）方面的全球领先者。随着社会规范由克制、传统和保守转变为年轻、有活力和具有前瞻性，跑步也随之成为一种表达方式。近年来，有组织的赛事、娱乐性质的社会跑步活动，甚至跑步俱乐部，已经在全国各地涌现。

实际上，我来到韩国是为了参加朝韩非军事区（Korean Demilitarized Zone）附近为期3天的越野跑，地点大约在首尔西北方向90分钟车程处。专门为跑步而来的我禁不住想要弄清楚在首都是否能找到跑步的机会。

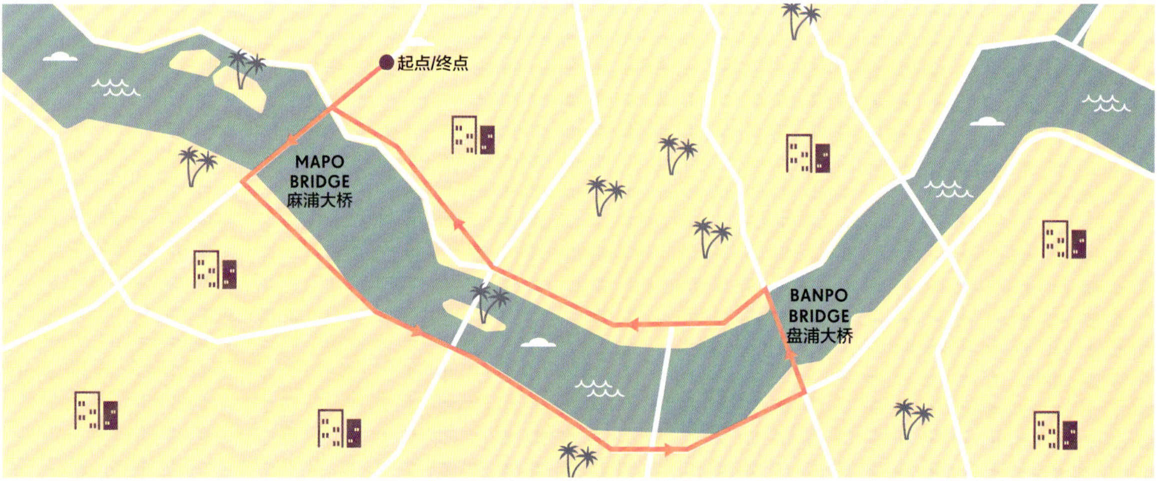

© Daniel Fung | Shutterstock / ©Jung U | Shutterstock

“学校和企业由每周单休改为双休，这一转变或许推动了跑步的流行。”

在飞机上稍做调查，我找到了几个博客，还有首尔飞人跑步俱乐部（Seoul Flyers Running Club）的网站，这个团体由国内外的跑步者组成，每周聚会几次。所有的线索都指向汉江沿岸的线路。首尔飞人跑步俱乐部主席、美国人乔·范多恩（Joe Van Dorn）写道：“各种距离的平地跑步都可以前往这条由东向西直穿市中心的河，沿途有很多卫生间和饮水处。”不过我还是怀疑自己到时能否遇见哪怕一个跑步的人。

我从旧金山坐了11个小时的飞机，抵达首尔几小时后，就开始朝汉江跑去。目标是从位于麻浦区（Mapo District）的酒店出发，简单地跑上一圈。我顺着汝矣大街（Yeoui Ave）南行，试图找到江边的步行路。到处都有人，不过刚开始我看到的大多是身着黑色、灰色或深蓝色西装的中老年男子，他们步履匆匆，目标明确。星巴克和麦当劳等美式连锁店外，身着各色休闲服装、T恤和牛仔裤的青年男女耳朵上挂着无线耳机，正在啜饮冰咖啡。经过传统韩式烤肉店和面馆时，员工们正在备战晚餐高峰，空气中飘来大蒜和泡菜的气味。跑过街道，我感到自己仿佛正近距离见证韩国社会的变迁。与此同时，作为一名跑步者，我觉得自己也在亲身参与这种变迁。

几分钟不到，我就踏上了汉江旁边通往麻浦大桥（Mapo Bridge）的专用道路。路上有几个骑自行车的人，但我尚未见到一个跑步的人。其实跑步在韩国文化中早已存在了一段时间。首尔国际马拉松（Seoul International Marathon，又名Dong-A Ilbo Seoul Marathon）实际上是亚洲历史第三悠久的公路跑步赛事。但女性直到1979年才被允许参赛，甚至在那之后，这场比赛的主力军还是中老年男性。如今，二三十岁的人虽然也开始为了健身而跑步，但还是把它当作一种社交活动，比如由耐克、新百伦和阿迪达斯等品牌赞助的“跑团”。转变似乎发生在2004年前后，也就是学校和企业由每周单休改为双休以后。“一个原因是，韩国非常穷，谁都没时间休息一天。” 29岁的平面设计师崔恩真说。她是“首尔飞人”的成员，已经有6年跑龄。

在汉江的大桥上，我终于进入一种稳定的跑步状态，也突然找到了180°展望首尔西南部的广阔视角。两个方向，目之所及，江边的高楼鳞次栉比，在夕阳的照耀下熠熠生辉。我惊讶地发现，周三的晚上竟然有这么多人在外走动。我遇见三三两两步行或骑车的人，还有很多人只是在江畔的草地上悠闲放

参加俱乐部

如果你正身处韩国，可以考虑加入首尔飞人跑步俱乐部，在市区或南山公园（Namsan Park）结伴跑步。后者丘陵起伏，提供不错的越野跑场地，还能俯瞰城市美景。该俱乐部号称“无国界跑步俱乐部”，成员来自将近20个不同国家，职业包括教师、外交官、厨师、学生和军人等。

从左至右：首尔街头美食；跑步正在韩国兴起；盘浦大桥的水上灯光秀点亮了人们的夜间娱乐活动。59页：汉江。

松。有的人甚至支起帐篷，似乎准备露营过夜。暮色渐浓，天光渐褪，我朝东跑向沿江地区最大的公共绿地之一，盘浦汉江公园（Banpo Hangang Park）。

到了晚上，公园依然人来人往，人们都来这儿观看盘浦大桥（Banpo Bridge）上令人目眩的水上灯光秀。我抵达那里的时候，表演刚刚开始。月光彩虹喷泉是世界上最长的桥上喷泉，随着10,000个LED光源的亮起和380个喷嘴喷出水流，场面无比灵动。20分钟的灯光秀配有音乐。喷泉建于2009年，时任市长吴世勋认为它将为首尔的生态友好增光添彩（水流直接从汉江泵起，持续循环）。

被周围空气中洒下的细密水雾浸湿，我决定踏上返回酒店的路程。过桥并开始慢跑时，我终于见到几名在江边跑步的人。那天晚上，我兴奋地跑了大约10英里，此后再未遇见其他跑步者。虽然水上灯光秀给我留下了最深刻的印象，但我还是经常琢磨：为何如此惬意的夏夜，跑步的人却如此稀少。我只想知道，随着跑步活动如火如荼地开展，几年后的今天，汉江旁边的小路上是否已经出现更多跑步者的身影。 **文 / 布莱恩·梅茨勒**

跑步指南

起点 / 终点 // 麻浦大桥

距离 // 5~10英里（8~16公里）

到达 // 从首尔市中心前往仁川国际机场（Incheon International Airport），乘坐特快列车约为1小时，乘坐地铁需要90分钟。

何时去 // 跑步最佳时段是4月至5月和9月至10月，那时的气温比较适中。

住宿 // 麻浦区有很多不错的选择，比如Best Western Premier Seoul Garden Hotel，距离汉江很近。

更多信息 // www.seoulflyerstech.wixsite.com/seoulflyers

行前参考 // 北汉山国立公园（Bukhansan National Park）是距离首尔市中心不到1小时路程的公园，拥有超过100英里（160公里）的小径和几座高峰，令人惊叹。

更多类似体验

在韩国跑步

DMZ越野跑步节，坡州

DMZ越野跑步节为期3天，比赛的最后12英里（20公里）要沿着1953年朝鲜战争结束后隔离韩国和朝鲜的朝韩非军事区奔跑。这项活动的使命是歌颂和平，推动全体朝鲜族民众的交流与和解。20公里的赛道基本平坦，其中大约6英里位于临津江（Imjin River）沿岸，可以望见哨兵塔中配备机枪的韩国士兵。环绕两座村庄，穿过几片稻田及返回江畔小路之前，地形稍有起伏，随后线路折回公园，园内有许多和平纪念碑及宣传场所。

起点 / 终点 // 临津阁（Imjingak）公园

距离 // 5.5~12英里（9~20公里）

更多信息 // www.dmztrailrun.com

南山公园，首尔

南山（Namsan）公园是一片位于首尔市中心的山地跑绿洲，也是首尔飞人跑步俱乐部周三夜晚的跑步场地。大约6英里（10公里）的柏油小路穿过起伏的丘陵，有5条不同的线路，可至南山860英尺（262米）的最高点。登顶的线路陡峭，但首尔的美景能够让你不虚此行。公园内有几处历史遗址，包括由5座砖台组成的烽火台遗址，曾经用于点燃烽火，向首尔市民发出外敌入侵的信号。

起点 / 终点 // 崇礼门（Sungnyemun）

距离 // 6英里（10公里）

清溪川，首尔

这片混凝土石路网络由西向东沿清溪川（Cheonggyecheon）穿过首尔，直至与中浪川（Jungnancheon）交汇的地方。它为市民提供了一处公共休闲空间，有清澈的河水和自然栖息地，在曾经被一条高架公路覆盖的地方还留有历史标识。清溪川穿过几座宫殿，包括德寿宫（Deoksugung Palace）、昌德宫（Chang-deokgung Palace）和昌庆宫（Chang-gyeonggung Palace），你可以在跑步中途或结束后直接前往几处历史遗址。

起点 // 清溪广场

终点 // 中浪川

距离 // 7英里（11公里）

从上至下：首尔清溪川是这座城市较新的城市改造项目；南山公园是首尔飞人跑步俱乐部最喜欢的地方

欧洲

阿马尔菲海岸越野跑

位于意大利南部悬崖侧面的“众神之路”，已经成为越野跑的圣地。
不要怯高，做好艰难攀爬台阶的准备。

我所在的位置距离下方的波梅拉诺（Bomerano）主广场只有1640英尺（500米），但眼前的景色看起来已经宛如隔世。“Sentierodegli Dei”的显眼标识出现在意大利阿马尔菲（Amalfi）山间高高在上的一块巨大石碑上——阿马尔菲是那不勒斯南边一段长30英里（48公里）的壮丽海岸线。“众神之路”，这个恰如其分的名字借鉴自古希腊神话，由梯田和多雾山峰构成的如天国般的美丽风光，让它的大名在整个意大利半岛尽人皆知。

再走上十几步，我又看到了另一处纪念碑标识，它上面刻有伊塔洛·卡尔维诺（Italo Calvino）和D.H.劳伦斯的语录。我立刻驻足阅读那些短短的诗节，心想还有哪些其他文学巨匠曾路过于此。他们是否也走过这段路？我暗自思忖。他们是骑着骡子赶路吗？或者受到了奥林匹亚精神的感召，他们也试图跑完这条路，就像我现在所希望做的？再瞥一眼前方紧挨着悬崖边缘的狭窄小道，看样子即便是普通意义上的跑步，亦将成为一项巨大的挑战，除非我脚上长着翅膀。

意大利的阿马尔菲以柠檬、陶瓷、众所周知的海运历史，以及注重时尚的夏季游客而闻名。但这只能算说对了一半。游人成堆的城镇之外是热爱山峦的跑步者们的天堂。背靠着拉塔里山（Monti Lattari）险峻的斜坡使得这些地方并没有多少平地。但陡峭的山坡却被修建整齐的石阶所驯服，很多台阶的历史可追溯至中世纪。在这里跑步，结实的腿部肌肉是先决条

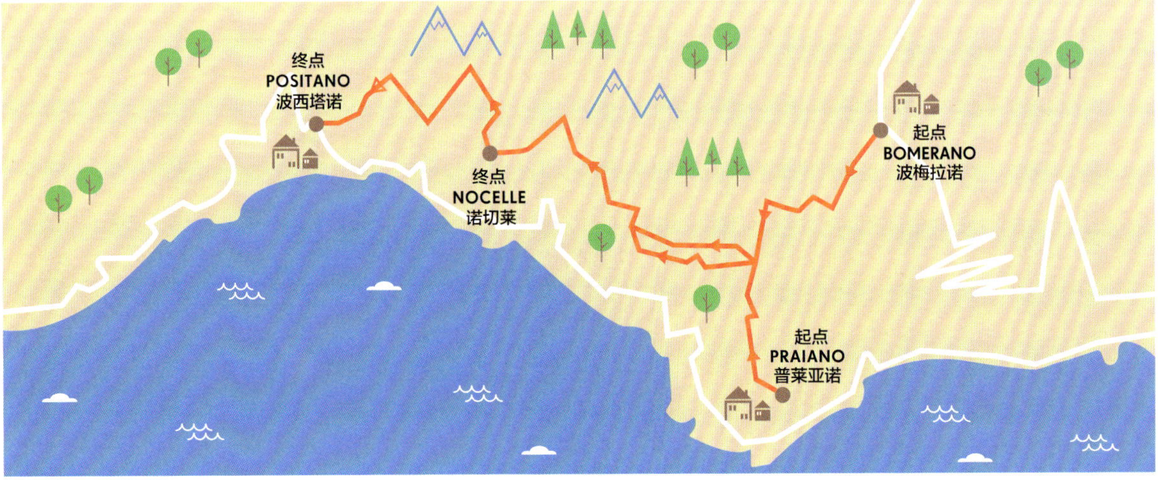

件，而下山也要依靠超强的膝关节。

虽然台阶道路上并非经常能看到跑步者的身影，但他们的数量却在不断增加。现如今，要是你在山道上慢跑着与本地人擦身而过，恐怕他们连眼皮都不会抬一下，他们的狗倒有可能会吠叫一阵。事实上，如果你渴望竞争，过去几年在阿马尔菲海岸一带开展过多次超级马拉松比赛，其中最主要的当属阿马尔菲-波西塔诺超级越野赛（Amalfi-Positano Ultra Trail），其34英里（55公里）的比赛路线包含了众神之路。

至于攀爬，众神之路同样有别于阿马尔菲的其他山道。蜿蜒的海岸公路连接了悬崖边的波西塔诺，尽管众神之路位于公路上方的高处，但如果你不偏离传统路线，就会发现它相当平坦。这条4.5英里（7.2公里）长的山道横穿了波梅拉诺和诺切莱（Nocelle）之间高耸的山岭。它非常适合越野跑，你会很快进入崎岖的多山世界：安全中带着点儿挑战，有强度却不需要太多技巧，绝对能让你不止一次心跳加速。

我搭乘从阿马尔菲镇开出的巴士抵达了波梅拉诺村的主广场。以那里为起点，我沿着一条富有吸引力的乡间小巷懒洋洋地慢跑着。轻松地登上几级台阶以后，两块醒目的欢迎路标便展现在我眼前，这里就是众神之路官方路线的起点。

越过刻着劳伦斯和卡尔维诺语录的纪念碑，梯田和红屋顶的农场建筑很快显现出来。山道亦露出轮廓，它绕着山峰，从悬伸出来的饼干洞穴（Grotta del Biscotto）下方穿过。饼干洞穴是一处自然奇观，那里荒废的房屋就嵌在崖壁之中。

早晨的阳光慵懒地穿过缥缈的雾霭洒向大地，我向西而去，远处是一条参差不齐的漫长海岸线，不起眼的镇子点缀其中。众神之路的最大挑战在于道路的狭窄和间或出现的多岩石路面。山路有时会变得光秃秃的，有时又会消失在一小片灌木丛中。追求速度的跑步者并不需要具有登高的天赋，只要适当稳住步伐，再灵巧地避开沿途成群的徒步者就可以了。

古老的阿马尔菲

阿马尔菲海岸一带有不少古老的步道，其中很多步道的历史可追溯至10世纪和11世纪，当时这一片海岸线还是一个独立的城邦国家。直到19世纪50年代，海岸公路修建起来以后，这些小道才变成了休闲步道。意大利最主要的徒步组织意大利登山俱乐部（Club Alpino Italiano）负责维护该地区124条带编号的小道，这些道路都用红白油漆进行了标记，经过测量后总长度为330英里（530公里）。

顺时针从上至下：面向拉韦洛（Ravello）的景致；通往波西塔诺的台阶；引导跑步者和徒步者前往众神之路的欢迎标识。68～69页：海边俯瞰阿马尔菲镇。67页：波西塔诺的黄昏。

饼干洞穴之后的第一处路标设在考勒塞拉（Colle Serra）一个重要的交叉口。在这里，你可以选择低处或高处的路线。为了一睹高处的风光，我选择了后者。这条路线逐步稳定抬升，经过古老的石灰窑和废弃的农庄，来到一段壮观的土护墙，放眼望去是亘古未变的地中海，海面上是星星点点的游船。

在考勒塞拉以南不远处，从众神之路位于普莱亚诺（Praiano）的另一处起点延伸出的一条道路，汇入了主道。艰难的上坡路会让有自虐倾向的跑步者体验到快感：一小段折磨大腿的攀登路段就有1000级台阶，这不太像是跑步，反倒更像是令人筋疲力尽的楼梯练习。

高低两条路线在考勒塞拉以西1英里（1.6公里）处再度汇合。适才翻越高山的经历让我备受鼓舞，于是我趁着新鲜感还在，像一只亡命的山羊从高处的山路上一鼓作气地冲了下去。众神之路的确不适合创造个人长跑佳绩，当你不得不承认这一

点时，就说明你体会到了它的妙处所在。除了嶙峋的岩石、令人心惊胆战的陡降，以及国外游客挡路造成的“交通堵塞”外，沿途还有形形色色的瞭望员几乎在尖叫着让你放慢速度，这让你的旅途更是别有一番“风味”。

所以，我慢了下来。在一块突出于山坡、比人还大的巨砾旁，我干脆停住了脚步。这块石头似乎颇不稳固，就像是被废弃的陨石。我所在的位置位于满是褶皱的山峦之上，从这里极目远眺，我看到了此趟行程的目的地：波西塔诺那些陡峭层叠的宅邸，更远处则是鲸鱼形状的卡普里岛（Capri）。

周遭的景致彻底变了样，荫蔽的橡树和栗树林取代了干巴巴的地中海灌木丛。主路循西朝着波西塔诺逶迤而去，绕过几处半隐蔽的洞穴，降入格拉瑞勒山谷（Valle Grarelle），再回头向上爬升至位于诺切莱村的官方终点。

我慢跑着进了村子，迎面是一座贩卖冷饮的小凉亭，坐落于开满鲜花的露台上。我克制住了想要放纵一把的欲望——和很多众神之路的徒步者一样，我决定继续赶往位于波西塔诺的阿马尔菲度假村，那座度假村仅在1500级台阶（全部是下坡）开外。这是何苦呢？因为在那里，你可以吃上冰激凌，来杯润喉的柠檬甜酒，还能去海里畅游一番以恢复元气；最重要的是，你可以搭上巴士返回阿马尔菲镇。　**文 / 布伦登·塞恩斯伯里**

跑步指南

起点 // 波梅拉诺或普莱亚诺

终点 // 诺切莱或波西塔诺

距离 // 4.5英里（7公里）

到达 // 在阿马尔菲镇乘坐前往阿杰罗拉（Agerola）的SITA巴士，在波梅拉诺的主广场下车。

何时去 // 4月至6月或9月和10月。

住宿 // 波西塔诺的住宿豪华舒适，但很昂贵。阿杰罗拉以及东边的城镇[米诺莱（Minori）、马奥莱（Maiori）和切塔拉（Cetara）]住宿更划算，品质也不会下降得特别严重。农场住宿（Agriturismi）则提供了更加安静的乡间住宿环境。

更多信息 // www.caimontilattari.it；意大利登山俱乐部的官方主页（www.cai.it）有阿马尔菲所有步道的地图和信息，包括“众神之路”。

行前参考 // 如果因为太累无法从诺切莱走到波西塔诺，你也可以乘坐本地巴士，每天有10班从诺切莱出发。

右页顺时针从上至下：五渔村之一的韦尔纳扎（Vernazza）；五渔村的路标；一片未被开发的崎岖海滨区域。

更多类似体验

地中海道遥行

五渔村，意大利

如果说意大利还有哪条海边步道足以全面媲美众神之路的魅力，那肯定非“蓝色小径”（Sentiero Azzurro）莫属。这条步道长7.5英里（12公里），蜿蜒贯穿了位于热那亚以东利古里亚（Liguria）地区、被列入联合国教科文组织《世界遗产名录》的五渔村（Cinque Terre）。它先是穿越被风吹拂的橄榄林和看似牢不可破的葡萄园，然后出人意料地进入五座古老渔村，那里有大量历史景点足以让跑步者分心。由于地处一座受保护的国家公园内，蓝色小径会收取少许费用（7.5欧元），但这笔钱无疑是花得值的。除了景色充满诱惑力，抵达这条步道的交通也非常方便，乘坐火车即可前往。五渔村有五座便利的火车站（每个村一座），如果在道路尽头不想折回再跑一遍，可以选择搭乘公共交通返回。

起点 // 里奥马焦雷（Riomaggiore）

终点 // 蒙特罗索阿尔马雷（Monterosso al Mare）

距离 // 7.5英里（12公里）

更多信息 // www.cinqueterre.eu.com

加塔角，西班牙

如果你认识的某人年纪大到还记得西班牙20世纪60年代掀起旅游热之前阳光海岸（Costa del Sol）的模样，那他/她肯定会说，加塔角（Cabo de Gata）看起来和它有点像。西班牙最美丽且游客最稀少的海滩串起了阿尔梅里亚（Almería）东边宏伟的悬崖和海角，在那里黑色的火山丘陵猛然陷入波光粼粼的碧绿大海。加塔角并非无人知晓，但仍然保留着蛮荒的自然之感，散落的渔村依然低调。在这里奔跑有一种孤独的愉悦感，特别推荐淡季（10月至次年4月）来，那时气候温和，游客也不多。你可以从西边的雷塔马尔（Retamar）沿着海岸一路跑到东边的阿瓜阿马加（Agua Amarga），全程37英里（61公里），可分多日完成；或者把整条路线分割成更短的部分，从半途中不同的小镇出发。粉刷全白的圣何塞（San José）是最便利的大本营。

起点 // 雷塔马尔

终点 // 阿瓜阿马加

距离 // 6～37英里（10～61公里）

更多信息 // www.cabogataalmeria.com

奥罗塞湾，意大利

在意大利这样一个海滨步道出奇少的国度，撒丁岛上的奥罗塞湾（Golfo di Orosei）为我们带来了新的视角。它才是现代游客极少能看到的地中海风情：原生态、孤绝且未受到污染。在阿马尔菲海岸和五渔村步道上奔跑的跑者要具备灵巧的步伐，以避开不断涌现的徒步爱好者，但在这片交通闭塞的地区，与你为伴的就只有山羊、老鹰和吹着口哨的奇怪农夫了。整个步道沿着撒丁岛东海岸前进，从卡拉戈农村（Cala Gonone）到包内伊村（Baunei），一般徒步需要4天。但对于身体强壮、喜爱冒险且准备充足的跑步者而言，一天之内跑完28英里（45公里）的全程也不是不可能。需要注意的是，该区域相对偏远，记得购买地图，带上大量饮用水，早点出发。沿途有几家海滩餐馆和一处简易小屋可提供食宿。

起点 // 卡拉戈农

终点 // 包内伊

距离 // 28英里（45公里）

TELEGRAFO
VOLASTRA

环绕爱丁堡观光跑

步道、台阶、陡峭的街道和狭窄的中世纪小巷，
令苏格兰喧闹的首府成了世界上最适合跑步观光的城市。

我们正站在中洛锡安之心(Heart of Midlothian),这处铺在路面上的马赛克标志位于爱丁堡皇家英里大道(Royal Mile)的中途位置。“这里曾是臭名昭彰的老收费亭(Old Tollbooth)监狱所在的位置,”我的导游妮可解释说,“监狱的关押环境骇人听闻,很多囚犯就是在这里被处决的。所以现在人们路过时会朝上面啐上一口,以示厌恶之情,据说会带来好运。”我赶紧后退一步,差点撞到另一位游客。此时一大群人朝我们涌了过来,恐怕也是听到了我刚才耳闻的吐口水的故事。“最好赶紧走。”妮可笑着说。于是我们不顾身上汗湿的运动衫,赶紧拨开人群,逃之夭夭。

城市旅游和跑步运动组成了奇怪的搭配。世界各地已有200多条不同的观光跑线路,而且每年数量还在不断增加,从火爆程度来判断,这种组合显然已经找到了受众。理由很简单:你可以获得一位知识渊博的城市向导,他/她同时也是位跑步者,他们会领你绕着城市跑,你能同时享受到一流的跑步体

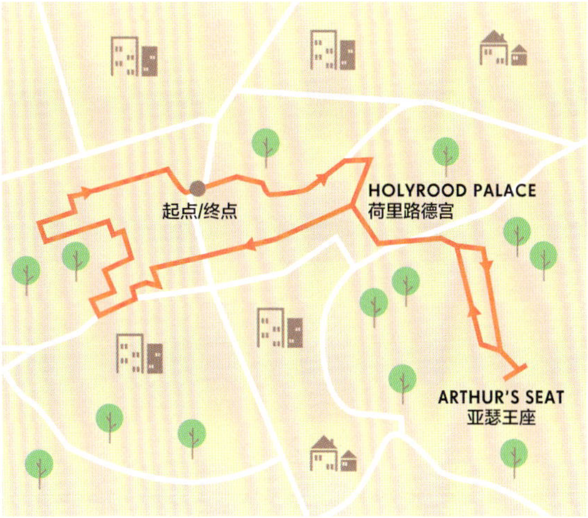

© Zbynek Strnad | soopx

验和精彩的观光之旅,一举两得。有些观光跑线路关注的是城市景点,有些则把重点放在了跑步体验上。当然,最好的肯定

是二者兼备——就像我环绕苏格兰首府的这次跑步一样。

那天早上，我和妮可在火车站碰了面。我一眼就看到了她：夏日游客人潮中一位醒目的跑步者，穿着紫黑色的紧身裤，和其他城市向导一样，身上贴着标识，顺便给自己打广告。而我穿着跑步装备挤在游客之中，自我怀疑又带着点焦虑：我是谁？我是来跑步的，还是来观光的？我不确定。

但我没时间去思考存在主义问题。经过最简洁的交谈（速度不成问题，主要是讨论沿途的商店和厕所）之后，我们便开始直接登上台阶，往卡尔顿山（Calton Hill）上爬。

到了山顶，很容易就能看出来为什么爱丁堡（Edinburgh）是英国除伦敦之外最吸引游客的地方。这座启迪罗琳虚构出霍格沃茨、对角巷等《哈利·波特》中众多魔法空间的城市，简直美得如诗如画。带有曲折巷道的中世纪老城建在一处低矮的山脊上，高耸的哥特式建筑以及标志性的城堡皆位于高处。对面的平行山脊上建有拥有200年历史的新城，那里有乔治风格的优雅宅邸、宏伟的市镇广场以及宽阔的街道。

仿佛还嫌不够，为了让爱丁堡成为世界上最适合跑步的城市之一，一座山峰凸显于天际线之中，在皇家英里大道的最低点就能望见。虽然亚瑟王座（Arthur' s Seat）仅有823英尺（251米）高，但正如罗伯特·路易斯·斯蒂文森（Robert Louis Stevenson）所言，它是"一座以大取胜的山峰，一座设计大胆的山峰"。完美的跑步路线展现在我们面前——朝着陡峭的亚瑟王座，我们会沿着整条皇家英里大道，从荷里路德宫（Holyrood Palace）的女王行宫跑到位于山顶的城堡，再穿过新城绕一圈回来。跑上90分钟，就能饱览爱丁堡的精华。

在荷里路德宫，我开始意识到自己既是游客又不完全像游客的事实。我们在门口驻足，以了解这栋建筑的历史。当妮可告诉我女王上周还下榻于此时，一位游客默默地侧身倾听。但等到她一说完，我们又一言不发地奔跑起来，只留下那位窃听者满脸诧异。

实际上，亚瑟王座只是一处风景优美的山峰，位于一座拥有50万人口的城市中，但完全没有城市感。我们身处野路，而非街道，险峻异常，以至于我们看上去像在快走，而不是奔跑。在攀登岩石嶙峋的小山峰时，我特地问了几个问题，好让妮可侃侃而谈，我也能由此把注意力放在自己的呼吸上。

但当我们一开始下山，妮可就加快了步伐。"从这边走。终点都是一样的，但这条路更安静。"于是沿着一条长满青草的空旷小道，我们彻底跑了起来，城市消失在前方峭壁的背后，山脊后面的游客被我们远远甩开。有那么几分钟，城市仿佛遥不可及。我们自由地快跑着，耳畔唯一的声音是我们的喘息声和踏在陡峭山坡上的脚步声。

直到跑步进入后半程，我们在爱丁堡标志性城堡的入口处奋力挤开人群时，我才意识到观光跑真正的优势。我们不只爬上了卡尔顿山和亚瑟王座，在沿着皇家英里大道行进的过程中，我们还潜入了一座17世纪的花园，游览了圣吉尔斯大教堂

© Angus Bremner | Getty Images

© Col Walder | 500px

赤裸裸的冠军

历史上第一次有记录的爬坡赛就发生在1064年的苏格兰，当时马尔科姆二世国王（King Malcolm Ⅱ）想通过比赛寻找一位最快的信使。麦格雷戈家的两兄弟都参加了比赛，他们本来并驾齐驱，但弟弟突然跑到了前面。哥哥想拖住弟弟，结果只抓到了他的苏格兰裙。于是，弟弟就这样没穿下裙拿了第一名。

从左至右：爱丁堡著名的“老鼠赛跑”（Rat Race）；赫然出现的爱丁堡城堡。74～75页：每年8月的爱丁堡艺术节期间，巨大的摩天轮就会被架起。

（St Giles Cathedral）的内部，去“对角巷”（至少是对角巷的灵感源头）那鹅卵石铺成的街道上撒了会儿欢。路程还剩下1/4——主要是快速游览优雅的乔治风格的新城。相比步行观光，我们的跑步之旅尽可能多地覆盖了各个景点。事实上，乘坐巴士去游览这些狭窄的中世纪街道的想法本来就有些可笑。

我突然理解了下火车时自己为什么会感到焦虑。我担心跑步加上城市观光的不伦不类的组合会同时毁掉这两种体验——不仅享受不到跑步带来的锻炼和放松，而且跑得太快会导致来不及欣赏城市风光。不过现在，随着我们离开城堡，开始沿着陡峭的街道慢跑，我已经完全改变了之前的想法。按照这样的速度，我们哪里都能去，什么样的景点也不会错过。

“究竟哪些人会预订这一类的旅游项目呢？”我心血来潮随口问了妮可一句。

“那些总会把跑步鞋放在行李箱的人。”她回答说。随后她又解答了我一直在思考的疑问：“如果你享受跑步，那它就是欣赏这座城市的最佳方式。这是一个只有你我二人的小团队，我们可以按照自己的节奏来。这样你就能在跑步中看到更多的东西。”　**文 / 皮尔斯·皮卡德**

跑步指南

起点 / 终点 // 爱丁堡威瓦利（Waverley）火车站

距离 // 7英里（11公里）

何时去 // 爱丁堡是个可以全年跑步的旅游胜地，即使在冬天的夜里跑步，体验也和白天一样棒。

住宿 // 2 Hillside Crescent（www.twohillsidecrescent.com）属于优质的中档酒店，这座联排别墅坐落于卡尔顿山的山脚下。预算有限者的最佳选择当属Edinburgh Central Youth Hostel（www.syha.org.uk），位置便利，而且设有私人房间。

更多信息 // www.edinburghruntours.com

行前参考 // 选择向导时，记得问一下团队的规模会有多大。两三个人以上的团体更适合开展社交，但跑步的速度肯定会变慢。如果想了解世界各地100多个城市的观光跑活动，可登录www.runningtours.net查询。

更多类似体验

城市观光跑

阿姆斯特丹，荷兰

如果对山无感，那么阿姆斯特丹肯定是合你心意的城市。这座荷兰首都平坦得就如同荷兰松饼。它环绕着运河网络而建，唯一需要攀爬的可能就是众多的桥梁了。由于背街小巷的存在，阿姆斯特丹观光跑的线路有很多条，但主要都是连接荷兰国家博物馆（Rijksmuseum）和凡·高博物馆（Van Gogh Museum）的环形，途中会从玛格丽桥（Magere Brug）上穿过冬宫博物馆阿姆斯特丹分馆（Hermitage），经过达姆广场（Dam Square）以及安妮之家（Anne Frank' s House）。这是一段非常适合拍照的行程，因此建议选较长的路线——在阿姆斯特丹跑步，你总会有各种意外之喜。

起点／终点 // 阿姆斯特尔河（River Amstel）上的莱顿广场（Leidseplein）桥／站（事实上因为是环形路线，所以起点和终点并不重要）

距离 // 4.5英里（7.1公里）

更多信息 // www.touristrunamsterdam.com

曼谷老城，泰国

繁忙的高速公路、狭窄且坑洼的街道，再加上无穷无尽的人潮，让曼谷成了外来跑步者眼中的高难度城市。因此，要想在这座复杂的城市中跑得游刃有余，最佳的方式莫过于选择清晨的观光跑。路线的选择很多，你既可以去游览著名的老城景点，也可以去探索河流及其运河网络。不过，有一条更与众不同的路线甚至可以带来锻炼、艺术和街头美食的"三合一"体验。它沿着素理翁路（Surawong Rd），带你从曼谷城中最时尚的几间当代艺术画廊前往挽叻区（Bangrak）——世界上最知名的一些街头艺术家都在那里留下了作品。然后，你会向北穿过金佛寺（Golden Buddha）进入唐人街，此时街头艺术之旅结束，美食观光跑宣告开启。

起点 // 西隆（Si Lom）地铁站

终点 // 唐人街耀华力路（Yaowarat Rd）

距离 // 5英里（8公里）

更多信息 // www.gorunningtours.com/bangkok

马拉喀什城墙，摩洛哥

建于中世纪的老城马拉喀什以复杂的布局而闻名，白天阳光炽烈，街道狭窄得连两头驴都很难交错而过。这里看起来就明显不像是跑步的地方。不过，如果早上起得早一点，赶在太阳还不太热、驴子也还没出现之前，你就可以绕着老城的城墙跑上一圈。沿着城墙跑很难迷路，毕竟某些部分高达9米，厚达2米。一路上你会经过很多不同的窄门，在罗博门（Bab Rob）你可以去萨第安（Saadian）墓参观一下，然后绕过达巴门（Bab Debbagh）散发着恶臭的制革厂，最后途经库图比亚（Koutoubia）清真寺的尖塔，抵达杰玛福纳（Djemaa el Fna）广场，算命者、手艺人、音乐家和卖水的小贩一整天都会待在那里。

起点／终点 // 杰玛福纳广场

距离 // 8英里（12.75公里）

更多信息 // www.runninginmorocco.com

从上至下：阿姆斯特丹运河边上的马路堪称完美的跑道；在曼谷街头奔跑时，各种小吃让你很难保持专注

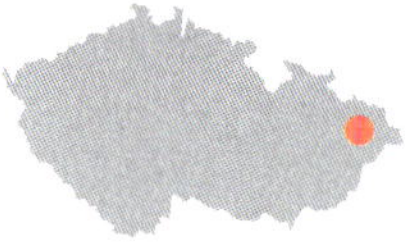

献给捷克长跑英雄的一曲颂歌

这项在捷克举办的公路赛，让我们重温了什么才是真正的勇气和精神，更让我们重新认识了长跑的魅力所在。

当第一次来到位于捷克东部边陲的科普日夫尼采（Koprivnice）时，你脑海中最先浮现的绝不是宏大之类的字眼，而是阴郁，抑或功能性。在千篇一律的水泥公寓楼背后，一座旧汽车工厂的烟囱赫然耸立。汽车和拖拉机博物馆是这里最主要的文化景点。整座城市给人一种苏联时代的冷酷感。然而，对于跑步爱好者来说，科普日夫尼采会是他们能够前往的最激动人心的目的地之一。

这并非夸大其词，每年，尤其是9月，来自世界各地的浪漫主义跑步者都会云集于此，参加一场14英里（22.5公里）的著名公路赛。令这项赛事充满史诗感的缘由在于其起源和氛围，而线索就隐藏在它的名字中：穿越埃米尔·扎托佩克故乡（Běh rodným krajem Emila Zátopka）。扎托佩克是世界上最伟大的耐力跑运动员，他赢得过5块奥运会奖牌，创造过18项世界纪录，打破了5000米和10,000米项目一度无法突破的纪录。2013年，《跑步者世界》（*Runner's World*）杂志将扎托佩克评选为有史以来所有长距离项目上的最佳运动员。1922年，他出生于科普日夫尼采。

从进入喧闹的本地学校礼堂登记的那一刻起，你就会意识到，原来扎托佩克的故乡并不像外表那般阴郁，而是充满了温暖。仿佛这里的每一位居民都希望给你带来独特的游览体

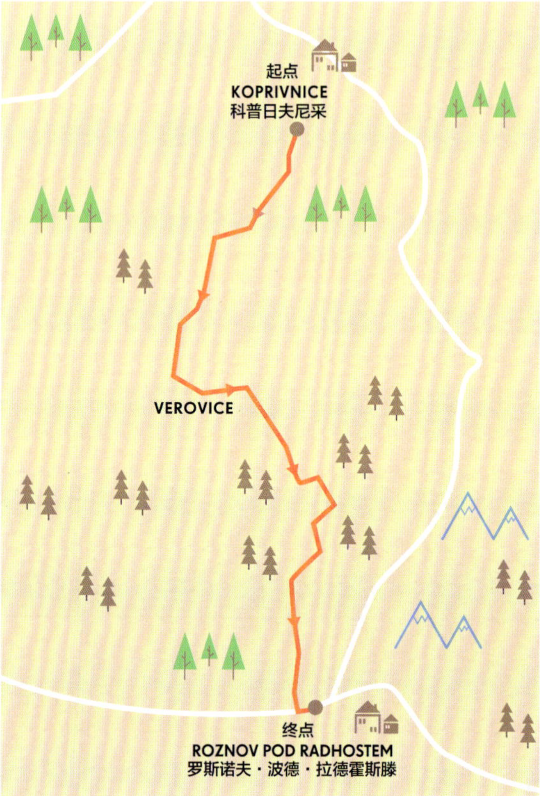

“如果不是因为取得了振奋人心的成就，埃米尔·扎托佩克对于身体伤病的无视简直令人无法置信。”

验，因为你来此是为了纪念他们最著名的城市之子。虽然扎托佩克已经于2000年11月离世，但他若在天有灵，肯定会为之自豪。于他而言，对陌生人报以热情和善意是最神圣的职责，也是他作为一个摩拉维亚人兼跑步者应该具有的重要特质。在他去世两年后，为了纪念丈夫，他的妻子达娜发起了这项赛事。

比赛的举办时间是距离扎托佩克和达娜共同生日最近的那个周六。按照传统习惯，达娜负责鸣响发令枪，对于一位已经90多岁的老者来说，从远在布拉格的家中赶到这里的确是一段漫长的旅程。她通常还要赶到罗斯诺夫·波德·拉德霍斯滕（Rožnov pod Radhoštěm）的一座由重建木屋组成的传统瓦拉几亚（Wallachian）村庄，也就是比赛的终点，选手们会聚在那儿享用热腾腾的食物并领取奖品。扎托佩克就埋葬在终点附近一座木制小教堂的旁边。亚沃尔尼克·贝斯基德山（Javorník Beskids）的山体横亘在两座城市之间。不过，跑步冒险爱好者们决心体验这项赛事的主要原因，并非比赛途中的山峰挑战，而是他们所秉持的奔跑理念。

比赛开始给人的感觉像是一场街头派对。随着城市郊区被渐渐抛在身后，我也逃离了喧闹的热心市民们。远处的乡村更加宁静：柏油路两旁都是长满青草的斜坡，后面通常是幽暗的森林，偶尔会有一种令人惶恐的空旷感。但快速跑过一段起伏的道路后，一座座村庄又不时出现在眼前，先是Štramberk，再是Ženklava和Verovice。本地的老老少少们都排在道路两旁，有人送吃的，有人加油喝彩，也有人在演奏音乐。

1952年7月，扎托佩克在8天之内获得了3块奥运金牌（他总共获得4块金牌），分别为5000米、10,000米和马拉松三个项目，他是有史以来唯一一位长距离项目的大满贯获得者。那场马拉松是他的第一次尝试。4年之后的墨尔本奥运会，他又参加了人生仅有的两次马拉松中的另外一场，当时他尚未伤愈且身体不适，而当天的气温竟然超过了30℃。“天呐，”他在起跑线这样说道，“今天我们都要掉层皮……”

大约6英里（9.7公里）之后，我从主路跑到了一条巷道里，这时候我才体会到扎托佩克说那句话时的心情，后面一连几公里都是残酷的攀爬路段。这里的森林密不透风，道路也开始变得不平、崎岖且蜿蜒起来。我承认这一段路跑得相当艰苦。气温越来越低，我的喘气声也越来越响。最后，我抵达了位于海拔2280英尺（695米）的一处鞍口，它在莱德霍斯特（Radhošt）圣山西边大约1英里处。从这里开始，我等于是在翻越欧洲的“脊梁”。扎托佩克年轻时经常在这处山脊上跑步，中途停下来撒尿时，他会朝南边尿一会儿，再朝北边尿一会儿，以此来自娱自乐。

埃米尔神话

捷克长跑巨星埃米尔·扎托佩克是一个对痛苦甘之如饴的人。他会在雨天和夜晚训练，在森林里和山岗上训练，在雪地和沙地里训练，甚至穿着军靴训练。任何能让训练变得更艰苦的事情，他都愿意尝试。他有很多故事在粉丝中流传，譬如坐飞机时训练、洗澡时训练、将妻子背起来训练。这些故事多半都是真实的。

跑在富有挑战性的地形上，我开始思考扎托佩克在面临这些困难时的做法，试图以此转移自己的注意力。出生于极端贫穷环境中的扎托佩克身体天赋有限。有人曾将跑步时的他比作“和章鱼在传送带上搏斗的男人”。他通过疯狂的努力才让自己成为全世界尽人皆知的最伟大的运动员。如果不是因为取得了振奋人心的成就，他对于自己身体伤病的无视简直令人无法置信。

除了跑步能力以外，扎托佩克还拥有常人所不及的慷慨。他蔑视“冷战”格局，依旧和最强大的竞争对手们结下了深厚的情谊，他在比赛中用8种不同的语言（大多是出于此目的而自学）和对手不停地交谈。他勇敢且充满魅力，堪称那个时代

从左至右：1952年赫尔辛基奥运会上的国家英雄；埃米尔·扎托佩克的墓碑。81页：扎托佩克的家乡科普日夫尼采被很多长跑爱好者视为圣地。

的穆罕默德·阿里（Muhammad Ali）。1968年，当华沙条约国的坦克入侵捷克斯洛伐克，镇压了被称为布拉格之春的“人性社会主义”实验时，扎托佩克召集抗议者在瓦茨拉夫广场（Wenceslas Sq）集会，但最终他因为自己的勇气而遭到了残酷的惩罚。

在赛程还剩下最后1/3时，真正的乐趣开始了——一段4英里多的连续下坡路。虽然发夹弯道充满挑战，但如果胆子够大，你依然可以全速前进。就这样抵达罗斯诺夫·波德·拉德霍斯滕以后，如果你除了腿抖得跟筛糠差不多以外没有其他异样，那说明你的表现比我这个参加过三次比赛的人要更强。

我第一次完赛是在2014年，当时当地的文化和语言让我感到很陌生，以至于在比赛结束以后我几乎不知道该怎么领回自己的装备。尽管是跨国性质的比赛，但它依然充满捷克特色。最终，热情和友谊冲淡了这些障碍，我爱上了这项比赛，于是第二年我又来了。等到第三次的时候，我就感觉和回家差不多，在比赛前一天的晚上，我甚至还向达娜敬了杯酒，以表达对她亡夫埃米尔的追忆。这可能就是导致我第二天比赛发挥略显失常的原因吧。 **文 / 理查德·阿斯奎斯**

跑步指南

起点 // 科普日夫尼采

终点 // 罗斯诺夫·波德·拉德霍斯滕

距离 // 13.86英里（22.3公里）

到达 // 俄斯特拉发（Ostrava）机场距离科普日夫尼采仅半小时车程。比赛巴士会将你从罗斯诺夫·波德·拉德霍斯滕载回科普日夫尼采。

何时去 // 距离9月19日最近的那个星期六。

住宿 // 科普日夫尼采赛前氛围最浓，罗斯诺夫·波德·拉德霍斯滕赛后气氛最佳。前者游客较少，后者的风景更美。

更多信息 // www.beh-roznov.koprivnice.org; www.koprivnice.cz; www.roznov.cz

行前参考 // 如果能住上几天，你可以尝试去徒步攀登莱德霍斯特（靠近比赛的中点），它是中欧最著名的圣山。

右页：斯洛伐克低塔特拉地区的悬崖峭壁。

更多类似体验

东欧赛事

Velká Kunratická，捷克

你或许会感到好奇，为什么一项全程不超过2英里（3公里）的比赛会被列为“史诗级”赛事？答案很简单：这里有真正陡峭的山岗、泥淖、溪流和美丽的森林景观，以及11月第一个周日你可能会在欧洲中部遭遇的各种天气类型。比赛在布拉格郊区莫德拉尼（Modrany）的昆拉提塞森林（Kunratice Forest）举办——1419年，伟大的瓦茨拉夫四世国王（King Wenceslas IV）正是在这里死于狩猎。全程需要三次跨越溪流，还有三段陡峭的上坡路，包括耸人听闻的赫拉德克（Hrádek）斜坡。始于1934年的这项赛事堪称经典，以至于50周年纪念时国际奥委会的主席还赶到现场亲自颁发了奖牌。很多分项赛只选取了其中的部分路段，全程赛的名额通常很快就被报满。现在的完赛纪录为10分58.9秒，自1979年起一直保留至今。

起点 / 终点 // 昆拉提塞溪谷（Kunratice Brook Valley）

距离 // 2英里（3公里）

更多信息 // www.velkakunraticka.cz

Non-stop Beh Hrebeňom Nízkych Tatier，斯洛伐克

这项既艰难又令人兴奋的山地赛于每年6月的最后一个周六在斯洛伐克的低塔特拉山（Low Tatras）举行。全程30英里（49公里），总爬升海拔7175英尺（2187米）。理论上的大本营是古城班斯卡·比斯特里察（Banská Bystrica），但起点和终点（以及中间部分）都在毗邻的国家公园的深处。这是正儿八经的山地长跑：单单前4英里的路程，从Trangoška到Krupova Hola的花岗岩峰顶，就需要爬升2600英尺（800米），但高处的风景会让你难以忘怀。同样令人难忘的还有之后Velká Chochula到Hiadelské Sedlo的下山路，如果能坚持到这里，就说明最艰苦的部分已经完成了。前往Kozí Chrbát的720英尺（220米）近乎垂直的攀爬是个噩梦，不过这能给最终完赛的你带来更多成就感。在终点多纳瓦利（Donovaly），你可以尽情庆祝，恭喜自己完成了中欧最艰难的山地赛之一。

起点 // 低塔特拉山国家公园

终点 // 多纳瓦利

距离 // 30英里（49公里）

更多信息 // www.nonstopbehnt.sk

特兰西瓦尼亚棕熊跑，罗马尼亚

这不是什么轻松的比赛：你需要在多山的罗马尼亚乡间体验超远距离的长跑，升降的海拔高度达到5577英尺（1700米），最终在经历噩梦般的攀爬（包括176级木台阶）之后抵达中世纪修建的锡吉什瓦拉城堡（Sighisoara）。和起点处的撒克逊古村威斯克里（Viscri）一样，这座城堡也属于联合国教科文组织世界遗产。比赛过程中你需要经过数公里长的起伏步道，穿越古老的森林以及偶尔的开阔牧场。当地出没的野生动物（用组织者的话来说，简直就是“生机勃勃”）包括众多的狼和棕熊。不过，迄今为止还从来没有参赛者在途中遭到过野生动物的袭击，所以撑过最后的攀爬阶段，你基本上就可以看到完赛的曙光了。如果你觉得没什么好担心的，那不妨留意一下锡吉什瓦拉城堡，它可是号称吸血鬼德古拉伯爵的原型——15世纪的“穿刺公”弗拉德三世（Vlad III）的出生地。

起点 // 威斯克里

终点 // 锡吉什瓦拉城堡

距离 // 31~50英里（50~80公里）

更多信息 // www.transylvanianbearrace.com

彭布罗克郡的穿越时光之旅

威尔士最西端坐落着英国最美丽的国家公园之一。

这条世界级越野跑路线会经过令人惊叹的古迹，在跑步的同时你仿佛也穿越了时光。

威尔士的西南角可谓地质学家们的游乐场，那里的岩石断崖和层状悬崖留下了关于地质史的惊人线索。有些岩石的形成甚至可以追溯至多细胞生物诞生之前的前寒武纪时期。古代文明的遗迹散落于海岸线上，因而威尔士的这一角也是历史爱好者的天堂，英国最早期的建筑师们都偏爱使用北彭布罗克郡（Pembrokeshire）出产的岩石（巨石阵便使用了产自附近山岗的蓝砂岩）。不过在我看来，这片悬崖和海滩本身比上面提到的一切都要更加令人激动，因为全英国风景最美丽的越野跑路线之一就在这里。

多年来，我已经收集了一大沓关于在威尔士跑步的资料，但这条环绕最西端半岛边缘的13英里（21公里）路线依然是我的最爱。跑步者可以先沿着彭布罗克郡海岸步道进行越野，再进入乡间小道，完成一整圈。触手可及的历史和地质之美固然令人振奋，但自然的涌流、孤绝和粗粝会让人觉得，这条路线仿佛就是为清晨的半程马拉松量身定制的。

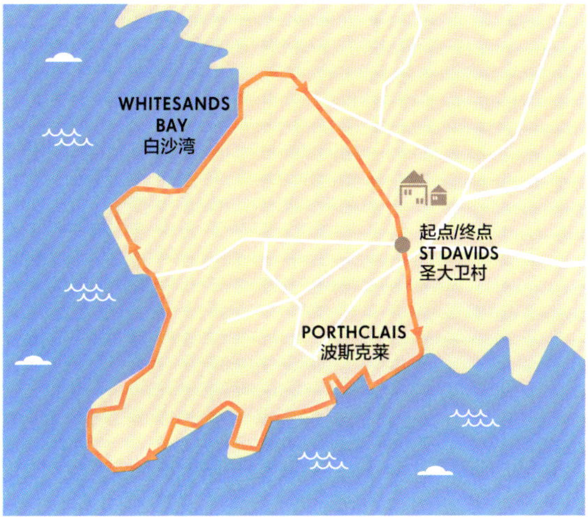

一出发，我就马上感受到了步道所带来的自由感和欢欣感。路上石头还没多到非要低着头跑的地步，而周围的岩石倒

是很难让人视而不见。多彩的悬崖耸立于身旁，有些表面呈深紫色，有些则透出淡淡的玫瑰色。海滩上带红白条纹的卵石看起来就像是硬糖；扎进大海中的悬崖既原始又充满了生机。前方的步道起伏，伸向远方，被粉色、蓝色和金色的野花一路簇拥。

今天，或者说每一次我在这里奔跑，似乎都会感到一种强烈的灵性氛围。但只要你真正融入环境，就能抛开那些神鬼奇谈，轻快地跑起来。这片区域一直鲜有现代人类涉足，你会接连经过被遗忘的石器时代纪念碑、残破的青铜时代圆屋、铁器时代堡垒的残壁、黑暗时代的小教堂废墟，以及一座隐蔽的中世纪教堂。但它们往往并不显眼，你需要留意四周，甚至稍稍偏离道路，才能见到那些正逐渐被山石和泥土掩盖的遗迹。

最重要的是，这里几乎看不到其他人，给人的感觉好像是几乎从未有人来过。令人沮丧的乡村小道、慢吞吞游荡在彭布罗克郡和其他区域的拖拉机与羊群，足以打消大部分人造访这个角落的念头。即便有朝一日众人发现了这里，国家公园的身份总会给它提供一定程度的保护，这让我稍感安慰。事实上，彭布罗克郡早在1952年便被确定为国家公园，是英国最早一批国家公园之一，现在依然是英国唯一的海岸国家公园。

我沿悬崖顶端快速行进到卡尔菲湾（Caerfai Bay）尽头的一处海岬，然后停下脚步回望身后。对面是另一块突出的陆地，由一座狭窄的天然石桥相连。我只能分辨出那座铁器时代堡垒的提坝和壕沟，它们正在被海水慢慢冲毁。传说亚瑟王当年曾在此地巡视，对抗来自海外部落的突袭。后来控制英格兰的盎格鲁-撒克逊人把凯尔特人叫作“Wealhs”，即“外国人”，这便是威尔士公国国名的来历。

跑了半英里、习惯了道路的走向以后，我开始加速。跨过一片乱糟糟的荆豆丛的卷须，我来到了圣诺恩小教堂（St Non's Chapel）的石头遗迹前。这座小教堂被认为是威尔士最古老的一批基督教建筑之一，据说修建它是为了标记威尔士的守护圣徒大卫的出生地。1081年，征服者威廉（William the Conqueror）亲自来这座修道院朝圣。此后不久，修道院的原址上又建起了圣大卫大教堂（St Davids Cathedral）。落成以后，罗马教廷规定，来这座大教堂朝圣两次，就相当于前往罗马朝圣一次。

我小心翼翼地向着坡下一处深水小湾跑去，那里有一座修建于12世纪的小型石港湾，被称作波斯克莱（Porthclais），景色非常漂亮。它原本是用来输入煤炭和木材，现在成了推皮划艇下水的好地方。喜欢冒险的短途旅行者乘坐着五颜六色的船只驶入海湾，我还能听到攀岩者将器械敲入悬崖所发出的撞击声，这一刻，我感觉自己仿佛将古代世界抛至身后，开始步入这座公园的未来。我继续奔跑，游泳者的聒噪声从波斯利斯基湾（Porthlysgi Bay）传来；再跑一会，我就应该能看到冲浪者在白沙湾（Whitesands Bay）乘风破浪了。

抵达威尔士本土最西边的Pen Dal-aderyn以后，我坐下来吃了块三明治。这里是个观赏海豹和海豚的好地方。我看到海面上有一艘游船，正带着游客出海近距离观看这些海洋生物和附

© Sarahstirling.com

自然的呼唤

每年4月到9月，彭布罗克郡海岸线一带的岛屿就成了嘈杂的集市，大群鸟儿都在为爱疯狂。观看这场野生动物爱情盛宴的最佳岛屿当属斯科莫岛（Skomer），那里栖息着英国南部规模最大的大西洋海鹦群。岛上的21,000只海鹦从未受到过旅游者的严重打扰，参观时多注意脚下。岛上还有23,000只海鸠和7000只刀嘴海雀！

从左至右：圣大卫大教堂；彭布罗克郡拥有令人惊叹的海鹦群；越野跑爱好者的梦幻天堂。86～87页：在威尔士与爱尔兰海相遇

近岛屿上蹒跚行走的海鹦。这是多么祥和的自然游乐场啊！想到这儿，我不禁有些好奇，游荡在彭布罗克郡海岸的幽灵们又会如何看待这些服饰鲜艳的户外爱好者们。

接下来是一段海风劲吹的悬崖顶，但你能望见白沙湾的巨大海滩。海滩另一侧，Carn Llidi的岩石顶从绿色山坡中直冲而上。山坡竖立着这条跑步路线上最古老的纪念碑——一块6米高的石板，上面覆满了青苔，从大约公元前3000年的新石器时代起就作为墓碑扎根于此。不远处还有几面圆形的低矮石墙（即青铜时代的圆屋），带有古老的动物围栏。我喜欢偏离主道去探访这些遗迹，而且不知不觉就会被吸引着走进那些曾经是门和通道的缺口，即便这些断壁残垣低矮得一步就能跨过。

沿着乡间道路向南进入圣大卫村（St Davids），不可避免会看到越来越多的文明痕迹。由于前文提到的大教堂的存在，这个村子也被称为英国最小的“城市”。面积虽小，这里的人们却对其自然资源有着充分的认识。从日常的海滩清理到碳中和运动，圣大卫村以其先进的环保理念而著称。这个具有前瞻性的社区执着地保护着这条海岸线，让那些游荡在悬崖峭壁顶上的石器时代的男人、战士、圣徒、国王以及中世纪的朝圣者们不受干扰地继续着他们的使命。　**文／萨拉·斯特林**

跑步指南

起点／终点 // 圣大卫村

距离 // 13英里（21公里）

到达 // 最近的火车站位于哈弗福德韦斯特（Haverford-west），距离圣大卫村16英里（26公里）。

何时去 // 春夏时节非常适合观赏野花，秋冬可以冲浪。

住宿 // 在Ty Boia B&B（www.ty-boia.co.uk），你会得到热情的凯尔特式招待。另外在卡尔菲农场（Caerfai Farm；www.caerfaifarm.co.uk）也可以露营。

更多信息 // www.pembrokeshirecoast.wales

行前参考 // 跑完全程以后别忘了去Gianni’s来份Celtic Crunch冰激凌。

更多类似体验

狂野威尔士海岬

丽茵半岛

丽茵半岛（Llŷn Peninsula）一直延伸到斯诺登尼亚（Snowdonia）西边的海域。半岛尽头有着古朴安静的乡野风光，那里的阿伯达伦村（Aberdaron）正对着大片开阔的白沙海滩。继续向西，沿着海岸步道前往海岬的西南尖Pen y Cil，不妨找找海豚和海豹。接着向北抵达北威尔士大陆的最西点Braich y Pwll，可以欣赏巴德西岛（Bardsey Island）和19世纪的灯塔（它是英国最大的方形底座灯塔），顺便想象一下中世纪朝圣者划船前来拜访那座已有1500年历史的修道院的场景。考古发现证实，这座岛屿至少4000年前就有人居住。参观完这些景点以后，你就可以原路返回，或者沿着人迹罕至的小路回到起点。

起点 / 终点 // 阿伯达伦村

距离 // 6英里（9.6公里）

更多信息 // www.llyn.info

霍利岛

霍利岛（Holy Island）距离安格尔西（Anglesey）西海岸不远，面积非常小，二者通过一座桥相连。岛上的最高峰是霍利黑德峰（Holyhead Mountain；722英尺，220米），方圆数公里内都能望见。每到盛夏时节，山峰的低矮斜坡上会铺满紫色的帚石楠。斜坡周围和岛上的其他区域有很多立石和墓室，霍利岛（即"圣岛"）也由此得名。你可以从南斯塔克（South Stack）的停车场出发，顺着海岸步道上行，就能路过很适合拍照留念的灯塔，它建在一座离岸的小孤岛上。春天，海鸠和海鹦在岛屿的悬崖上繁衍嬉戏，一片嘈杂之声；山鸦的身影则四季可见。沿着步道绕到北斯塔克（North Stack），努力爬上霍利黑德的顶峰，你会看到更多的风景。最后从西坡下山，返回停车场。

起点 / 终点 // 南斯塔克

距离 // 4.5英里（7.2公里）

更多信息 // www.visitanglesey.co.uk

高尔半岛

这块伸入海中的狭长地带位于斯旺西（Swansea）西边不远处，早在1956年就被授予了"杰出自然风景区"（Area of Outstanding Natural Beauty）的称号，而且至今变化不大。高尔半岛（Gower Peninsula）的最前端有一片3英里（4.8公里）长的纯美海滩，后面的罗西里丘陵（Rhossili Down）则构成了它的脊梁。沿着海滩奔跑，再顺着小道登上低处悬崖的顶端，那便是半岛的最北端。继续绕过福克斯霍尔角（Foxhole Point），再从步道艰难地向上，沿海滩后面的沙丘抵达灯塔（633英尺，193米）。最后下山至罗西里村（Rhossili）和沃姆斯角（Worms Head），途中能欣赏到壮丽的风光。沃姆斯角是一块狭窄的拖尾地形，在海面隆起，形成了一个小小的海岬。

起点 / 终点 // 罗西里

距离 // 9.5英里（15公里）

更多信息 // www.explore-gower.co.uk

顺时针从上至下：丽茵半岛上阿伯达伦村的偏僻海滩；霍利岛上的南斯塔克灯塔；高尔半岛上的罗西里湾海滩。

奔跑巴塞罗那：从海滨到山巅

忘了哥特区吧——欧洲最佳城市跑步路线已经将巴塞罗那
充满生机的地中海海滨和风景优美的高耸山巅连在了一起。

沿着巴塞罗那宽阔的海岸线刚跑了短短两分钟，我就瞥见了弗兰克·盖里（Frank Gehry）的《鱼》（*El Peix*），这座巨大的屋顶雕塑在9月初这个清晨第一缕阳光照射下显得熠熠生辉。太阳正从地中海上升起，我放慢了脚步，企图将所有景色尽收眼中。这件183英尺（56米）长的作品拥有鳞片状的外观，是位于海滨的古老渔业区小巴塞罗那（Barceloneta）的标志性存在。我很高兴赶在气温升高前出了门，为了不浪费宝贵的时间，我最后看了一眼铜雕塑，就向着金黄沙滩上的宏伟滨海长廊加速跑去。

一条空旷且宽敞的步行道在我面前展开，两边是成排的棕榈树；再往前愉快地跑上4.5英里（7公里），我就能离开小巴塞罗那，沿着繁忙的哥特区（Gothic Quarter）边缘转向内陆，穿过波布勒塞克（Poble Sec），抵达蒙特惠奇山（Montjuïc）的山顶。算起来，从起点的滨海区（为迎接1992年奥运会曾进行翻新）到终点处位于码头上方590英尺（180米）、已有300年历史的古

© Matt Munro | Lonely Planet

堡，我跑完这趟旅程，仿佛时光也倒流了几百年。

尽管巴塞罗那拥有中世纪风情的小巷和新艺术风格的建筑，但蜿蜒的鹅卵石巷道和拥挤的狭窄人行道仍让在市中心跑步显得颇具挑战。不过只要跑出波恩（El Born）之类的中世纪街区，你就会发现，海滨的平坦、宽敞的道路非常适合全速奔跑。

如此这般的跑步体验，再加上足以令人筋疲力尽的标志性山峰的攀爬，你就已经收获了全欧洲最棒的一次城市跑，更不用提沿途那些适合拍照的公共艺术、枝繁叶茂的公园以及醒目的纪念碑——正是它们的存在让巴塞罗那成了世界上最具活力的城市之一。最重要的是，这趟旅程将以一种不伤膝盖的方式告终：你可以乘坐空中缆车下山，回到滨海区。

随着我渐渐找到自己的节奏，身边开始出现其他跑步者、竞走者，以及进行各种运动的早起人士，大家都集中在这条备受欢迎的沿着海岸的道路上。我左手边是碧蓝的地中海，波浪轻拍着金黄色的海滩，几位赤足的奔跑者正在沙地上步履沉重地行进着；右手边，一排纤细的棕榈树直冲天空，公路旁一排楼层不高的建筑为它们充当着背景。

© ferrantraite | Getty Images / © Matt Munro | Lonely Planet

离开盖里的《鱼》准备继续前行时，我瞥了一眼右侧小巴塞罗那那些如同网格的巷道、狭窄到令人难以置信的胡同、密密麻麻住满了人的公寓楼。一排排洗好的衣服和红黄条纹的加泰罗尼亚旗帜从小阳台上伸出来，在微风中飘动。这个钟点街上空荡荡的，但到了午饭时间，这一带的小餐馆就会挤满了本地食客，大家就着整盘的烤鱿鱼、鲜甜的蛏子和其他"海洋"佳肴大快朵颐。小巴塞罗那与海洋之间的传奇联系可追溯至200多年前，要在这座城市品尝海鲜，没有比这里更好的地方了。

不过，眼下我必须摈弃任何有关新鲜生蚝的念头，背后的一阵清风让我稳住了步伐，直至抵达海边那座摇摇欲坠的高耸雕塑下。这一名为《受伤的星星》（*L' Estel Ferit*）的作品高达10米，由德国艺术家丽贝卡·霍恩（Rebecca Horn）设计，四个利用金属和玻璃制成的方块一个接一个堆叠，看上去正保持着平衡。创作者的初衷，是向曾经建在小巴塞罗那海岸的xiringuito（一种四四方方类似棚屋的小饭馆）致敬。

公共艺术是20世纪90年代巴塞罗那旧区振兴计划的重要组成部分，在大多数本地人看来，它已经慢慢演变为滨海社区不可分割的一部分。这条跑步路线亦将我带到了已故波普艺术家罗伊·利希滕斯坦（Roy Lichtenstein）设计的《巴塞罗那海角》（*El Cap de Barcelona*）跟前，这座表面用鲜艳马赛克覆盖、高15米的雕塑作品，是为了纪念巴塞罗那最著名的本地艺术家安东尼·高迪（Antoni Gaudí）。

在环绕海洋广场（Plaça del Mar）和沿着美丽海滨跑步的过程中，我身边巨大帆船的桅杆一直在上下浮动。在后面的1英里，我尝试保持匀速前进，因为这有可能是最后的平坦路面，再接下来我就要越过兰布拉大道（La Rambla）的南端，经由波布勒塞克向上攀登。波布勒塞克是个游客罕至的村落式街区，有很多小吃吧、户外咖啡馆和波希米亚风格的小酒吧。

然而，等到了波布勒塞克观景台（Mirador del Poble Sec），我的体能开始有些不支。速度降成了慢跑，前方的山坡也让我头大，似乎每走一步，路途就越发陡峭一分。我在接下来的500米长的人行道上机械地迈着步子，仿佛自己在跑步机上倒着前进。很久之后，路中央一个小型环岛（Plaça de Carlos Ibáñez）旁边的瞭望台"迎接"了我的到来，眼前的景致从广阔的城市一直绵延至远方的山脉。我本想流连一番，但理智迫使我继续坚持——准确地说，是继续向上。

沿着米拉马尔大道（Avenida Miramar）进入胡安·布鲁萨花园（Jardins de Joan Brossa）时，我的小腿如火燎般炽痛。攀爬途中，我还经过了参天的柏树、粗壮的棕榈树和芬芳的松树。在靠近山顶的地方，缆车在头顶毫不费力地滑翔着，它为那些不想攀登蒙特惠奇山的游客提供了连接下方城市和山顶的快捷交通方式。

离开停车场以后，我迎来了最后一段路程。虽然距离不长（400米左右），但却相当陡峭。我像蜗牛一样缓慢挪动，直到蒙特惠奇城堡（Castell de Montjuïc）进入视野。这座气势雄伟的城堡始建于18世纪，坚固的墙体、幽暗的炮眼（以前里面设

© Matt Munro | Lonely Planet

地下堡垒

西班牙内战期间，巴塞罗那遭受了毁灭性的轰炸，当地居民被迫在城市周围修筑了数百个掩体，其中就包括蒙特惠奇山山坡低处的一个巨型防空洞。这个名为“307避难所”（Refugi 307）的防空洞是巴塞罗那保存最好的防空掩体之一，由当地居民在1937年修建，拥有近400米长的隧道。

从左至右：在巴塞罗那附近的山坡上奔跑；著名的神圣家族教堂；旧港（Port Vell）的人行步道区。92~93页：夜晚的城市港口。

有大炮）再加上宽阔的护城河（现在干涸了），让它看起来毫无亲近感。对于很多加泰罗尼亚人来说，这座城堡是弗朗哥独裁统治下的黑暗岁月的象征，当时它被用作政治监狱。穿过通向厚厚城墙的拱桥，我的旅途在一处朝南的小哨岗处宣告结束。

向下俯瞰，远处是繁忙的港口，开往巴利阿里群岛（Balearic Islands）、意大利热那亚和摩洛哥丹吉尔（Tangier）的巨大集装箱船及渡轮正往来如梭。我停留了许久，直到因为穿着汗湿的衣服被凉风吹得有些刺痛，才动身下山前往缆车站。在那里，我爬进一辆老式的红色缆车，让它载着我回到海滨。

坐在缆车上，视野中的城市渐渐铺开，海滨、港口、山坡悉数呈现眼前。从市中心上空滑翔而过时，你能看到高迪仍未完工的建筑杰作神圣家族教堂（Sagrada Familia）旁有起重机在悬空工作，而在远处，几条熙熙攘攘的大道纷纷向着克赛罗拉山（Serra de Collserola）的绿色山坡伸展而去。

与此同时，这个视角也有利于你回顾这次的晨跑，以及规划未来的跑步路线。虽然巴塞罗那北部边缘地带的森林中依然生活着野猪，但还有不少出色的越野选择，引诱着你什么时候再来上一场远足。　**文 / 雷吉斯·圣路易斯**

跑步指南

起点 // 巴塞罗那赌场（Casino Barcelona）附近的滨海散步长廊

终点 // 蒙特惠奇城堡

距离 // 单程5英里（8公里）

到达 // 巴塞罗那的普拉特国际机场（Aeroport del Prat）位于城市西南8英里（13公里）处。

何时去 // 全年皆可。

住宿 // 无论是跑步还是探索附近的哥特区，在小巴塞罗那附近住宿都非常方便。舒适的Hotel del Mar拥有可俯瞰海滨的客房（双人间€85起）。

行前参考 // 在蒙特惠奇城堡附近抵达终点以后，你就可以搭乘缆车至蒙特惠奇公园站（Estació Parc Montjuïc），在那里你可以转乘下山的缆索铁路到地铁站。

右页：从富维耶圣母堂俯瞰整座里昂城。

更多类似体验

从海滨到山巅的城市跑

里昂，法国

里昂拥有两条风景优美的河流，罗讷河（Rhone）和索恩河（Saône），皆位于战略高点之下，而那个高处正是大约公元前43年这座城市建立的地方。一条令人难忘的路线汇聚了海滨风光、富维耶山（Fourvière hill）值得一试（但充满挑战）的攀登体验，以及从这座城市最壮丽的教堂附近眺望到的绝美景色。路线的起点设在罗讷河的东岸，位于温斯顿·丘吉尔桥（Pont Winston Churchill）的北边。在吉约蒂埃桥（Pont de la Guillotière）过河以后，直达里昂最大的广场白莱果广场（Place Bellecour）。接着走上行人专用的圣乔治桥（Passerelle St-Georges），越过索恩河。沿着索恩河西岸向上游跑去，经过三座桥后，在第四座桥向左转，顺着圣巴泰勒米山坡（Montée St-Barthélémy）一直上行。之后从入口进入高地公园（Parc des Hauteurs），便可迂回蜿蜒至山顶。山顶矗立着富维耶圣母堂（Basilique de Notre Dame de Fourvière），从那里可将里昂的全景尽收眼底。

起点 // 温斯顿·丘吉尔桥

终点 // 富维耶圣母堂

距离 // 3.7英里（6公里）

珀斯，澳大利亚

以美丽海滩、苍翠绿地和闪耀河滨闻名的珀斯，提供了无数条令人难忘的跑步路线。其中一条美妙的路线，会带你从天鹅河（Swan River）的南岸，跨过海峡大桥（Narrows Bridge），进入树木茂密的国王公园（Kings Park），向伊莱山（Mt Eliza）攀登。起点位于Optus体育场（Optus Stadium）附近的跑步兼自行车道。沿着水岸曲折行进，对岸便是这座城市的天际线。随着你跑过海峡大桥，景色越发迷人。来到河的北岸，直奔繁茂广阔的国王公园，你会经过道路北侧的小肯尼迪喷泉（Kennedy Fountain）。上坡路段便从喷泉这里开始，你需要跑上有着150级台阶的科科达小径（Kokoda Track），这条小道是为了纪念当年在巴布亚新几内亚沿着地形恶劣的科科达小径作战的澳洲士兵而建。到达山顶之后，再向东走上几百米，就能抵达国家战争纪念碑（State War Memorial）。

起点 // Optus体育场

终点 // 国家战争纪念碑

距离 // 4.3英里（7公里）

西雅图，美国

作为跑者的天堂，西雅图提供了一个令人陶醉的组合：海滨、充满挑战性的山峰，以及从西边奥林匹克山（Olympic Mountains）和西南高耸的雷尼尔山（Mt Ranier）望见的壮观景色。联合湖（Lake Union）能提供一条近乎完美的6英里（9.6公里）环线。不过，为了让路线更有变化，你可以绕湖跑上半圈，再去攀爬国会山（Capitol Hill），完成一个圆满的3.7英里（6公里）路程。起点位于费利蒙大道北（Fremont Ave N），之后跨过费利蒙大桥（Fremont Bridge），直达湖西大道（Westlake Ave）。顺着跑步兼自行车道向南抵达联合湖公园（Lake Union Park），再从Fairview Ave向北，中途右转至E Blaine St，在国会山匀速缓慢地爬升。登上台阶，继续沿着E Blaine St上行，直至Federal Ave。接着跑过一个街区，转入E Galer St。这条街通向树荫浓密的志愿者公园（Volunteer Park），那里可以眺望太空针塔（Space Needle）和艾略特湾（Elliott Bay）的美景，如果天公作美，还能看到雷尼尔山。

起点 // 费利蒙大道

终点 // 志愿者公园

距离 // 3.7英里（6公里）

湖区经典环线跑

这段选自鼎鼎大名的鲍勃·格雷汉姆环线的旅程堪称英国越野跑的精神家园，不仅充满令人激动的亮点，更堪称经典中的经典。

周日晚上躺在床上，我没办法让自己不去想鲍勃·格雷汉姆环线（Bob Graham Round，简称BGR）。尽管一个周末在被列入《世界遗产名录》的英国湖区国家公园（Lake District National Park）连着参加两场重大赛事，我已经筋疲力尽，在长途自驾回家以前，我最不需要的就是一大清早的闹铃，更不用说再来一场跑步；但我不经常来湖区，又知道这里的越野跑（当地更多称为fell running，“fell”源于古挪威语，意为“山丘”）历史比英国其他任何地方都更为瞩目，因此当那些传奇的越野跑选手的灵魂在我耳边不停细语时，我还是设了一个早上6:00的闹钟。

有组织的越野跑早在1905年就在美国兴起，譬如Dipsea越野赛（见192页），而与此同时，越野跑也在英国成为潮流。这些比赛通常是乡村集会和运动日的一部分，身材瘦高的山区导游会在比赛中彼此竞争。在越野跑盛行的地区，乔斯·内勒（Joss Naylor）、比利·布兰德（Billy Bland）或尼基·斯平克斯（Nicky Spinks）等名字及其相关故事在山谷中久久回响，他们都是打破越野跑领域多项纪录的当代杰出人物。

1932年，为了庆祝自己的42岁生日，小镇凯西克（Keswick）一位名叫鲍勃·格雷汉姆（Bob Graham）的旅馆老板，在24小时内绕着42座山峰的峰顶跑了一圈，鲍勃·格雷汉姆环线

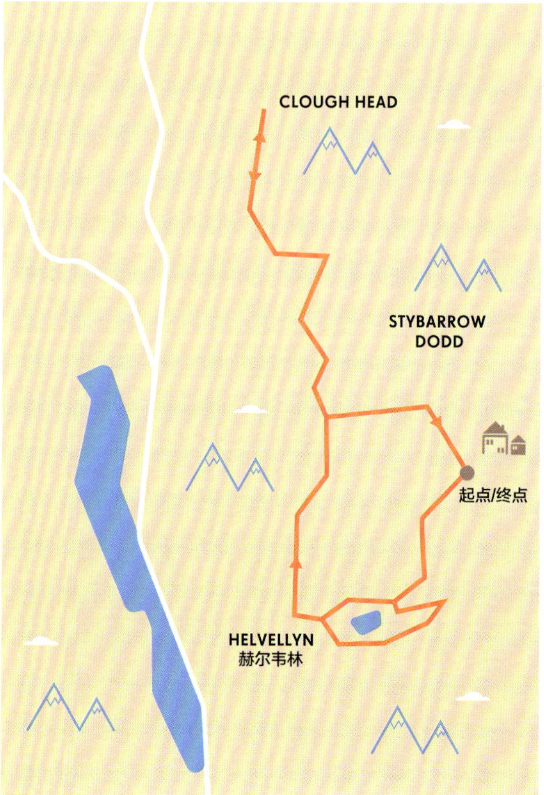

“Great Dodd的顶峰是我当天登上的第六处山巅，能够相对轻松地征服这几座山峰，我已经很满足了。”

由此诞生。该赛事为一项民间挑战，参赛者必须在24小时内，奔跑66英里（106公里），打卡42座峰顶，累积爬升27,000英尺（8230米）。自创立以来，约有2000人已经加入专属的鲍勃·格雷汉姆俱乐部（Bob Graham Club），但人们普遍认为，已经尝试过BGR但以失败告终的人远远不止这些。我实际上也是这2000人中的一员，2016年就跑过一次，但它永远都不会令我感到厌倦。相反，还会让人上瘾。

被手机闹铃吵醒以后，半睡半醒的我连滚带爬地下了楼梯，穿上我的Inov-8 X-Talons跑鞋，一头扎进了毛毛雨中，尽管此时我的身体还处于懵懂的麻木状态。我的时间计划很宽松。由于只剩下不多的几个小时，因此我只打算冲击位于赫尔韦林（Helvellyn）山脉的BGR第二赛段。途中需要经过臭名昭彰的斯特赖丁峰（Striding Edge），那是一条如同锋利刀刃的山脊，两侧皆是可能叫人万劫不复的陡坡。

毛毛雨和艰难的爬坡让我清醒了过来。这一带的地形非常有趣：岩石和青草随处可见，但大部分仍是不错的石头小径。然而很快，我就感受到了两侧空旷区域的可怕，充斥着纷扰的迷雾和梦境般的不确定。第一块巨大的岩石拔地而起，挡住了我的去路，我知道这里便是斯特赖丁峰的起点。

传统的跑步爱好者很少会出现在斯特赖丁峰，尤其是下雨天。事实上，从远处看它近乎无法逾越，但每次接近下一块岩石时，你就会发现有清晰的路径出现在岩石上面或周围。这种时候，三点固定法是最值得推荐的行进方式。但我很不习惯像这样依靠双手，只能后悔出门没带双手套。

另外，地形变得更简单但也更陡峭了。经过一段更为艰辛的跋涉以后，我站在了被称为赫尔韦林的巨大火山的圆形顶峰，它是英格兰第三高点，路径在此正式汇入BGR路线。

大多数人会顺时针跑完这段路线，但是在爬了这么长时间以后，我不想让自己辛苦积累的优势现在就丧失殆尽，于是我留在高处，向北前往矮人峰（Lower Man）的山顶。一旦到达那里，艰辛的旅程就算告一段落，你可以快速奔跑，飞也似的完成丘陵路段。

谁是鲍勃·格雷汉姆？

鲍勃·格雷汉姆并非天生的运动员。他矮壮结实，平素滴酒不沾，还是个素食主义者，却对湖区的山岗了如指掌。为了准备首次“环线跑”，他凭借一双肉足踏遍了每座山峰，既当作磨砺体魄，又省下了买运动鞋的钱。鲍勃·格雷汉姆能够以极快的速度步行上山、跑步下山，而装备只是一双网球鞋、一条短裤以及一件“睡衣”。

本页：湖区低矮巨大的赫尔韦林山脉。99页：雾气朦胧中沿着斯特赖丁峰前行。

总而言之，这一带的山峰都不是那种世界级高山。英格兰最高的山峰斯科费尔峰（Scafell Pike）就位于湖区，但它也只有3200英尺（978米）高。湖区多雨，因此山脉四季常绿，也有许多裸露的岩石。从这里开始，仿佛切换到“自动驾驶模式”的我，打卡了一座又一座山顶，感觉棒极了。

在我的左侧，云层间露出一条如信箱投递口般狭窄的缝隙，虽然过程短暂，却让人惊艳。透过它，我瞥见了诗人华兹华斯（Wordsworth）和画家阿尔弗雷德·温赖特（Alfred Wainwright）笔下的世界——成块的黄绿色丘陵恍如仙境，连同巨大的湖泊和古老的森林一起，被包裹于独特而潮湿的永恒之中。当然，这番奇景很快便消失了，仿佛从未出现过一样。

越过Stybarrow Dodd以后，我循着难以辨认的弯曲小径向右边陡降，来到Great Dodd的顶峰，它是我当天抵达的第六处

山巅，能够相对轻松地征服这几座山峰，我已经很满足了。它们置身于云层之中，每座看起来都差不多，但却有细微差别：有些山体更大，有些台地更宽，带来了不同程度的“酸爽”感受。

又往前跑了大约10英里，我登上了此行最后一座山峰Clough Head的峰顶。3个小时的奔跑让人疲惫不堪，但也收获不少。我不情愿地原路返回，希望路上能再次瞥见湖区的胜景。然而，并没有。我只看到了湖区“经典”的模样，但是同样令我目瞪口呆：湿气弥漫，凉风阵阵，细雨绵绵，却又充斥着蛮荒和凌厉，让简单的奔跑变成了一场远征。

等到抵达Raise Fell前方的山坳时，我的时间已所剩无几了。3个小时登顶8座山峰，该下山了。我选择了一条轻松易行的道路回到安静的格林瑞丁村（Glenridding），即我出发的地方。这条顺畅的山道带着我迅速冲出云层，远离了身后那些可爱的大山丘。

而在回到山脚的那一刻，我的内心充满了冒险后的激情，我知道，在驾车回家的漫长旅途中，这份激情将燃烧不止。

文 / 达米安·哈尔

跑步指南

起点 / 终点 // YHA Helvellyn，格林瑞丁村

距离 // 16英里（25公里）

到达 // 去湖区最方便的方法是自驾。要是乘坐火车，可以先到安布塞德（Ambleside），然后打车到YHA Helvellyn。

何时去 // 2月至11月。隆冬时节的斯特赖丁峰非常危险。

住宿 // 湖区本地的多家青年旅舍都能满足户外人士的基本需求。YHA Helvellyn（www.yha.org.uk/hostel/yha-helvellyn）可以作为本次路线的起点和终点。

更多信息 // www.lakedistrict.gov.uk

行前参考 // 由于气候潮湿，一双抓地防滑、适合越野跑的跑鞋不可或缺。

右页：小心翼翼地通过布伦卡思拉的Sharp Edge。

更多类似体验

英国湖区经典路线

布伦卡思拉

有多个山头的布伦卡思拉（Blencathra；2848英尺，868米）是鲍勃·格雷汉姆环线上的第三座山峰，本地人对其可谓如痴如狂。它同时也是一条经典的湖区越野跑路线，距离虽然不长，但有2500英尺（773米）的爬升，跑起来要花点时间，而且相当耗体力。攀登Mousthwaite Comb的过程令人备受煎熬，幸好有壮丽的风光作为补偿。在Scales Beck，你既可以选择惊心动魄的Sharp Edge，也可以走一条更为轻松直接的路线前往峰顶，将湖区的广阔景致尽收眼底（如果天气允许）。欣赏完这一切以后，你就可以紧一紧自己的鞋带，穿过Scales Fell，欢快地迅速奔下山去。

起点 / 终点 // White Horse Inn，Scales

距离 // 4.5英里（7公里）

更多信息 // www.lakedistrict.gov.uk

大山墙和Glaramara

天气晴好时，从大山墙（Great Gable；鲍勃·格雷汉姆环线上的一座山峰）上可以360°地欣赏湖区的风光。虽然抵达那里颇为艰辛，但确实很值得。每当暴雨过后，Sourmilk Ghyll瀑布就会成为令人惊叹的景点。紧邻的绿山墙（Green Gable）也是鲍勃·格雷汉姆环线上的山峰，稍早于大山墙与你碰面，与大山墙之间有个名为"大风坳"（Windy Gap）的山坳，你会在经历一番艰苦之后明白这个名字的由来。从大山墙到斯蒂海德（Styhead）有一段陡降，其中的Allen Crags能让你感受到山脊奔跑的乐趣，而返回Seathwaite的长缓坡更是所有跑者朝思暮想的地方。这条路线全长只有7英里（12公里），但需要两三个小时才能完成。

起点 / 终点 // Seathwaite

距离 // 7英里（12公里）

更多信息 // www.lakedistrict.gov.uk

尤巴罗，红峰，斯科特山，皮勒，柯克山

如果你想增加挑战性，欣赏鲍勃·格雷汉姆环线上最壮观的风景，那不妨从偏远的沃斯代尔黑德（Wasdale Head）出发，艰难地登上令人生畏的尤巴罗峰（Yewbarrow，它以终结人们环线跑念头而闻名），然后顺着山脊线下至More Head，再爬上红峰（Red Pike）打个卡。要是这对你而言有些冒险，可以往返一趟崎岖的斯蒂普尔（Steeple）。继续绕行至皮勒（Pillar），经历一段令人愉悦的平缓下坡路（跑起来很有趣），你会抵达Black Sail Pass。最后，费力地攀登柯克山（Kirk Fell），再沿着陡峭、费膝盖的下山路返回沃斯代尔黑德。

起点 / 终点 // 沃斯代尔黑德

距离 // 9英里（15公里）

更多信息 // www.lakedistrict.gov.uk

柏林精选

作为大型马拉松世界纪录的缔造圣地，这座城市让你在不断提速的同时，还能游览蒂尔加滕公园、柏林墙等众多著名景点。

柏林的林荫大道以平坦和通畅著称。的确，在这座城市里创造的马拉松世界纪录，比其他任何城市都要多。一直以来我都盼望能游览这座城市，为此我忍不住制订了一个“走马观花”的计划，将某些著名的奔跑路线纳入其中。而这些路线恰好也经过柏林很多最负盛名的景点——国会大厦（Reichstag）、勃兰登堡门（Brandenburg Gate）和不容错过的柏林墙，正是它们的存在，使得柏林成为最适合跑步的欧洲城市之一。

我准备周末拜访的朋友们住在舍恩贝格（Schöneberg）的中心区域，北面不远就是蒂尔加滕公园（Tiergarten），欧洲最大的城市绿地之一。公园里本来就有很多人跑步，作为起跑点堪称完美。我可以从那里开始向东跑，穿过城市中心抵达施普雷河（Spree River），它连接了众多著名的历史建筑和遗迹，并提供了便于游览的地形。除此之外，我有意将这条路线设计得不那么紧凑，也没有设定距离，就是为了自然而然地跑点儿弯路。

抵达柏林的当天（5月一个炎热又晴朗的周五午后），我就跑开了，这有点像快速游览，可以帮助我熟悉这座城市，为后面的参观做准备。在抵达诺伦多夫广场（Nollendorfplatz）地铁站以后，我直奔蒂尔加滕公园。一离开大街进入公园，我就甩开了大步。柏林的城市街道被抛在身后，在令人愉悦的林荫步道上热身堪称享受，空气也变得清凉起来。我第一处打卡点是220英尺（67米）高的胜利纪念柱（Siegessäule），它从大星角广场

KEBEDE
F1
BMW
43. BERLIN
MARATHON

（Grosser Stern）的中央拔地而起。这座纪念柱顶上有一座镀金的胜利女神雕像，修建它是为了纪念当年在普丹战争中普鲁士人获得的一场胜利。作为柏林马拉松的起点，每年都有数千名马拉松选手从下面经过，胜利纪念柱能鼓舞选手们的士气。

适当地补充了体力，我继续奔向蒂尔加滕公园深处。我一直很喜欢这样的城市公园，因为它会让你感觉仿佛在探索一片乡间森林。而在不久后我跑出这片城市林海时，第一眼看见的，便是国会大厦和它那由诺曼·福斯特（Norman Foster）设计的熠熠生辉的玻璃圆顶。

紧接着我向南边的勃兰登堡门跑去，虽然它也是一座历史建筑，却拥有更多的现代内涵。自从30年前柏林墙倒塌以来，这座古老的通道已经成为庆祝德国重新统一的焦点。从拱门下面跑过时，我真的感到脊背一阵发凉。我想着哪天再来柏林，一定要跑一回马拉松，体验一下在这里撞线的感觉。

我一边沿着菩提树大街（Unter den Linden）飞奔，一边欣赏着建筑风格上的细微差别，毕竟这里曾经是东柏林的地盘。赫然耸立于地平线上的是前民主德国最令人惊叹的建筑之一、高达1207英尺（368米）的柏林电视塔（Fernsehturm）。接着跨过施普雷河的西翼，进入博物馆岛（Museum Island），我被柏林大教堂（Berliner Dom）的铜穹顶吸引住了。它看起来是如此绝妙，以至于我在毗邻的卢斯特花园（Lustgarten）的草地上兜了一大圈，就为了能够看得更清楚点。

我本想从施普雷河的东侧朝南而去，但被一处建筑工地挡住了去路，于是我马上迂回向东来到斯潘道街（Spandauer Straße），与红色市政厅（Rotes Rathaus）直接打了个照面。这栋建筑拥有新文艺复兴式的红砖塔楼和充满历史沧桑感的赤陶雕像，颇为独特。虽然我知道自己必须得想办法回到施普雷河，但这种一时间不知道自己身处何方，又要去往何处的感觉让我乐在其中。当然，我还是加快了速度，在街道上左奔右突，试图找到一个出口。

最终，我踏上了Rolandufer的鹅卵石路，这是施普雷河沿岸另一条风景优美的路段。转入木市场街（Holzmarktstraße），周遭的环境变得萧条起来。我经过了好几处荒废的建筑和工业区，直到“撞上墙”——真的是墙。我所在的地方是柏林墙最有名的一段，即东区画廊（East Side Gallery），这段1英里（1.6公里）长的墙体在20世纪90年代初成了105幅壁画的画布，每一幅壁画都纪念着东西德合并那一不可思议的历史时刻。

沿着这段墙体奔跑，就仿佛与一本打开的巨幅画册一页页地擦身而过。此时此刻，我的思绪和双腿一样热血沸腾：看到德米特里·弗鲁贝尔（Dmitri Vrubel）创作的埃里希·昂纳克（Erich Honecker）和列昂尼德·勃列日涅夫（Leonid Brezhnev）激情拥吻的涂鸦，我不禁好奇当时公众的反应；我也惊叹于彼得·拉塞尔（Peter Russell）在涂鸦作品《天空和追寻者》（*Himmel und Sucher*）中厚重而流畅的曲线，因蒂埃里·诺瓦尔

无形之墙

在柏林不妨留意地面的鹅卵石，中间偶尔还会写上“Berliner Mauer（柏林墙）1961~1989”。它标记出了原本完整的柏林墙的走向，并且将始终保持原本的曲折路线，在某些地方甚至会横穿街道和停车位。这是一种深刻（也可以说是微妙）的提醒，让我们记住这座城市曾经发生了怎样翻天覆地的变化。

顺时针从上至下：马拉松以勃兰登堡门为终点；柏林电视塔刺破苍穹；施普雷河边空荡荡的小道、105页：柏林通畅平坦的街道非常适合跑步。

（Thierry Noir）笔下多彩的卡通头像感到温暖。

最终，我来到了墙的一处缺口，挤过去就是东区公园（East Side Park）。它是河边一处景观优美、绿草如茵的封闭区域，里面有几条步道，于是我又兴致盎然地兜了一圈。就在准备离开公园之前，我看到了奥伯鲍姆桥（Oberbaumbrücke）。这是一座奇特的红砖桥，桥上有两座童话般的塔楼。我激动万分地向右急转，特意跑过去近距离地看了个清楚。

跑了7英里（11公里），我到达了施勒西施门（Schlesisches Tor）地铁站。本来将那里作为终点、再搭个地铁回家就很完美了，但放松的奔跑让我感觉自己充满了能量，因此选择继续向西，朝兰德维尔运河（Landwehr Canal）跑去。在顺着住宅区街道和城市林荫道又跑了几英里以后，我来到了运河边，顺便在树荫下喘了口气。等到返回诺伦多夫广场地铁站时，我差不多总共跑了12英里（19公里）。

能够跨越这么大片区域实在有些超越预期，我也惊讶于可以在如此短的时间里看到这么多的大型地标。不过，更加令人难忘的是景点之间的一切——那些我未曾期待见到的东西、原本不在计划内的街区，以及从不同视角欣赏知名景点的那些有利位置。 **文 / 马特·菲利普斯**

跑步指南

起点 / 终点 // 诺伦多夫广场地铁站，舍恩贝格

距离 // 12英里（19公里）

到达 // 柏林的公共交通系统（地铁、轻轨、巴士和电车）非常发达且高效，一路延伸至机场。

何时去 // 5月、6月、9月和10月的天气温暖且干燥。7月和8月偏热且潮湿。

住宿 // Das Stue（www.das-stue.com）是一家精品酒店，位于一栋建造于20世纪30年代的丹麦使馆内。蒂尔加滕公园相当于它的前院，酒店里的泳池、桑拿房和水疗浴场对于舒缓酸胀的双腿再好不过了。

更多信息 // www.visitberlin.de/en

行前参考 // 纵然迷路也不失乐趣，但柏林实在太大，因此出门一定要记得带地图或手机，以及乘坐公共交通需要的零钱。

更多类似体验

城市中心游览

伦敦，英国

泰晤士河堪称带你游览伦敦著名景点的最佳向导。它从市中心流过，经过了一些最著名的地标。与此同时，其他一些不太为人所知的运河平静地穿过一些荒僻之所。一条备受瞩目的长跑路线恰好兼顾了二者，它长达18英里（29公里），途经四座美丽的皇家公园。起点为大本钟，沿泰晤士河北岸向东，途中可以看到圣保罗大教堂（St Paul's）、碎片大厦（The Shard）、泰特现代艺术馆（Tate Modern）和塔桥（Tower Bridge）。在莱姆豪斯盆地（Limehouse Basin）左转，顺着氛围独特的摄政运河（Regent's Canal）先向北、再往西。绕过摄政公园（Regent's Park）后不久，运河边的小道就会带你来到小威尼斯（Little Venice）。沿着南侧的人行道进入海德公园（Hyde Park），你可以在公园的蛇形画廊一旁愉快奔跑。最后一段路程连起了格林公园（Green Park）、圣詹姆斯公园（St James's Park）和皇家骑兵卫队阅兵场（Horse Guards Parade），再冲刺一小段，就回到了大本钟。

起点 / 终点 // 大本钟

距离 // 18英里（29公里）

巴黎，法国

以巴黎植物园（Jardin des Plante）为起点的这条路线长5.5英里（9公里），直穿历史悠久的植物园，抵达塞纳河左岸——那里有灯火辉煌的桥梁，河岸上用奶油色的巴黎石修建的建筑令人惊叹。从左岸一条鹅卵石铺设的河边小道向西，可以经过巴黎圣母院（Cathédrale Notre-Dame de Paris）和西岱岛（Île de la Cité）。之后，优雅的艺术桥（Pont des Arts）和利奥波德-塞达-桑戈尔行人桥（Passerelle Léopold-Sédar-Senghor）会带你绕行到右岸，看一眼卢浮宫和它的玻璃金字塔。沿着塞纳河拐个弯，从埃菲尔铁塔的阴影下经过，接着由耶纳桥（Pont d'Iéna）再度过河。从那里开始上坡，穿过特洛卡代罗花园（Jardins du Trocadéro），最后即可抵达凯旋门（Arc de Triomphe）。

起点 // 巴黎植物园

终点 // 凯旋门

距离 // 5.5英里（9公里）

墨尔本，澳大利亚

墨尔本平静的雅拉河（Yarra River）回环曲折地流经城市的中心商业区，穿过丛林密布的安静的公园绿地。这条长9英里（15公里）的跑步路线，便是从河流北岸堪称建筑奇迹的韦伯桥（Webb Bridge）开始的。顺着摩天大楼下方的水道方向，你会穿过南码头（South Wharf）、雅拉河和南岸（Southbank）的步行区，抵达主雅拉小径（Main Yarra Trail）。这条绿树成行的步道先是绕经皇家植物园（Royal Botanic Gardens），然后迂回经过赫灵岛（Herring Island）、北科莫公园（Como Park North）和温妮弗里德新月保护区（Winifred Crescent Reserve），再穿过麦克罗伯逊桥（MacRobertson Bridge），掉头进入劳埃围场保护区（Loy's Paddock Reserve），然后沿着主雅拉小径一直回到市中心（中途部分步道是浮在水面上的）。抵达CBD以后，循着福林德步道（Flinders Walk）来到王子桥（Princes Bridge），终点就在福林德街火车站（Flinders Street Station）。

起点 // 韦伯桥

终点 // 福林德街火车站

距离 // 9英里（15公里）

顺时针从上至下：伦敦的塔桥横跨泰晤士河两岸；墨尔本的皇家展览馆；巴黎的埃菲尔铁塔。

柏林精选

伦敦马拉松

每年的这一天，伦敦人会展露笑颜，迸发出由衷的喜悦，为这座城市最受欢迎年度赛事的跑步者们加油打气。

我是伦敦人，生于斯长于斯。但我得坦白：我从来没有看过伦敦马拉松。电视新闻报道看过一些，但我从来没有现场看过那些穿着五颜六色慈善背心的跑步者在模糊不清的加油助威声中排着不规则长龙前行的场面。所以，当站在2014年伦敦马拉松的起跑线准备开跑时，我的大脑一片空白。

我所知道的是，这是莫·法拉（Mo Farah）首次参加伦敦马拉松，所以应该会引来不少长跑爱好者，而白金汉宫外面的终点肯定会有些吵闹，但至于在这之前的26.2英里（42公里）会发生什么？我毫无头绪。这是一个春光明媚的周日，伦敦人不是更喜欢去公园野餐、在啤酒花园喝酒或者看球之类的吗？但我错了，彻头彻尾地错了。

事实证明，在马拉松这天，伦敦城彻底变了个样。准专业水准的冷嘲热讽、稀缺的眼神交流，以及别和陌生人说话的清规戒律，统统消失不见。在驶往格林尼治起跑点的拥挤的火车上，我扫视了一遍车厢，看看有没有其他跑步者。结果发现到处都是。我略显紧张地和一名男子聊了一会，他和我一样，腿上都贴着蜘蛛网似的KT运动贴布。下车以后寻找出发点也不是什么难事，参赛者如潮水般向着飘浮在格林尼治公园和布莱克希思（Blackheath）上空的三艘巨型彩色飞艇涌去，你只需要被人潮

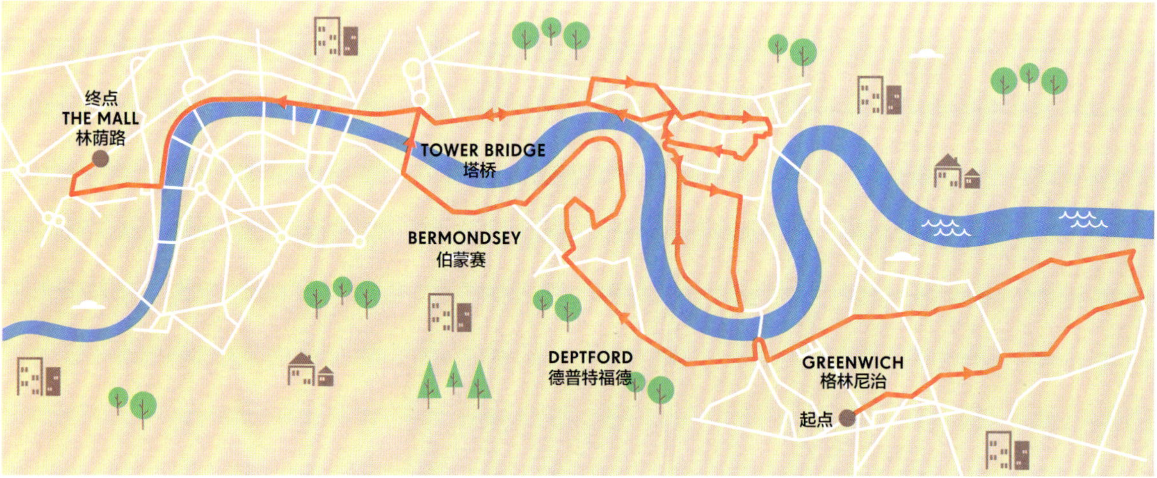

Virgin money
FARAH

裹挟着前进就可以了。

在拱门下集合以后，我们便启程上路了。头几英里其实安静得有些出奇，所有人都在顺着伦敦东南仍在沉睡的街道闷头向前跑。我耳畔只能听到几千双跑鞋敲打在柏油路面发出的“砰砰”声。终于，在我身旁奔跑的一名男子开始介绍他自己（说实话，谁愿意听就听着吧），然后又详述自己的备赛计划、希望和梦想。原来他叫尼尔。有几位跑者搭了腔，但我们大多数人此时此刻依然保持着“伦敦人的姿态”，并没有因为马拉松日的转变就敞开了聊。

待绕了一圈，从伍尔维奇阿森纳（Woolwich Arsenal）又返回格林尼治后，我们转过一个街角就看到了最不协调的一幕：眼前是已经有150年历史的卡蒂萨克号（Cutty Sark），伦敦最著名的旅游景点之一。这是一艘仿佛被从电影片场直接拖出来的船，桅杆和船首斜桅体现了全木的优雅感。我不太确定为什么我会如此惊讶，我只知道自己顺口说出了心中的疑惑：“那玩意儿在一年另外的364天真的也在那里吗？”

当然，伦敦是一座拥有厚重历史的城市，马拉松路线也会经过许多古迹。当年的《末日审判书》（*Doomsday Book*）上就有现在伯蒙赛（Bermondsey）的地名，罗瑟希德（Rotherhithe）在伊丽莎白一世时期是船坞的所在地，布鲁内尔（Brunel）的泰晤士隧道则是当时世界上首个水下通道。

到了10英里处，跑步者们变得有些安静，周围的人群却活跃了起来。很多人在喊尼尔的名字，不禁让我怀疑或许我也应该提前把自己的名字印在背心上。从塔桥开始，气氛就明显完全不一样了。大喊大叫的观赛者、摄影师和警察几乎彼此相贴，人潮汹涌得让我快被挤到另一边。如果真是这样，我也能如释重负，那边可是马拉松的半程点。

这也标志着我记忆里的马拉松的开始。在所谓的“高速公路”段，跑步俱乐部云集，我所在的俱乐部也在，大家挥舞着俱乐部的横幅和旗帜，为自家会员加油助威，鼓舞士气。整个俱乐部的成员都在大喊着我的名字，当然我也像个疯子似的朝他们挥手致意。看到他们就如同打了一针强心剂，至少能撑过接下来的半英里。我想尼尔这一路上肯定也有同样的感受。

赛前我就被告知，金丝雀码头（Canary Wharf）属于比较特殊的路段，你会陷在那里无法自拔，甚至连GPS都难以派上用场。不过等到了那里，我才发现乌泱泱的人群简直热情似火。我几乎迷失在那种氛围之中，唯一能记住的就只剩下一片模糊的反射阳光和镜面玻璃。我依然在尼尔身旁奔跑，只不过我

怪异的世界纪录

伦敦马拉松是世界上规模最大的募款活动之一，奇装异服的比拼已经成为这项赛事不可或缺的一部分。每年的比赛都会有一队吉尼斯世界纪录评判员们到场，他们负责检验服装和审核纪录，迄今为止已经有人装扮成铅笔、大便表情符号、帕丁顿熊和全副武装的骑士完成了比赛。

顺时针从上至下：马拉松当天，整个伦敦热闹非凡；跑步者穿过大本钟；泰晤士河上的伦敦塔。111页：伦敦长跑传奇人物莫·法拉。

们之间已经形成了一种类似手足般爱恨交织的情感联系。我感激这个怪人所给予的那种令人窒息的关怀，他会对我说“太棒了！”“跟紧我！”之类的话，但我也开始畏惧听到边线的人群里有人呼喊他的名字。

到了24英里的时候，我已经觉得自己甚至愿意捐出一个肾来摆脱尼尔——叫他名字的声音现在变得特别折磨人。后来终于抵达了鸟笼道（Birdcage Walk），那里距离终点只有1英里了。更重要的是，我知道我的孩子们就在边线旁。这段最后的路程成为一种强烈的情感体验。我的大脑无法领悟欢呼声的含义，它仿佛只是一道音墙，驱使着我们跑向终点线。我分辨出了一位俱乐部队友的声音：“加油，凯特！”没错，此时尼尔依然在我身边。

我们绕过拐角奔向终点。我已经能看到白金汉宫和圣詹姆斯宫都铎时期的美丽砖墙了。随后，我便冲过了终点线。接着我去领了礼包、食物和水，当然还有一块奖牌。我的大脑近乎一片空白，唯有一道思绪掠过脑海：来年我会再来，我的天，但我一定会再来。

还有，谁能告诉我，尼尔在哪？尼尔跑得怎么样？　**文 / 凯特·卡特**

跑步指南

起点 // 格林尼治或布莱克希思，伦敦

终点 // 林荫路（The Mall），伦敦

距离 // 26.2英里（42公里）

到达 // 为了举行比赛，伦敦的道路会被封闭，所以切勿尝试开车前往。最近的地铁站位于布莱克希思、迷宫山（Maze Hill）或者格林尼治，具体取决于你在哪种颜色的起点出发（蓝色、红色或绿色）。从起点到地铁站步行大约20分钟。

住宿 // 国王十字（King's Cross）一带有很多新开的酒店作为住宿的大本营，交通非常方便。

更多信息 // www.virginmoneylondonmarathon.com

行前参考 // 伦敦马拉松有一个抽选系统，但你必须得手快，因为它只会在前一年比赛结束以后开放短短数天，而每年申请者的数量都要远远多于中选者。

右页：柏林的施普雷河。

更多类似体验

欧洲主要马拉松赛事

柏林马拉松，德国

柏林拥有世界上最通畅的马拉松赛道之一，最近六次男子马拉松世界纪录都是在这座德国首都宽阔、平坦的街道上被刷新的。和伦敦一样，柏林也是世界六大马拉松赛的举办城市之一，每年都有大约4万人参赛。平坦的路线非常适合那些热衷于创造个人最好成绩的跑步者和马拉松新手。比赛起点设在蒂尔加滕公园，蜿蜒穿过柏林中心的米特区（Mitte），通过树荫浓密的郊区再折回来。对于很多跑步者来说，柏林马拉松最大的亮点在于会从勃兰登堡门下跑过。

起点 // 蒂尔加滕公园

终点 // 勃兰登堡门

距离 // 26.2英里（42公里）

更多信息 // www.bmw-berlin-marathon.com

阿姆斯特丹马拉松，荷兰

阿姆斯特丹马拉松的起点设在奥林匹克体育场（Olympic Stadium；为1928年奥运会而修建），先向城区进发，再沿着阿姆斯特尔河（Amstel River）完成一段漫长的往返路线。阿姆斯特丹马拉松的路线平坦而通畅，其跨越的区域比伦敦或柏林马拉松更小，但沿途依然能享受到来自本地居民和乐队的广泛支持。另外，官方还设置了半程马拉松和5英里（8公里）跑，以及适合儿童参加的趣味跑。阿姆斯特丹著名的苹果派也堪称完美的能量补给品。

起点 / 终点 // 奥林匹克体育场

距离 // 26.2英里（42公里）

更多信息 // www.tcsamsterdammarathon.nl

布拉格马拉松，捷克

路线平坦通畅且景色美得出奇的布拉格马拉松，也是国际田联金牌赛事之一，这意味着它的赛事组织极其完善。事实上，RunCzech负责承办的所有七项赛事都属于国际田联金牌赛事，这比世界上其他任何国家都要多。前一天饱餐了一顿捷克饺子的跑者们，在第二天都会聚集到铺满鹅卵石的老城广场（Staroměstské náměstí）的起点处。从狭窄的街道突围后，参赛者会伴着传统捷克音乐的曲调跨过著名的查理大桥（Charles Bridge）。就和城市本身一样，这条马拉松路线也紧挨着伏尔塔瓦河（Vlatava River），与各式各样的景点交汇，最后回到老城广场。

起点 / 终点 // 老城广场

距离 // 26.2英里（42公里）

更多信息 // www.runczech.com

罗马晨跑

在意大利的首都享受黎明的静谧，
感怀历史的悠久。

天刚破晓，罗马的街道静默无声。换言之，现在的这座城市无从辨识。路面上空空荡荡，咖啡馆关着门，一座接一座的古迹静静矗立，上面亮着灯光，照亮了墨蓝色的天空。这正是我跑步的时间。

在罗马，重要的景点并没有与周边的大型公园相互隔离开来。它们没有被束之高阁，供人们从远处观摩研究。景点就是城市，触手可及，属于日常景观的一部分。因此，即便是Vespa摩托车和拥挤的露天冰激凌摊这样经典的罗马元素，有时候也挺煞风景的。

黎明的环境，很容易让人想起这个历史上存在时间最长的帝国带来的胜利与苦难，想起足以改变人类和国家格局的宗教，想起重新定义我们今天所熟悉的艺术和文化的文艺复兴。当然，我们也得感谢罗马人为我们提供的一些现代珍宝，譬如番茄培根意面（bucatini all' amatriciana），以及可以吃3个小时的午餐，不过这些东西我会留到锻炼完毕以后再考虑。

我跑步锻炼通常喜欢先从让人心跳加速的爬山开始，所以从位于阿文蒂诺区（Aventino）舒适的酒店出发以后，我就沿着一条鹅卵石街道跑上阿文蒂诺山（Aventino Hill）。在山顶经过精心打理的橘园（Giardino degli Aranci）中，我望见了睡梦中的罗马城壮丽的景色。此时此地，这座城市只会让人感觉纯粹、

© Mike Byrne | Alamy Stock Photo

干净，更接近其罗曼蒂克的秉性。现代化和混乱被藏匿在黑暗中，暴露在外的唯有历史。

这个时刻出来，我当然会错过某些东西，街上没有按着喇叭的菲亚特或摩托车，没有在斗兽场前守着给“真人”角斗士拍照的人群，没有商贩，也没有被挤得水泄不通的路边咖啡摊。台伯河（Tiber）从我所处位置的下方流过，我突然想到了罗穆卢斯（Romulus）和雷穆斯（Remus）的故事，他们被遗弃在河边时，这座城市肯定也像现在这样正处于梦乡之中。而我也开始做起白日梦，仿佛古罗马的船只正在跨越整个帝国运送粮食，满载着洗劫而得的黄金的军队耀武扬威地凯旋。

在抵达橘园后，发热的双腿让我仍然觉得跑步充满乐趣。下山时我火箭似的跑得飞快，经过了还在呼呼大睡的警察，窥见一对轻吻告别的情侣，他们大概要赶在太阳完全升起之前偷偷溜回各自的家。我带着孩子气的放纵从山上一冲而下，这才跑上前往台伯河的路。

蜿蜒流经罗马的台伯河上有几十座桥，有古代的也有现代的。在跑步途中，我经常特意跨越河流，一般至少一条，有时候是好几条。白天任何时间点在罗马跑步都充满挑战，但沿台伯河有一条风景优美的小道，能让你远离喧嚣地奔跑。我沿着河边跑了几英里，经过了带有圆孔的希斯托桥（Ponte Sisto）——这样的建筑在现今亦堪称独特。

“我全力以赴地穿过马西莫跑马场，此时，我脑海中浮现出了人声鼎沸中强壮的纯种马拉着战车呼啸而过的场面。”

我顺着河岸无声奔跑，历史却逐渐鲜活了起来。我看到了梵蒂冈城的一角和圆形的圣天使堡（Castel Sant' Angelo）。我最喜欢做的事情之一便是想方设法抵达河对岸，探寻那些将罗马城中心分割得七零八落的曲折狭窄街道。因此，我跨过了圣天使桥，一头扎进如迷宫一般的巷道，任由自己迷失在广场和宫殿之间——这些地方平日里人满为患，连走路都困难，更别说跑步了。

最后，好像被万有引力吸引一样，我总是希望在万神殿（Pantheon）结束旅程。这座历史可追溯至118年的建筑宏伟无比，拥有一种顶天立地的强大力量。建筑内有文艺复兴巨匠拉斐尔（Raphael）的陵墓。我放慢了脚步，在圆孔下面喘了口气，思忖着这番设计和构造背后的天才人物。呼吸之间，太阳正从

重要堡垒

圣天使堡靠近梵蒂冈，它曾经是哈德良皇帝的陵墓，也曾是罗马最高的建筑。城堡内存放有用来抗敌的武器。修建于13世纪的通道将城堡与梵蒂冈连接了起来，多位教皇曾在此地避难，其中就包括教皇克莱门特七世（Pope Clement Ⅶ），1527年罗马之劫时他就藏在这里。

顺时针从左至右：马西莫跑马场是这场跑步的终点；参加马拉松的跑步者；跑步途中你会看到圣撒比纳教堂（Basilica di Santa Sabina）。117页：斗兽场安静地沐浴在晨光之中。

地平线上升起，我感觉自己来这里仿佛就是为了拜倒在伟大的罗马诸神的脚下。我想象着被墨丘利（Mercury：诸神之一）托举而起，直接被送到旅程的终点。

然而我还是得靠自己的双脚跑完最后的路程。我穿过更多街区——它们正从睡梦中醒来——直奔鲜花广场（Campo de' Fiori），那里有些摊位已经支起来了。没有游客的广场看起来空旷而且更加宏伟，甚至更加迷人。之后我再一次越过台伯河，前往特拉斯提弗列（Trastevere）。沿途各式各样的餐馆和饮食店让人很难不去思考午餐的事情，身处狭窄巷道中的我只能抬起头，盯着想象中的空中花园。

从这里回家，最轻松的方式是转身去翻越阿文蒂诺山，那儿有热水澡和早餐羊角面包在等着我。但我并没有这样做，反而决定通过竞走来结束旅途。我第三次跨越台伯河，向着马西莫跑马场（Circus Maximus）走去，在古代那里曾是战车比赛的举办地。我迈开大步，全力以赴地穿过空旷的竞技场，此时，我脑海中浮现出了人声鼎沸中强壮的纯种马拉着战车呼啸而过的场面。我在这里耗尽了最后一丝气力，才终于开始往回走。

在回程中，虽然已经筋疲力尽，但被热情激发的我还想着去更多的地方探索。事实上，到处渗透着历史的罗马在任何时候都拥有极其迷人的强大气场。不过在清晨，体验一个没有寻常景象和声音的罗马，你会看见平日的背景变得鲜活，你的想象力也可以在这块画布上肆意驰骋。　**文／格雷格·本齐维克**

跑步指南

起点／终点 // Hotel Aventino

距离 // 6.2英里（10公里）

到达 // 跑步的起点位于Circo Massimo地铁站附近。

何时去 // 夏季炎热，但是全年适宜跑步。

住宿 // 阿文蒂诺区有理想的住宿，如Hotel Aventino和Hotel San Anselmo。位于特拉斯提弗列的住处也很不错。

更多信息 // www.lonelyplanet.com/Italy/rome

行前参考 // 夜间罗马的路面经常会用水清洁，因此黎明时路面会有些滑。一般来说，黎明时分街道还是很安全的，但是在此期间还是要多加留意。

右页：威尼斯一场滨水区的跑步活动在圣马可广场拉开了帷幕。

更多类似体验

浪漫城市跑

威尼斯，意大利

在威尼斯跑步并不轻松。但如果你起得够早避开人潮，从圣马可广场（St Mark's Square）出发，沿着斯拉夫人提岸（Riva degli Schiavoni）小跑至公共花园（Giardini Pubblici），就不失为开始新一天的美妙方式。圣马可广场拥有一座标志性的华丽的圣马可大教堂。尽管穿着跑步装束的你不能进去参观，但也可以欣赏完外面精美的马赛克镶嵌画再离开。从广场奔向水滨，穿过哥特式风格的总督府（Palazzo Ducale），进入斯拉夫人提岸的滨水步道。在这里你可以稍稍跑快点儿，向东经过18世纪的圣母怜子堂（Church of Pietà）等多座历史建筑和风景优美的桥梁，然后抵达公共花园。结束以后可以去圣马可广场附近，来一份羊角面包，再配上一杯卡布奇诺。

起点 // 圣马可广场

终点 // 公共花园（加返程）

距离 // 2.5英里（4公里）

马德里，西班牙

宏伟的建筑、丰富的小吃店、充足的阳光再加上对生活的热爱，让你在马德里历史悠久的市中心也能享受到奔跑的乐趣。从普拉多博物馆（Prado Museum）出发，沿着普拉多大道（Paseo del Prado）前进，它是一条永远生气勃勃的主干道，可以在这里一瞥西班牙首都的生活、文化和政治。欣赏完普拉多大道上美丽的海神喷泉、阿波罗喷泉和大地女神喷泉，再前往丽池公园（Parque de El Retiro），那里有许多纵横交错的小径、花园和纪念建筑。别忘了去水晶宫（Palacio de Cristal）参观，它有着由金属和玻璃组成的华丽结构，偶尔会举办艺术展览。

起点 / 终点 // 普拉多博物馆

距离 // 3.7英里（6公里）

慕尼黑，德国

同巴黎的塞纳河和罗马的台伯河一样，慕尼黑的伊萨尔河（Isar River）也为游览这座德国最美丽的城市提供了完美的路径。这条备受欢迎的往返路线的起点位于马克斯·约瑟夫大桥（Max-Joseph-Brücke）的东侧，出发以后往南，穿过城市中众多令人印象深刻的绿地。沿途你可以看到金色的和平天使（Friedensengel）雕像、议会大楼以及最南端终点处的动物园。如果愿意绕点儿路，你还可以去看一下维也纳广场（Vienna Square）和玛利亚希尔夫广场（Mariahilfplatz），以及那引人瞩目的教堂。虽然更繁华的市中心、令人惊叹的圣彼得教堂（St Peter's Church）以及最著名的啤酒公园都在河的另一岸，不过单单这一侧的风光，就足以展现这座巴伐利亚的首府城市是多么的风景如画。

起点 / 终点 // 马克斯·约瑟夫大桥

距离 // 6.2英里（10公里）

都柏林的霍斯：被风吹拂的野性半岛

作为爱尔兰首都的一小片荒原，霍斯黑德的海岸悬崖以及一望无际的景色，给城市的越野跑爱好者提供了一处容易抵达的避世之所。

占据了都柏林湾（Dublin Bay）北部的岩石嶙峋的霍斯黑德（Howth Head），自古以来便是爱尔兰民间传说、诗歌和文学作品着重刻画的对象。一座拥有5000年历史、被认为是另一个世界入口的坟墓就在这里；维京掠夺者曾由此登陆；在詹姆斯·乔伊斯（James Joyce）的名著《尤利西斯》中，利奥波德·布卢姆（Leopold Bloom）也是在这里向莫莉求了婚。崎岖的地形、陡峭的悬崖以及与世隔绝的

感觉，让霍斯在那些希望避开公路又不想离城市太远的跑步者的心目中具有无可辩驳的魅力。

现如今，霍斯也是都柏林最受欢迎的置业地段之一，城中的很多富豪和名流都住在这里。一座座气势恢宏的住宅从一个古雅的小村庄向外散落开来，中间还夹杂着五光十色的餐厅和酒吧、一座农贸市场以及一家高档鱼店。这里的居民一直严格地保护着这片未受破坏的海岬和残留的原野，使之成为躲避城市喧嚣的理想净土。

在都柏林市中心的任何地方跳上DART列车向北行进，25分钟以后，你就可以冲出车站，去寻找霍斯小码头上绳索敲击桅杆的声响。再过几分钟，你就已经走在了东码头旁的道路上，径直出城，向着爱尔兰的边陲进发。

一个周末的清晨，我行走在几乎空无一人的步道上。这是典型的环线，只有6英里（10公里）多一些。几近荒芜的小径沿着悬崖顶端蜿蜒，不时冲入凹陷，又朝着令人目眩的山峰抬升，直到能够将大海一览无余。

一条充满自由气息的起伏道路在我面前展开，大部分都属于越野路段，而且没有巨大的爬升。不过，我最喜欢的还是这里的孤绝感。都柏林南边的邓莱里（Dún Laoghaire）和基利尼（Killiney）也属于顶尖的跑步区域，但周末经常人满为患。霍斯则完全是个

“霍斯居民一直严格地保护着这片海岬和残留的原野，使之成为躲避城市喧嚣的理想净土。”

惊喜，它足以让住在城里的越野跑爱好者们心潮澎湃。

我穿过Balscadden海湾的那片小海滩，向着山坡跑去，那里有一座坚固的圆形石造碉堡（Martello Tower），是19世纪为了抵御法国入侵的众多工事之一。我并没有停下来细看，因为前面有更为壮观的景点。很快道路就变窄了，树荫越发浓密，石堡被我抛在身后。透过树林的间隙，我看到了爱尔兰之眼，那是一座离岸边不远的小岛。以前天气晴朗的时候，我甚至可以远眺唐郡（County Down）的莫恩山（Mourne Mountains）。

但今天很不幸，乌云密布。天空充满了戏剧性：阳光勾勒出了小岛的所有细节，而背景却是浓重的瓦灰色。我的双腿正在预热，所以我加快了步伐，带着对前方的期待在平缓的坡道上奔跑起来。我迫切地想离开平整的柏油路，去坑坑洼洼的小道迎接多一分的挑战。

我经过了Balscadden House，即诗人叶芝（W.B.Yeats）的童年住所。道路从这里缓慢上升至Kilrock停车场，那里有一条砾石小径直通海岬。仿佛得到了某种暗示一样，此时云层恰好分开了，灰蒙蒙的早晨变得阳光灿烂，一派壮丽景象。

我蹦蹦跳跳地跃过小道上的植物根茎和坑洼，避开乱糟糟的荆棘，想着融入这片风景之中。这是我最喜欢的一段路：天空广阔，景色一览无余，城市则被我远远地抛在身后。我有意拖延了一下时间，直到前面一位孤零零的跑步者转弯之后消失于视野。

这就是我喜欢的独自奔跑，但实际上我并非完全孤单——鸟儿在叽叽喳喳，风刮得荆豆沙沙作响，海浪拍向岩石，上面的海豹尽情晒着太阳。我在海面上方约164英尺（50米）高的地方，只见陡峭的悬崖直直插入波光粼粼的海水，海鸥、海鸠和刀嘴海雀们飞掠往来。

而在内陆，海岬向着一处岩石山峰急剧抬升，斜坡上长满了黄色的荆豆、紫色的帚石楠和茂盛的欧洲蕨。我迎上前去，沿着岩石上坑洼不平的小道和草草凿出来的台阶一路前行，在路况允许的前提下尽可能地关注周围的风景。小道只有轻微起伏，但如果偏离主路一脚踩空，也有可能摔到山脚，此等生命之虞让我每迈出一步都小心翼翼。

最终，我来到了一个地点，眼前是毫无遮挡的开阔大海。

爱尔兰海盗传说

在16世纪末期，传奇海盗女王格兰妮·莫浩（Gráinne Mhaol）控制了爱尔兰的西部海岸。有一次她去伦敦和伊丽莎白女王会面，回程时准备在霍斯城堡休整，却发现城堡大门紧闭。海盗女王一怒之下绑架了霍斯勋爵的儿子，并扬言勋爵必须将城堡所有大门都打开，并在城堡里摆好宴席，她才会放回他的儿子。故事的真伪难以考证，但这一传统一直延续至今。

我停下脚步欣赏风景，此时果不其然，天空下起了大雨。这儿常常这样，不是会不会下雨，而是什么时候下雨。但我喜欢这雨。坏天气更是给人一种冒险的感觉。雨滴打在我的脸上，我努起嘴，吹开从鼻尖滴下的雨水，继续沿着道路前进，甚至感觉自己仿佛战无不胜。

和猝不及防的开始一样，这场雨戛然而止；太阳露了出来，帚石楠、荆豆以及大海的气息弥漫在空气里。我第一次看到了远在都柏林湾一侧的威克洛（Wicklow），那里有一排山峰矗立于大海之中。

再往前，拥有两百多年历史的贝利灯塔（Baily Lighthouse）出现在伸入海中的岩石尖端上。路径在这里又起了变化，植被稠密不扎人，树荫遮蔽小道，鹅卵石海滩依偎在小海湾里，花园的篱笆随着潮汐起起伏伏。

跨过岩石，又爬了几级台阶，城市映入眼帘。都柏林沿着海湾展开，在威克洛山脉的映衬下，看起来像是从光鲜的旅游

顺时针从左至右：开在霍斯黑德的海石竹花；非常适合跑步的海岸小道；这处充满了田园气息的海岬距离都柏林不到半个小时车程。123页：霍斯黑德的老贝利灯塔位于海岬尽头。

手册上拓下来的一样。它很美，不过我更喜欢遥望的感觉。所以我欣然地将城市抛在身后，转向内陆，逃离大风。

跟着紫色箭头前进，小道在荆豆形成的高墙之间迂回，我也平稳地向上爬升。待爬出树林后，都柏林的另一幕全景风光又展现在我眼前。我屏住呼吸，原本的矜持已经变成一种安静的亢奋。

我想，这就是我跑步的意义所在。它不只是付出努力以后收获了愉悦感，更在于无论天气多么恶劣，自己感觉多么懒惰，我都不会后悔这趟旅程。欣赏完景色，我又回到树林，小心翼翼地穿梭，直到步入其名字让人会心一笑的青蛙沼泽。

尽管很兴奋，但我的双腿开始感觉刺痛，呼吸也变得沉重起来。在低处时的过于自信正在让我付出代价。但我依然坚持攀爬，最终来到铺满高大荆豆和帚石楠的高沼地，它上面便是海拔560英尺（171米）的Black Linn，也是这片海岬的最高点。

自此之后就开始了下山。随着山坡臣服于我脚下，我的速度越来越快，每迈出一步，身体便要做出无数次微调。就这样，我唐突地冲进了一片毫无特色的住宅区，踏上了能带我回到霍斯车站的马路。终于，我回归了现实。　**文 / 艾坦·奥卡罗尔**

跑步指南

起点 / 终点 // 霍斯DART车站

距离 // 7.4英里（12公里）

到达 // 从都柏林市中心坐DART即可抵达霍斯。

何时去 // 清早和深夜去最合适。周末下午都是散步的人，道路又很狭窄，穿过人群都很费力。

住宿 // 都柏林市中心任何地方都可以，坐DART往来于霍斯很方便。

更多信息 // www.irishtrails.ie

行前参考 // 顺时针方向跑步可以看到最佳的景致。如果你赶时间，可早一点脱离大路，去挑战直通山顶的Black Linn Loop，然后再回到村庄。如果时间比较充裕，在看到城市以后不妨继续沿着海岸小道前进，而不是转向内陆，这样可以抵达交通便利的萨顿（Sutton），再乘坐DART返回城里。

更多类似体验

爱尔兰越野跑

莫赫悬崖海岸小道，克莱尔郡

位于克莱尔郡（Co Clare）西海岸的莫赫悬崖海岸小道（Cliffs of Moher Coastal Trail）是爱尔兰最动人心魄的悬崖景点，它垂降1650英尺（200多米）直入大西洋，黝黑的石灰岩鬼斧神工地形成了一系列引人入胜的海岬。如此奇特的景致自然会引来大量游客。前往主要观景点的路途通常被旅游大巴和人群堵塞，不过，从利斯卡诺（Liscannor）到杜林（Doolin）的一段海边小道却是跑步的好去处，它可以让你体验到梦寐以求的与世隔绝之感。道路沿着悬崖顶端蜿蜒前进，穿过饲养着牲畜的原野，途中你可以看到波光粼粼的高威湾（Galway Bay），一片被悬崖、岩石拱门和海蚀柱包围的广阔区域。海鹦、三趾鸥和管鼻燕的巢穴到处都是，足够幸运的话，你还能看到下方幽深海水中的鲸鲨。悬崖边上没有设置栅栏，所以别靠边缘太近。跑完步以后，不妨去杜林村传奇的酒吧喝上一杯，如果不出意外，通常都有传统音乐的现场表演。

起点 // 利斯卡诺，克莱尔郡

终点 // 杜林，克莱尔郡

距离 // 12英里（20公里）

更多信息 // www.cliffsofmoher.ie

老肯梅尔路，凯里郡

老肯梅尔路（Old Kenmare Rd）是凯里之路（Kerry Way）的一段，标记清晰，途经苔藓覆盖的橡木林、开阔的高沼地和山区高地。它蜿蜒穿过爱尔兰最受欢迎的基拉尼国家公园（Killarney National Park）及其风景优美的灰蓝色湖泊，同时巧妙地避开了蜂拥而来的大批游客。路线的起点位于水量充沛的托尔克瀑布（Torc Waterfall）顶端，然后一路上坡穿过茂密复杂的林地，顺着托尔克山和曼杰尔顿山（Mangerton Mountain）之间的Owengarriff河前进。沿途你可以欣赏到爱尔兰的最高峰麦吉利卡迪山脉（Macgillycuddy' s Reeks）上的卡朗图厄尔山（Carrantuohil; 3408英尺，1039米）、深褐色的山坡以及景致优美的湖泊地带。在踩着木板路穿过一片开阔的沼泽地以后，即可抵达Eskanamucky Glen以及位于大风坳（Windy Gap）的整条路线的最高点。

起点 // 上停车场（Upper Car Park），托尔克，凯里郡

终点 // 肯梅尔，凯里郡

距离 // 10英里（16公里）

更多信息 // www.killarneyguide.ie/old-kenmare-road

波特巴林特雷堤道环线，安特里姆郡

能串起联合国教科文组织世界遗产地的跑步路线可不多，波特巴林特雷堤道环线（Portballintrae Causeway Loop）正是其中之一。这条沿着安特里姆（Antrim）堤道海岸（Causeway Coast）的短途线路，会带着你从被风吹拂的海滩和沙丘，前往堪称鬼斧神工的巨人堤道（Giant' s Causeway），那里有一大片六角形石柱填满了整个海岸。巨人堤道是个热门的旅游景点，不过如果选择清晨或傍晚去海边小道跑步，你基本不会看到其他什么人。路线的起点在波特巴林特雷的海滩，你会越过布什河[Bush River；它为上游的布什米尔斯酿酒厂（Bushmills Distillery）提供了水源]，经过Bushfoot Strand的柔软沙滩，然后沿着一条悬崖顶端的小道抵达巨人堤道。从那些规则得令人惊奇的岩石上跑下来，你就可以与海面齐平。在“巨人风琴”（The Organ）向右转，攀上牧羊人小道（Shepherds Path）陡峭的台阶，最后跟着海岸铁路和沙丘回到波特巴林特雷。

起点／终点 // Beach Rd，波特巴林特雷，安特里姆郡

距离 // 5.5英里（9公里）

更多信息 // www.walkni.com

顺时针从上至下：克莱尔郡的莫赫悬崖；基拉尼国家公园的一处瀑布；波特巴林特雷附近邓卢斯城堡（Dunluce Castle）的废墟

雅典马拉松

这条从马拉松镇到雅典的史诗级经典路线，
会让人思考远在救护站和号码牌出现之前，长跑究竟意味着什么。

相传公元前约490年，希腊军队英勇地击败了强大的波斯大军，一位名叫费迪皮迪兹（Pheidippides）的希腊士兵为了向长官传达这一喜讯，从马拉松镇（Marathon Town）奔跑了约25英里，最终抵达雅典。通知送达以后，他便力竭而亡。几年前，当我等候在雅典经典马拉松（Authentic Athens Marathon）的起点时（我混在1万名参赛者当中，补充着水分，做着拉伸），我可以确信，一定也有其他跑者像我一样，正在思索上述充满竞技精神和英雄主义的行为，是如何启发了眼下的比赛以及盛行于世界各地的现代马拉松赛事的。

第一届现代奥林匹克运动会马拉松比赛于1896年在希腊举行，其路线可以说是对数百年前费迪皮迪兹的壮举的历史性致敬[确切地说，现代奥运史上第一块马拉松金牌的获得者斯皮里东·路易斯（Spyridon Louis）就是一位希腊人]。当然，雅典在数千年间，尤其是最近几十年，已经经历了巨变，但面对那些随处可见的古老遗迹，仍然不难想象当年费迪皮迪兹是奔跑在怎样的路线上。

高中时候的我是一位活跃的中距离跑步爱好者，但在上了

“几位希腊老太太举着橄榄枝，一边和我们击掌，一边亲切地鼓励我们，不停地为我们喝彩加油。”

亨尼西先生的历史课以后，我被费迪皮迪兹的故事迷住了。当我决定在30岁生日以前跑一场马拉松时，我就知道，今天这场比赛就是为我而准备的。我叫来了自己最好的朋友汤姆一起跑。他上学时也是一位运动好手，在亨尼西先生的历史课上，他就坐在我旁边。

太阳已经越过了马拉松镇周围的山丘，我坐在一座体育场下方的干爽草地上。尽管就美感而言，这座体育场并无特别令人印象深刻之处，但却充满了厚重的历史氛围，火光摇曳的火炬塔让这种感觉更加强烈，费迪皮迪兹时代的战争仿佛刚刚在此地上演。我试着让自己不要紧张，但效果微乎其微，这还要感谢那些穿上了仿铜护胸甲和希腊风格的盔甲的跑步者。

起跑线处拥挤不堪，随着喇叭里传来《佐巴舞曲》（*Zorba's Dance*）的音乐，我和汤姆不约而同地大笑起来。在这历史和现代的尴尬碰撞中，我们等待着比赛开始的讯号。

雅典经典马拉松开跑以后，有很长一段路线是沿着马拉松大道（Marathonos Ave）展开，然后基本顺着主干道，一路跑到雅典市中心。在位于新马克立（Nea Makri）的第一个饮水站，几位希腊老太太举着橄榄枝，一边和我们击掌，一边亲切地鼓励我们，不停地为我们喝彩加油。

尽管全程并无陡峭的山峰，但在6英里（9.5公里）路标以后，开始出现13英里（21公里）的爬升路段。在这段艰苦的赛程中，我把注意力放在了节奏的把控上。除了柏树外，这种尘土飞扬的粉白色景观，和我的家乡澳大利亚维多利亚州颇为相似。再往前，我们进入了更加城市化的一段路程，沿途有小教堂、不加粉饰的店面、盖了一半的公寓楼、几座历史雕塑，以及偶尔出现的红色罂粟花。它肯定不是你在明信片上看到的那个希腊，但却是辛勤工作的本地人每天都能看到的希腊。

在半程标记处，我感觉出奇地好。我注意到自己右侧的一位跑步者，他要么是一位东正教的神父，要么只是打扮成神父的样子。他穿着传统的黑色服饰，配上了一双黑色的运动鞋，虽然看样子比我年长许多，但毫不费力地就能跟上我的步伐。这位满脸胡子、汗如雨下的神父每经过一处人群，总能引来巨大的喝彩声。

历史起源

虽然帕那辛纳克体育场可能是“现代”奥林匹克的发祥地，但最初的奥运会（公元前776年）是在伯罗奔尼撒（Peloponnese）半岛的奥林匹亚古遗址上举行的。那里有很多历史建筑，其中最著名的当属宙斯神庙（Temple of Zeus）。奥林匹克圣火至今仍在遗址上燃烧，现在的官方火炬接力也从那里开始。

顺时针从左至右：设在帕那辛纳克体育场的终点线；以希腊为荣；完赛者都能获得一枚奖牌。129页：俯瞰雅典的利卡维多斯山丘（Lykavittos Hill）。

但很快，真正的乳酸疲劳开始袭来。我和汤姆经过几棵松树，有人在树下的桌子上铺满了切成段的香蕉，我便顺手拿了一段。虽然这点儿不算什么，但在狼吞虎咽之后，我又一次感觉自己仿佛正在被大力神赫拉克利斯推着跑。我开始加快步伐，进入建筑密集的Mesogeion大道，这条路带着我们直通古代阿提卡（Attica）的中心，即西方文明的摇篮。当我意识到自己已经通过被称为“墙”的恐怖路段时，立刻信心大增。

接近终点，我身体的每块肌肉都开始绷紧。我穿过蜜色建筑密集的城区，径直跑向高踞于地平线上若隐若现的卫城（Acropolis），但此时观众们也变得拥挤且嘈杂。等可以看到帕那辛纳克体育场（Panathenaic Stadium）时，我的体能储备已经降到极点。在最后一段靠近时尚的希罗德·阿提库斯街（Hrodou Attikou St）的下坡路上，我跑得面目狰狞，暗自骂骂咧咧。

谢天谢地，终点越来越近了，我不禁再一次想起了费迪皮

迪兹，想起他抵达雅典中心对战友高呼“胜利”的场面。这座始建于公元前566年的古老竞技场全部用大理石修筑而成，一端开口，感觉就如同一条跑道的冲刺路段（跑道完工于公元前330年）。因此，在抵达最终的直线跑道以前，你就能看到已经越过终点线、正自豪地举起双臂的其他跑步者。这一幕鼓舞了我进行最后的冲刺。在历史和当下的感召之下，我想到的不只是费迪皮迪兹，还有所有人都具备的强迫自己逼近极限的潜能。

我很想说，迈过终点线的自己，也终于留下了战士般的飒爽英姿。但实际上，我筋疲力尽，汗如雨下，两腿抖得跟筛糠似的。我在恢复区一边做着拉伸，一边狂喝水，就如同刚从撒哈拉沙漠被救回来一样。而汤姆的样子也比我好不了多少。

尽管体能完全透支，但追溯马拉松历史带来的震撼体验却久久占据心中。我和汤姆一瘸一拐地走出了体育场，还拍了张以后可以传给后代的照片，背景是雄伟的帕特农神庙（Parthenon）。随后，我们的关注点便转移到了更重要的话题上：究竟在哪里才能吃到最正宗的烤羊肉卷？　**文 / 塞巴斯蒂安·内兰**

跑步指南

起点 // 马拉松镇

终点 // 雅典

距离 // 26.2英里（42公里）

到达 // 雅典经典马拉松的赛事主办方会提供从雅典各地开往起点的巴士。

何时去 // 11月。

住宿 // 位于雅典市中心蒙纳斯提拉奇（Monastiraki）一带的住处非常便利，想在比赛结束以后庆祝一番也方便。

更多信息 // www.athensauthenticmarathon.gr

行前参考 // 如果时间允许，作为赛后放松，不妨从雅典去海德拉岛（island of Hydra）（岛上没有汽车）来个短途旅行。在大海中泡一泡，有助于消除身体的疲惫。不过，记得确认轮渡的时间。

右页从上至下：在开罗城外进行的法老100公里跑；斯洛伐克科希策马拉松的终点线。

更多类似体验

具有历史意义的比赛

迦太基马拉松，突尼斯

如果你偏爱游览游客稀少的历史古迹，那么一定得去突尼斯看看。充满波斯传统色彩的迦太基（Carthage）马拉松每年2月拉开帷幕，起点位于迦太基古罗马时期的竞技场。整条路线穿过蓝白小镇（Sidi Bou Said；一座以蓝白为主色调的小城，位于突尼斯北边，距离首都不远）和拉马尔萨（La Marsa；一处海岸景点，突尼斯富人们的度假胜地），路况相对平坦，非常适合想创造个人最佳成绩的马拉松跑者。如果你不想跑全马，赛事官方也安排了半马和6英里（9.5公里）的路线选择。

起点 / 终点 // 迦太基竞技场（Amphithéâtre de Carthage），迦太基

距离 // 26.2英里（42公里）

更多信息 // www.the-carthage-race.com

法老100公里跑，埃及

在公元前690年至前660年法老王时代，士兵之间举行了一场竞赛，在这项赛事的启发下，62英里（100公里）的法老跑（Pharaonic Race）诞生了。该项赛事于每年11月举办，比官方的埃及马拉松要早几个月。显然，这不是一场为怯懦者准备的超远距离比赛。它的起点位于距离开罗约2小时车程的哈瓦拉金字塔（Hawara Pyramid），途中会经过多座金字塔，最终在塞加拉（Saqqara）古老的墓地结束。途中公路与沙漠交替，还有未铺装路段。

起点 // 哈瓦拉金字塔，法尤姆（Al Fayoum）

终点 // 阶梯金字塔(Pyramid of Djoser)，塞加拉

距离 // 62英里（100公里）

更多信息 // www.egyptianmarathon.com

科希策马拉松，斯洛伐克

这项赛事在斯洛伐克“第二大城市”科希策（Košice）举办，是欧洲最古老的马拉松之一，其历史可追溯至20世纪20年代。第一届比赛仅有8人参加，不过现如今，它已经成为一项备受欢迎的赛事。由于道路平坦，科希策马拉松也被认为是世界上用时最短的马拉松路线之一。科希策马拉松也叫国际和平马拉松（International Peace Marathon），其路线蜿蜒，经过多处哥特式经典建筑和苏联建筑。赛事官方当下正在为斯洛伐克国内的癌症患儿筹集善款。

起点 / 终点 // Hlavná Street，科希策

距离 // 26.2英里（42公里）

更多信息 // www.kosicemarathon.com

U. S. Steel Košice
GILBERT KIPTOO
CHEPKWONY
4
INTERSPORT

库马约尔啤酒越野跑

阿尔卑斯是世界上最残酷的越野跑举办地。但每年10月会有数千人聚集于此，他们完全不拿自己当回事，装扮得傻到极点，醉醺醺地跑完这18公里的路程。

库马约尔（Courmayeur）位于勃朗峰（Mt Blanc）意大利一侧的奥斯塔山谷（Aosta Valley），它拥有引人入胜的阿尔卑斯山区风光，也是知名的滑雪和越野跑胜地。作为一名热衷于超马的跑者，我总是将库马约尔与那些极其严肃、竞争激烈的山区超级马拉松赛事联系在一起，譬如巨人之旅（Tor des Géants）和具有传奇色彩的环勃朗峰耐力赛（Ultra-Trail du Mt Blanc），恰好这两项赛事我都参加过。但事实上，奥斯塔山谷亦是啤酒越野跑（Arrancabirra）的举办地，这项赛事鲜为人知，但在很多方面都更加令人难忘：它更像是以崎岖的意大利阿尔卑斯山为背景的一场啤酒化装舞会。

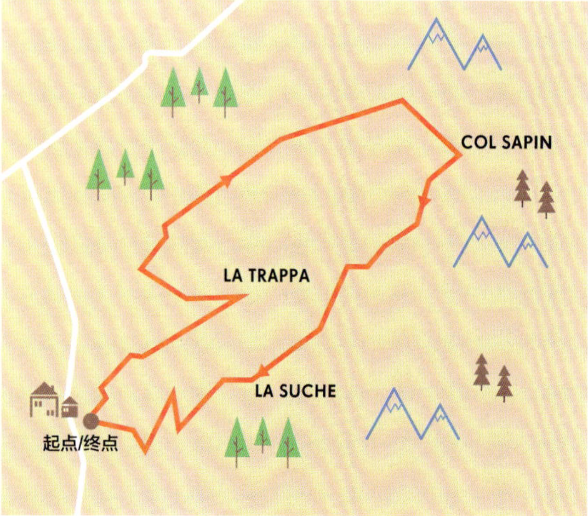

超级马拉松是经常强调苛刻饮食、严格训练和连续早起的一项运动，身处其中的我已经逐渐认识到，抓住像这样能让自己放松下来的机会有多么重要。库马约尔啤酒越野跑通常安排在10月欧洲马拉松赛季行将结束之时，给那些因乳酸门槛跑（一种体能训练方式）而备受压力的跑者提供了发泄的出口。虽然某些赛段与一些更加经典的赛事有所重合，但本地氛围让啤酒越野跑倍显低调。

对于奥斯塔山谷以外的跑者来说，这项赛事依然相当陌生；但在本地人当中，这项赛事却备受欢迎，几天之内就有1500人报名登记。几位意大利朋友告诫我，最好在6月赶去登记，否则就有可能排不上号了。始于2006年的啤酒越野跑已经慢慢积累起一批拥趸，但主要还是意大利人。不过，很重要的一点是，别让派对氛围麻痹自己。11英里（18公里）的距离内爬升超过4590英尺（1400米），这样的地形挑战并不亚于在该区域举行的

ARRANCABIRRA
& TROFEO HURZELER-GRIVEL

其他任何越野赛事。

我的赛前惯例是去研究一下路线情况，以便进行针对性的训练，而啤酒越野跑的赛事主题本身就暗示了独特的赛前准备。奇装异服以及喝点啤酒并非强制要求，不过朋友们建议我二者都尝试一下。更准确地说，如果没有装扮得“光彩照人”，同时略带醉意，那你杵在人堆里就像个异类。事实上，越是蓬头垢面、醉意蒙胧的跑步者，在越过终点线时越能得到观众们的大声喝彩。跑得很快又完全清醒甚至会给你招来嘘声。

当候在起点准备出发时，我很庆幸事先得到了忠告。今年的主题是“里约桑巴”（Rio Samba），我穿上了一件用黄绿布料做成的镶边云朵裙，还戴上了一顶羽毛头饰。作为一名新手，我还在担心自己是不是装扮得过火了点，不过在看到别人的装束以后，这种顾虑立马烟消云散——有人在背上绑着皮艇，还有人穿着紧身衣，头上戴着金色假发，甚至有一支男女混搭的队伍全都穿上了芭蕾舞短裙。

上午10点整，我们从库马约尔主要的步行街准时出发，随后转到公路向着山区前进。我被夹在两人中间慢跑着，一侧的男子穿得像个红衣主教，另一侧的女子则全身被红色羽毛包裹。才跑了几分钟，我们就抵达了位于小道起点的第一处啤酒站，小道通往一座被称为贝尔托内避难所（Bertone refuge）的山间小屋。我满怀激情地大口灌下第一杯温啤酒。一喝完最后一口，志愿者便给我做了个记号，表示我的喝酒“成就”已达成。我再度出发，顺着山道追赶那位“红衣主教”。

前往贝尔托内避难所的小道在林间蜿蜒数百米，一直通往海拔6560英尺（2000米）的一片空地。在以前的训练和比赛中，我曾经多次经过贝尔托内，所以这一次我很高兴能在那里歇歇腿，看看风景，再来杯啤酒。

从贝尔托内开始，顺着山脊的线路又向上爬升了几百米，途中可以将费莱特谷（Val Ferret）和勃朗峰一览无余。在阿尔卑斯山脉最气势雄伟的山峰映衬下，穿着鲜艳嘉年华服饰的跑步者正沿着参差不齐的天际线奔跑，这种感觉只能用超现实来形容。

待抵达山顶，我发现赛事志愿者们手里的啤酒换成了水和热茶。一开始我还真有些失望，直到我低头看到眼前布满岩石的下山路。头上的羽毛依旧保持完整，我决心就这样冲到终点。我一手撩起长裙，一手拿着徒步杖，试图在不平的地面保持平衡。

实际上，等到达山谷另一侧的第三个检查站时，我甚至感觉自己已经有些醉意了。自然，我又痛饮了一杯，与此同时，旁

化装派对

在这里，跑得快并不会让你赢得最多的喝彩声。那些玩得最开心、穿得最搞怪的跑步者才能得到偏爱（太把自己当回事的跑者甚至会招来嘘声）。因此，即便你是竞速型跑者，也可以把重点放在完善装束上，而不是去力争最好的完赛成绩。往届赛事的主题包括“越野大战”（Arranca Wars），即意大利版的星球大战，以及“酒神”（Gara Goliardica）。

顺时针从上至下：啤酒越野跑中，酒精替代了常规的救护站；首要规则是别把自己太当回事；阿尔卑斯山区的上山路真的要人命。135页：一群疯子（包括一只狗）出发了。

边几位跑者也在大口吃着烤香肠，而另一位戴着黑色爆炸头假发的跑步者，则在一边跳舞一边摇晃着彩虹沙球。

第四处休息站位于La Suche，即最后一段下坡路的顶端，这儿聚集了一些山间小屋，到这里就等于走完了大部分难走的路段，这让我挺开心的。我本想在La Suche多待一会儿，好好欣赏一下山区的美丽全景，但又担心耽搁的时间越长，啤酒会越喝越多，于是我赶紧重新上路。

加倍小心地越过树根和岩石，我下到第五个也是最后一个啤酒站，然后汇入公路，直冲终点线——当然，这里的啤酒就更多了。我整个人倒在终点帐篷外的草地上，看着其他“千姿百态”的参赛者陆续抵达。

这为我的欧洲马拉松赛季画上了完美的句号。一整年密集的赛事，上百英里的赛程，让我进入了心理上的倦怠期，我开始质疑自己参加这么多比赛究竟是为了什么。库马约尔啤酒越野跑给了我答案。它告诉我不要太把自己当回事，更提醒了我不要忘了奔跑的初衷。跑步不是为了追求登台领奖或争创最快时间纪录，而是在于体验赛道之外的一些精彩，以及享受与同样热衷跑步的人们一起奔跑的畅快。

至于赛后派对？呃，我只能说，在那里发生的，就留在那里好了。　**文 / 斯蒂芬妮·凯斯**

跑步指南

起点 / 终点 // 库马约尔，意大利

距离 // 11英里（18公里）

到达 // 飞抵都灵，再乘坐公共汽车去库马约尔；也可以飞到日内瓦机场，租辆车或者乘坐机场班车到沙莫尼（Chamonix），再从沙莫尼南站（Chamonix Sud）搭乘公共汽车，穿过勃朗峰到达库马约尔。

何时去 // 比赛在10月进行（6月开放报名，通常几天之内就会报满）。

住宿 // Hotel Croux位于城中心，价格公道。酒店合伙人还经营着La Suche的一处检查站——关于比赛本身和赛后的派对安排，他们都可以提供很好的建议。

更多信息 // www.arrancabirra.it/en

行前参考 // 尽管赛事组织方鼓励奇装异服，但由于奥斯塔山谷天气状况多变，所以在穿着上尽量灵活对待。喝完几杯啤酒以后，上山路会相当难跑，要尽量留神。

右页：波亚克的葡萄园构成了梅多克酒庄马拉松的背景。

更多类似体验

微醺跑

梅多克酒庄马拉松，波尔多，法国

自1985年开始，每年9月都会在法国葡萄酒之乡波尔多举行梅多克酒庄马拉松（Le Marathon des Châteaux du Médoc），将跑步、饮酒和化装糅合在一起。在长达26.2英里（42公里）的路线沿途，8500名参赛者会受邀品尝多达23种不同的葡萄酒，同时有音乐、美食和其他庆祝活动相伴。别指望在救护站里吃到那些典型的马拉松零食——这里为你准备的是新鲜牡蛎。冠军将会获得与其体重同等的梅多克（Medoc）葡萄酒。比赛结束以后，你要担心的不会是什么乳酸，而是宿醉。

起点/终点 // 波亚克（Pauillac）

距离 // 26.2英里（42公里）

更多信息 // www.marathondumedoc.com/en

酒神马拉松，多尔金，英国

酒神马拉松（Bacchus Marathon）堪称英国版的梅多克酒庄马拉松，在长达26.2英里（42公里）的环形路线的沿途，组织方安排了12处葡萄酒美食站（半程马拉松有6处，8公里比赛有1处）。每年9月，参赛的数千名跑步者（大多穿着特殊服装）会穿过丹比斯酒庄（Denbies Vineyard），进入毗邻的位于萨里（Surrey）乡间的英国国民信托（National Trust）遗产地，同时享受沿途多支乐队的表演、品尝葡萄酒。但也不要过于分心：首圈，即相当于半程马拉松的距离，设定了严格的关门时间（2小时20分钟），而参加全马的跑者必须在5小时内完赛。

起点/终点 // 丹比斯酒庄，多尔金（Dorking）

距离 // 26.2英里（42公里）

更多信息 // www.runbacchus.com

啤酒爱好者马拉松，列日，比利时

如果对葡萄酒无感，那不妨报名参加每年5月在比利时举行的啤酒爱好者马拉松（Beer Lovers' Marathon）。比赛路线贯穿了历史名城列日（Liège）的街道，这座古城位于讲法语的瓦隆（Wallonia）地区。沿途提供15种不同的比利时啤酒，每3英里（5公里）就有食物和饮水补给站。这个相对年轻的马拉松赛事设定了6.5小时的宽松的关门时间，也就是说，如果你觉得很好玩，甚至可以走完全程。留意最后的4英里（6.4公里）路程，那段路每英里（1.6公里）就有一个啤酒站。

起点/终点 // 圣兰伯特广场（Place St Lambert），列日

距离 // 26.2英里（42公里）

更多信息 // www.beerlovermarathon.be

30

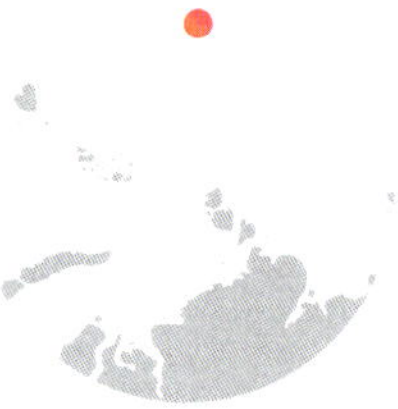

北极点马拉松

世界上去过北极点的人本来就不多，还在那里跑过马拉松的就更少了。那些愿意掏钱参赛的人可以一次达成两大心愿。

诞生于2003年的北极点马拉松（North Pole Marathon）在这么多年中，仅有一次因为天气原因被取消。这听上去可能没什么，但一旦联想到那里的环境，就显得很有意思了——每年冻到有截肢风险乃至危及生命的严寒，足以让其他任何马拉松相形见绌。正因为如此，比赛前一整周，我每天晚上都难以入睡。我讨厌寒冷。如果知道自己需要在零下15℃的气温下跑步，那我真的会有些紧张。但在我的跑步生涯中，我还从未体验过类似这种环绕北极的比赛。那年是2014年，我即将40岁。要来点儿极限挑战的话，这似乎是一个很好的借口。

尽管危险重重，北极点却充满超凡脱俗之美。你本能地知道自己不应该在那里，但注意力和崇敬之情又全部被它吸引过去了，就像偏远的沙漠那样。时至今日，它依然是我跑过的最让人印象深刻的比赛之一，也是我跑得最慢的马拉松之一，还是我造访过的风景最美的地方之一。跑步只是体验中小小的一部分。

那年春天我去了挪威，才慢慢明白了为什么跑这个马拉松要花16,000欧元。作为一名幸运的受赞助跑步者，我的费用被全包了，但我还是不禁想知道，究竟哪些人愿意付这么多钱来受这份罪。答案基本上如你所料：投资银行家、对冲基金经理人、慈善跑步者，以及一些像我这样的专业运动员。所有人来自十几个国家。但我还是惊讶于这种共同的冒险欲望。我所遇到的每个人对于积累这样独特的体验都充满了激情，这一点的确令人鼓舞。有些跑步者已经完成了每大洲一项马拉松的目标，但还想在人生简历上添上浓墨重彩的一笔，对于他们而言，这项赛事显得尤其有吸引力。

一抵达奥斯陆（Oslo），我就登上了转接班机飞往斯瓦尔巴群岛（Svalbard），那里是地球上最靠北的全年定居点。等到了斯瓦尔巴群岛我才发现，参赛的跑步者和后勤人员还在坐等

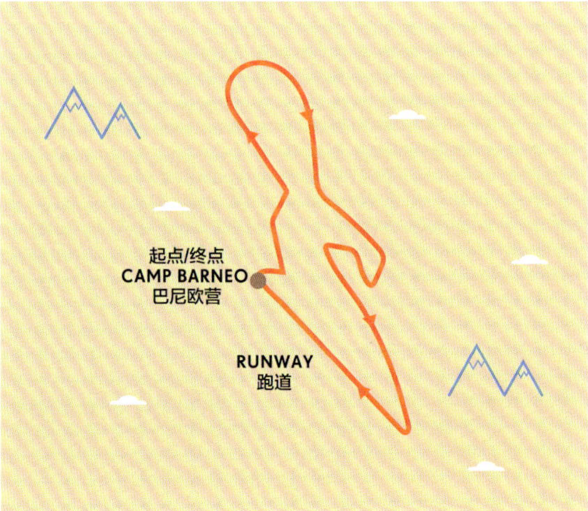

Rab
BCR

天气转好，这样才能搭上一架破旧的俄罗斯飞机，飞到650英里（1045公里）外的北极点。

从空中看，满眼的白色让人目眩。与毫无特征的地形显得格格不入的是巴尼欧营（Camp Barneo），它是一处临时总部兼着陆跑道，是俄罗斯空降部队在浮冰上凿出来、专门为比赛而准备的。经过颠簸的着陆以后，我们终于抵达目的地，放眼望去，无边无际的苍茫大地上，唯一的人类活动迹象便是这几处蓝色的帐篷。毫无疑问，一派荒凉。但只有当你从飞机里出来，接触到干冷刺骨的严寒时，才会感觉真的到了北极点。

小小的跑道周围是用来睡觉的营房、一座食堂和一处屋外厕所。在这种条件下，所谓的屋外厕所就是一个大桶，里面衬着一个大垃圾袋，顶上再加上一个聚苯乙烯泡沫做的马桶座圈（用其他任何材料都有可能会冻得粘到皮肤上）。我很快找到了自己的小屋，放好了装备，和“室友”科利亚（Kolja）相互认识了一下，他是德国F1赛事赞助的探路者。虽然我们不时开着玩笑，但我心里一直在嘀咕：在这种鬼地方，我到底该怎么跑？

马拉松是在一大片踩上去会打滑的厚冰和雪层上进行的。气温在零下25℃和零下41℃之间波动。比赛线路实际上是个巨大的环形，参赛者需要跑上5圈。这起初让人感觉像被戏弄（绕着大圈跑上一遍又一遍），但后来我才想通了为什么。首先，在这里开路是一件严肃的大事，开过路且平整的营地区域跑起来会更容易些；其次，紧挨着的路线让我们喊上一嗓子就能得到帮助，这一点非常贴心，在北极点，没人会想远离营地，甚至跑在太前面或太后面都会让人紧张不安。如果你丢掉一只手套，或者更可怕的，掉进冰隙，那么后果即便不是丢掉性命，你的人生从此也会被改写。

第二天，伴随着简短的仪式，马拉松开始了。沿途没有观众——只有荷枪实弹的俄罗斯军人在防范着潜近的北极熊——这种静谧被隔音的冰层放大，我反倒开始感应到北极的声音。随着队伍启程踏上结满霜冻的第一圈行程，我能听到脚底下的雪在发出“嘎吱嘎吱”的碎裂声。每迈出一步，原本坚实的表面就被我的体重压得微微塌陷。

到了第二圈，跑步者会尽量在首圈压出来的雪道中前进，以免重复开路。但我却面临着稍稍不同的挑战。我来这里是为了创造纪录的，因此大部分时间我都需要跑在最前面。为了超越其他人，我经常被迫偏离雪道，有时候甚至要冒险进入齐膝深的积雪中。

随着比赛的进行，圈数开始迅速拉开。在意识到这一点之前，我已经跑了18英里（30公里）。一旦你扛过了寒冷，就能领略真正的美丽。我已经完成2/3的赛程，现在我需要更多的能量来帮助我完成后面的比赛。我停下来狼吞虎咽了一根能量胶。本来是一次很快的短暂休息，但因为我穿了太多层，所以不得不浪费了宝贵的几分钟时间露出嘴来吃东西。一旦手腾了

© Mark Conlan | North Pole Marathon

日常漂移

北极冰层的下方不是陆地。北极点马拉松的参赛者实际上是在海面上跑。冰层的厚度在6英尺（1.8米）到12英尺（3.6米）之间，下方是深达12,000英尺（3600米）的海洋。由于冰会漂移，因此要让马拉松路线固定通过北极点是不可能的，这也是为什么赛事组织方会使用待命的直升机在赛前将跑步者空投到北极点。

从左至右：来自希腊的Argyrios Papathanasopoulos获得了2018年北极点马拉松的冠军；参赛者奔跑在北极的荒原上。141页：合适的跑步装备对于生存至关重要。

出来，我就想松松面罩。但面罩纹丝不动：汗水和呼气的水分导致它被冻在我的脸上。睫毛也被冻在一起，我几乎看不见东西，要把这些东西从皮肤上扯下来，我必须得忍着剧痛。没办法，我只能选择躲进餐厅，暖和几分钟。为了取暖和补充能量，很多人都是每跑完一圈就要进庇护所躲一下。

重新回到冰天雪地以后，炫目的光芒让我什么都看不清了。等视线慢慢恢复，我开始跑最后几圈。我被冻得麻木，但还是能感觉到自己在微笑，毕竟赛程只剩下1/3了。沿着被反复践踏的雪道，我步履沉重地前进着。

我的官方成绩是4小时多一点儿，算是我正经跑过的马拉松中最慢的。在我后面完赛的那位比我晚到了1小时。事实上，比赛没有严格的关门时间。这也情有可原，如果你付出了努力（也可以说是金钱）来到这里，组织方都会在合理范围内尽可能地让你去跑，直至完成比赛。尽管这是我最慢的成绩，但它还是创造了赛会纪录。不过我想从北极带回家的不只是这项纪录，还有那令人永生难忘的风光。北极点马拉松也让我对自己的抗寒程度有了新的认识，因此3年以后，我又完成了南极洲马拉松。　**文 / 迈克尔·瓦尔丁**

跑步指南

起点 / 终点 // 巴尼欧营

距离 // 26.2英里（42公里）

到达 // 坐飞机到奥斯陆，再到斯瓦尔巴群岛机场（LYR），从那里乘坐包机飞到北极点。

何时去 // 比赛于4月举办。

住宿 // 巴尼欧营的蓝色帐篷是你唯一的住宿选择。

更多信息 // www.npmarathon.com

行前参考 // 在北极，汗水是跑步者最大的敌人。所以你最好在比赛开始之前就被冻起来（是真正冻起来），这样在比赛过程中，你就会一直保持在出汗的临界点以下。带上合适的装备，面罩是必需的（我喜欢Cold Avenger），一定记得带上越野跑步鞋，而且尺码要比你平时穿的更大一些，因为要容纳两双厚袜子。

更多类似体验

冰天雪地中奔跑

冰上马拉松，南极洲

冰上马拉松（Ice Marathon）堪称北极点马拉松的姊妹赛事，作为在地球最南端举行的竞跑比赛，它已经得到了吉尼斯世界纪录的认可。偏远的联合冰川（Union Glacier）位于赫里蒂奇（Heritage）山脉，那里的条件异常极端，气温在零下18℃到零下40℃之间波动。在那里看不到任何生命体，没有动物、昆虫或鸟类（近海岸处生活着企鹅）。比赛地形由雪、冰和山峰组成，在那片旷野上，连太阳都有些不一样，光线中透露出荒凉。

起点 / 终点 // 联合冰川，南极洲

距离 // 26.2英里（42公里）

更多信息 // www.icemarathon.com

北极圈马拉松，格陵兰

北极圈马拉松（Polar-Circle Marathon）不像其他类似赛事那样缺乏生机。比赛过程中，你或许能看到北极狐或麝香牛，甚至从附近康克鲁斯瓦格镇（Kangerlussuaq）跑出来的狗，小镇就在北极圈以北不远处。马拉松路线主要为碎石路，偶尔会撞见冰盖，沿途有异常美丽的冰川和北极湖泊。头几英里有很多爬升路段，但后面到终点大半是起伏的下坡路。气温在零下20℃到温和的10℃之间。

起点 / 终点 // 康克鲁斯瓦格镇，格陵兰

距离 // 26.2英里（42公里）

更多信息 // www.polar-circle-marathon.com

洛加维格超级马拉松，冰岛

洛加维格超级马拉松（Laugavegur Ultramarathon）有着冰岛最受欢迎的徒步路线，大多数人需要分4天走完这条道路，但超级马拉松跑者会一口气跑完。沿途低矮但陡峭的山坡和冷到刺骨的涉水行程充满了挑战，但冒着蒸汽的火山、黑砂河床和山脉会让你充满动力地奔向远方。另外，赛事组织方来自冰岛本土，因此你可能会获得一些相当独特的体验。

起点 // 兰德曼纳劳卡（Landmannalaugar），冰岛

终点 // Þórsmörk，冰岛

距离 // 34英里（55公里）

更多信息 // www.laugavegshlaup.is

从上至下：南极洲的冰上马拉松；冰岛的洛加维格超级马拉松

北极点马拉松

美洲

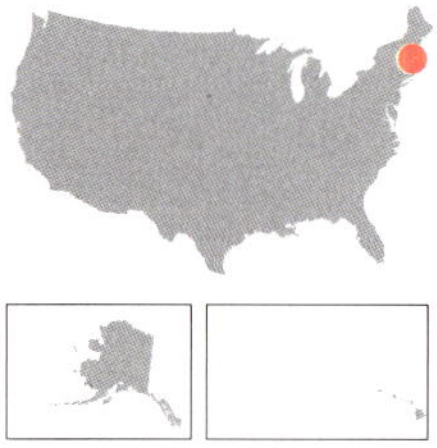

波士顿马拉松

作为世界上最古老、最具代表性的马拉松，能够获得参赛资格就已不同寻常，跑完全程更是一项了不起的运动成就。

马萨诸塞州的霍普金顿（Hopkinton）是一个安静的小镇，拥有17,000名居民，具有新英格兰老村庄的所有特点——一批历史建筑、一片公共绿地和一座农贸市场。然而每年春季的某一天，这个原本安静的小镇将会变得热闹非凡。这一天便是每年4月的第三个星期一；这一天亦是“爱国者日”，用以纪念革命战争的前期战役，但是当天气氛热烈的原因不仅于此。这一天，大约有3万名世界各地的跑步选手来此参加波士顿马拉松（Boston Marathon）。比赛的起点是霍普金顿的主街，终点是26.2英里（42公里）外的波士顿科普利广场（Copley Square）。

波士顿马拉松历史悠久，超越其他所有马拉松赛事。1897年至今，每年举办一次，其赫赫声名鲜有马拉松能够匹敌。除了奥运会之外，波士顿马拉松是唯一具有完赛时间要求的大型马拉松赛事。18~34岁男子组的要求最高，完赛时间需在3小时5分钟以内，即平均7分3秒/英里。对于许多跑步运动员而言，获得波士顿马拉松参赛资格（Boston Qualifier，简称BQ）堪称无上荣誉。

清晨伊始，参赛者乘坐黄色校车陆续抵达。现场的大幅标

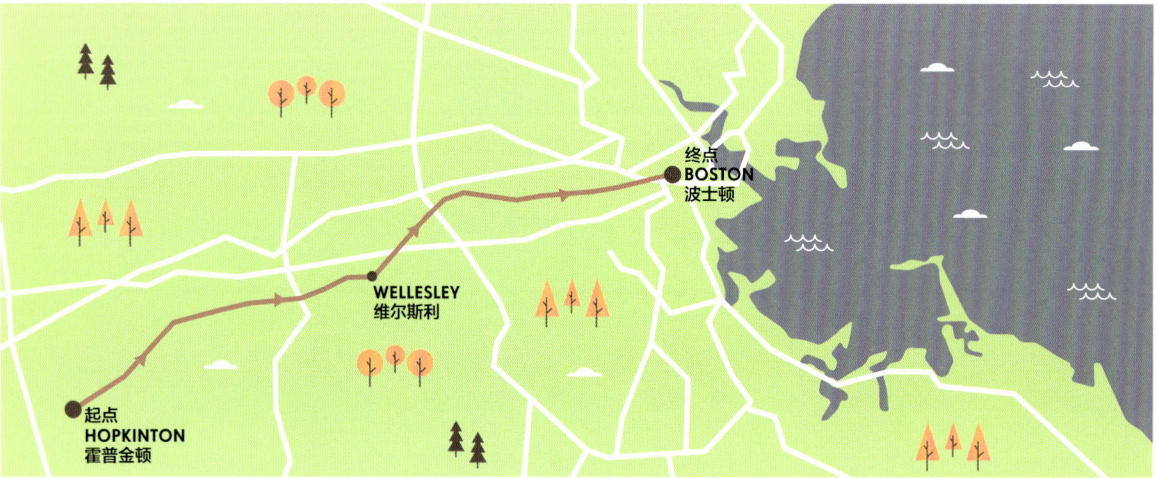

“爆炸事件之后，我发誓要重返赛场，齐心协力，与之对抗。后来，那年的比赛成了我的转折点。”

语写着“欢迎来到霍普金顿，一切由此启程”。这话一点不假。1999年，我首次参加波士顿马拉松，当看见那幅标语时，感觉26.2吨砖块立刻压上心头。真的，毫不夸张！去年，我第九次参加波士顿马拉松，那种感觉丝毫未变。

前六次参加波士顿马拉松，我只考虑比赛。2013年，波士顿马拉松举办期间，发生了爆炸事件，致使3人死亡、260人受伤。当时我正在休陪产假，照顾刚出生的儿子。我发誓来年要重返赛场，齐心协力，与之对抗。并且，我做到了。那一年，也是我与这场赛事的转折点，我开始对它心存感激，并有了更深的羁绊。

几年之后，我的一位盲人朋友蒂姆（Tim）让我在2017年比赛中为他带路。自此，对我而言，波士顿马拉松显然已经超出了原本的意义。蒂姆迷上了这场赛事，我们相约来年再战。

于是2018年，我们来到霍普金顿，再次相聚在那幅标语之下，冒着连绵阴冷的雨水，准备面对凛冽刺骨的赛程。迈过一个个水洼之时，我对蒂姆说：“你看，这并没有那么糟糕。”事实上，情况的确糟糕，而且只会更糟。蒂姆明显并不认同，但仍然附和说：“天气不是问题。”我们各持一短条松紧带的一端，慢慢走向手绘的起跑线。

我们轻松跑完第一英里，这是一段下坡路，喜欢刺激的参赛者通常疾驰而过。实际上，前几英里几乎全是下坡路，参赛者通常抑制不住冲动。他们不顾体能耗费，飞奔几英里，而后则会为之付出代价。蒂姆和我不紧不慢。我们一直闲谈，我也会时不时提醒他“前面有人，往左超过他……前方路况糟糕……即将到达计时垫，3——2……”。

波士顿马拉松就是这样：即使首次参加，也会感到熟悉。离开霍普金顿，参赛者一路向东，穿乡过镇。只要参加过赛事，就能通过名称辨别这些乡镇：阿什兰（Ashland）、弗雷明汉（Framingham）、内蒂克（Natick）、维尔斯利（Wellesley）和布鲁克赖恩（Brookline）。地标建筑同样容易辨认：红砖砌筑的牛顿消防站（其车库大门猛然打开，音乐震耳欲聋）、22英里（35公里）处的栗树山水库和高高耸立于肯莫尔广场上的CITGO标志。

大约跑过3英里，我和蒂姆经过一只披着雨衣的金毛猎

一决雌雄

尽管波士顿马拉松素有声望，但是成绩不会被计入世界纪录。这项赛事全程都是下坡，起于海拔150米，终于海拔3米。而且又是点对点，如果顺风，参赛者就会占据优势。速度较慢的跑者也不必灰心：只要能为这项马拉松赛事的任一官方慈善机构筹集至少5000美元，就能获得一个参赛名额。

犬。它卧在一个木箱上，嘴里叼着两面黄蓝相间的“BOSTON STRONG”（坚强波士顿）旗帜——标志鲜明的波士顿应援“观众”，也是一路上唯一一个典型的波士顿马拉松观众了。大家都纷纷上前，排着队，为小狗欢呼雀跃。

此时，我心里只有一个信念，再跑9~10英里（14~16公里），跑过弗雷明汉和内蒂克，抵达维尔斯利。并不是弗雷明汉和内蒂克不好，而是因为维尔斯利是“尖叫路段”（Scream Tunnel）的所在地，到达之前，就能听到观众的尖叫。在1/4英里（0.4公里）开外，我和蒂姆就听到了欢呼。随后，我们跑过了一大批挤在钢铁护栏上的女观众，她们兴高采烈，举着标语，上面写着“亲亲我，我是数学家”，以及“我不会告诉你妻子”，等等。

跑过维尔斯利，观众大幅减少，参赛者开始进入牛顿下瀑布。牛顿山地这个压轴大戏，才是波士顿马拉松真正的赛场。位于20~21英里（32~34公里）之间的心碎山（Heartbreak Hill）往往最受关注，然而实际上，它只是一系列高地的最后一个。单个高地并不可怕，心碎山也只有91英尺（28米）高而已；但可怕的是，它们连续出现，并且处于赛程之末，足以令参赛者如同翻越阿尔卑斯山。

我和蒂姆低下头，艰难地往上爬。雨越下越大，似乎想要

顺时针从左至右：参加波士顿马拉松，遭遇极端天气是家常便饭；波士顿公共花园内的乔治·华盛顿塑像；老州府大楼。149页：30,000多名选手参加这项历史悠久的赛事。

冲走我们仅有的战斗力。牛顿山地只有一个让人欣慰之处，那就是一旦翻越它，剩下的几乎都是下坡路。不过，你必须漂亮地完成之前的路段。到那时，你才能跑得一身轻松。

然而，这是波士顿马拉松，一切都会推动着你持续前行。越接近终点，观众越多、呼声越大。当你踏上博伊尔斯顿街（Boylston St），看到欢呼着的观众挤满看台，面对120年历史的终点线，心中毫无准备。一刹那，当天赛程之中和过去数月或数年训练所承受的煎熬、痛苦和疑虑全部涌上心头。接着，是满满的欢欣喜悦。此时，天地之间仿佛只剩我、蒂姆和那条宽大、黄蓝相间、0.4英里（0.6公里）外的终点线。

此时，人们往往忘情地呼喊，我通常也会至少抒发一下。

我第一次跨过这条终点线是在1999年，用时不到3小时。这一次我和蒂姆一起跨过终点线，用了5个多小时。当我们步履维艰地奔向终点奖章和保温毯时，我发现自己冻得无法控制地发抖。一名志愿者问我："你没事吧？"我矢口否认，但并非完全没事。事实上，那年赛后，130位参赛者因为失温接受治疗。幸好我没有拖延太久，尽快恢复了温暖和干爽。套用一句励志的老话：失温是暂时的，波士顿马拉松是永恒的。

文 / 马克·雷米

跑步指南

起点 // 霍普金顿，马萨诸塞州

终点 // 科普利广场，波士顿

距离 // 26.2英里（42公里）

到达 // 罗根机场交通便利，通往波士顿各地。由于起点附近空间有限、道路狭窄，因此尽量不要驾乘私家车前往。

何时去 // 4月的第三个星期一是比赛日。

住宿 // 酒店客房非常抢手，尤其是科普利广场内、终点线附近的房间。可以考虑入住Airbnb提供的住宿或比较偏远的酒店，但是必须靠近T线。

穿什么 // 天气变化莫测，可能炙热难耐，也可能雨雪降临、寒冷刺骨。

更多信息 // www.baa.org/races/boston-marathon

行前参考 // 正式马拉松比赛的前一个周六，会举办一场5公里的跑步比赛，无缘马拉松的人也可体验比赛的氛围。

右页：参加纽约马拉松的选手跑过曼哈顿的时代广场。

更多类似体验

美国马拉松清单

纽约马拉松，纽约州

就像纽约市本身一样，纽约马拉松规模巨大（事实上，它是世界上规模最大的马拉松比赛，参赛者超过5万人），其热闹程度也非其他任何马拉松比赛所能比拟。这项赛事在11月的第一个星期日举行，全程26.2英里（42公里），围绕纽约的五个城区展开。参赛者从斯塔顿岛（Staten Island）启程，然后在标志性场景下，鱼贯穿过维拉萨诺海峡大桥（Verrazano-Narrows Bridge）的两层桥身，进入布鲁克林。比赛期间，参赛者穿过皇后区、曼哈顿、布朗克斯（Bronx），然后返回曼哈顿。接着，他们沿第五大道，围绕中央公园的南部边缘一路狂奔，直至终点线。终点线位于著名的餐馆Tavern on the Green附近。每个城区风格各异，但是都有一个共同点，那就是人山人海——大约有200万名观众到场，而且绝不羞于表达热情。

起点 // 沃斯堡（Fort Wadsworth），斯塔顿岛

终点 // 西中央公园67街

更多信息 // www.tcsnycmarathon.org

芝加哥马拉松，伊利诺伊州

每年10月初举行的芝加哥马拉松亦是深受跑者青睐的一项秋季比赛，也是世界六大马拉松赛事（World Marathon Majors）之一，其余五项分别为波士顿马拉松、纽约马拉松、伦敦马拉松、柏林马拉松和东京马拉松。这项赛事同样规模巨大，大约有45,000名选手参赛。比赛的起点和终点都在位于市中心商业区的格兰特公园（Grant Park）。参赛者沿着与密歇根湖（Lake Michigan）平行的拉萨尔街（LaSalle St）向北奔跑，在7英里（11.2公里）和8英里（12.8公里）之间折返，返回市区后向西跑过赛事中点。余下赛程包括一系列折返式转弯，带领参赛者逐渐跑向市中心以南，最后再向北折返，到达终点。这场赛事路途平坦，跑者速度飞快，有四项世界纪录诞生于此。如果你正试图寻求个人最好成绩，芝加哥马拉松或许正中你下怀。

起点 / 终点 // 哥伦布大道的格兰特公园

更多信息 // www.chicagomarathon.com

迪士尼马拉松，佛罗里达州

不要发笑。传统人士可能对此不屑一顾，然而沃特·迪士尼世界马拉松的确妙趣横生。比赛路线蜿蜒曲折，穿过包括灰姑娘城堡在内的迪士尼乐园，沿途满眼都是盛装打扮的人，实在令人忍俊不禁。这场景或许会让人有点迷乱，不过组织者喜欢称其为“神奇力量”。顺便说一下，马拉松只是一系列周末赛跑活动中的一项，除此以外，还有5公里、10公里和半程马拉松，外加一系列儿童短跑。心雄万夫的选手还可参加高飞挑战赛（Goofy Challenge；半程马拉松和全程马拉松）或糊涂蛋挑战赛（Dopey Challenge；5公里、10公里、半程马拉松和全程马拉松）。友情提示：所有比赛于5:30准时开始，你可能正在酣睡时就会接到该死的叫醒电话。祝你赛程愉快！

起点 / 终点 // Epcot停车场

更多信息 // www.rundisney.com/disneyworld-marathon

open
happiness™
THE ALL-NEW
TUCSON
HYUNDAI
NYPD
SECURITY
CAMERA
tkts

哈瓦那海滨大道

要想了解古巴首都的活力源头，不妨沿着这座城市的海滨大道走一走，并准备好迎接一些“上头的”感官体验。

咸涩的水滴啪啪地打在脸上，混杂油烟的独特烟草味从对面房屋飘散过来。一个小号手独自坐在海堤上，不为惊涛骇浪所动，心无旁骛地练习吹奏。除了哈瓦那（Havana），世界上没有第二处如此美妙的跑步场所了。

被清晨一阵跃跃欲试的精力怂恿，我朝着标志性的Nacional酒店稳步疾行，眼睛紧盯前方道路。在我面前，就是Malecón——哈瓦那的海滨大道，全长4.3英里（7公里），令人思绪飞扬；它环绕哈瓦那的北海岸线，蜿蜒曲折，好似给予保护的臂膀。长久以来，这里都是受人青睐的聚会场所，包括情侣、流浪乐手、业余渔民、无畏的潜水者、充满幻想的佛罗里达眺望者和各式各样穿着切·格瓦拉T恤的游客。这是哈瓦那最具表现力、最为典型的古巴式大道。哈瓦那人喜欢称其为"世界最长的沙发"，它如同一个磁场强大的露天剧院，日落时，城里一半的人都会来到这里，会面、问候、约会、谈天说地。

© Bonnie Caton | Alamy Stock Photo

对我来说，这里一直都是古巴最为有趣的跑步路线。在长时间离开之后重返哈瓦那时，我会首先到访这里。身处此地，

© Buckhead720 | Lonely Planet / © Philip Lee Harvey | Lonely Planet

"哈瓦那人喜欢称其为'世界最长的沙发'，它如同一个磁场强大的露天剧院，日落时，城里一半的人都会来到这里，会面、问候、约会、谈天说地。"

面对波涛汹涌的海水和水渍斑斑的建筑，我能感觉到自己再次融入这座城市并且快速感知上次离开之后这里发生的变化。不到一个小时，我对城市氛围已经初步了解，对其景象、气味乃至声音有了全新认识，而且入木三分。

这些年来，变化确实翻天覆地。回想20世纪90年代，古巴那个财政困难的"特殊时期"，我经常在停电的漆黑夜晚，沿着海滨大道跑步。那时，这里鲜有小汽车往来，更不用说旅游大巴。如今，这里交通已经略显拥挤，不过景致依然毫不逊色。

我沿着海滨大道跑步，起点和终点是两座16世纪西班牙人建造的堡垒，它们仿似两面历史书挡，相距4.3英里（7公里）而立。圣萨尔瓦多·德拉蓬塔城堡（Castillo de San Salvador de la Punta）是其中一座，守卫哈瓦那海港的入口。拉乔雷拉塔（Torreón de la Chorrera）是另外一座，俯瞰西面的里奥·阿尔门达雷斯（Río Almendares）的入口。两座建筑之间，矗立着古巴独立战争的英雄雕像。

继续向西，我被Deauville酒店外一座炫目的新雕塑所吸引，为了看清它，我不知不觉靠向路边，幸好一辆鸣笛的偏斗摩托车令我回过神来。沿着海滨大道长跑不仅仅是一次体能测试，更是一场全面的障碍赛。我继续奔跑，穿过哈瓦那中部（Centro Habana）拥挤不堪的居住区，前往维达度（Vedado；哈瓦那新城）。沿途还得小心应对松散的铺路石、湿滑的海藻、阵阵海浪、纷乱如麻的渔线和呼呼行驶的别克汽车。迄今为止，最大的障碍还是大海本身。即使今天，佛罗里达海峡的轻微水波仍然足以掀起巨浪，冲上海滨大道那些千疮百孔的海防工事。有一次，我甚至还被水母蜇伤了，这千真万确。

跑步途中时常出现在视野中的Nacional酒店不拘一格，堪称海滨大道沿线最为著名的地标。它的花园修剪整齐，花园下面是纵横交错的人行道。每当夜幕降临，人们在人行道上分发朗姆酒、点燃雪茄，雪佛兰轿车轰隆驶过。这大清晨，一些隔夜散场人士正在继续一场漫不经心的余兴派对。

我听到一阵轻轻的吉他演奏声，还有一阵即兴演奏的邦高鼓（bongos）声。这些声响令我精神为之一振，继续向美国大使馆行进。作为这趟跑步的中点，这座建筑一直都是这条路线上最不协调的一部分。出于安全考虑，此处严禁逗留。有几次，我只是弯腰系紧鞋带，一位多事的古巴警察就吹响哨子，让我走开。

今天大使馆出奇地安静，我一边跑过，一边查看和上次经过时相比是否新增了政治宣传牌。我最喜欢的一幅漫画描绘了一位古巴革命者与满脸胡须的山姆大叔对峙。漫画的配词充满

© Denis Doronin | Shutterstock / © lazyllama | Shutterstock

Marabana

越来越受欢迎的哈瓦那马拉松（又名Marabana）每年11月举行，吸引来自世界各地的3000多名参赛者。它是标准的两圈26英里（42公里）比赛（还有一圈半程马拉松比赛，以及5公里和10公里比赛）。这场比赛充分利用了哈瓦那标志性的海滨大道，全线覆盖这段令人着迷的海边道路，并且你会跑两次！

顺时针从左至右：身处海滨大道的哈瓦那人；沿着海滨大道兜风；午后，一切安静沉寂；一座历史悠久的灯塔。156~157页：结束跑步后可以尽情观览哈瓦那的众多景观。154~155页：海滨日出晨跑。

了自豪："帝国主义先生，我们对你无所畏惧！"

过了大使馆，海滨大道变得更加时髦现代。哈瓦那中部那些饱经风霜的屋舍逐渐消失，取而代之的是维达度的宽阔道路。我跑过一排豪华的私营餐馆，它们是古巴经济开始解冻的证明。一群面如皮革的渔民站在拉齐雷拉塔附近的海堤上，他们的鱼竿直指佛罗里达。

经济困难时期，我曾在此短暂休憩。我脱下鞋子，露出脚丫，愉快地进入午休。20分钟之后我醒了，发现鞋子不翼而飞。我又羞又恼，光着脚丫踮起脚踩着滚烫的人行道前往哈瓦那旧城（Habana Vieja）寻找鞋店。而那是菲德尔·卡斯特罗统治下的古巴，想找一家鞋店并不容易。

当我掉头，精神抖擞地返回住处时，想起那次荒诞滑稽的被偷事件，不禁会心一笑。哈瓦那活力四射、深奥复杂且让人着迷，可是有时实在令人沮丧。不过，当我在这条极其迷人的海滨大道追寻一个跑步者的最佳状态时，还是会禁不住爱上哈瓦那。翻滚的巨浪、橘红的落日、闲逛的恋人、任性的布告和饱经风霜的建筑，都在呼唤一场革新。世界上真没有比这里更让我想跑步的地方了。　**文／布伦登·塞恩斯伯里**

跑步指南

起点 // 圣萨尔瓦多·德拉蓬塔城堡

终点 // 拉齐雷拉塔

距离 // 8.7英里（14公里）

到达 // 何塞·马蒂国际机场（José Martí International Airport）是古巴的主入口。如需前往海滨大道的东端（此项跑步比赛的起点），首先搭乘出租车到达市中心。

何时去 // 11月至次年3月。

住宿 // 入住古巴私营的家庭旅馆（casa particular）。Hostal Peregrino（www.hostalperegrino.com）位于海滨大道附近，来往方便。

穿什么 // 轻便、透气的跑步装备。

行前参考 // 海滨大道距离很长，又是往返跑。如果尚未适应湿热的天气，第一天靠近美国大使馆即可折返。

更多类似体验

在古巴跑步

马埃斯特拉山脉

Santo Domingo和Alto del Naranjo位于古巴的东部偏远山区，村庄之间的道路极其陡峭。人们普遍认为，这是古巴境内最难征服的道路，对于小汽车而言亦不例外。来这里跑步，需要强壮的腿、强健的肺和坚定的意志。这条道路位于古巴的马埃斯特拉山脉深处，靠近菲德尔·卡斯特罗在革命战争期间的秘密山顶总部，仅仅2.5英里（4公里）内就攀升了2300英尺（700米）。虽然路面平整，但是坡度吓人，接近顶部一段的倾斜度竟然达到45°。小汽车基本到此为止，继续往上就要交给马力强劲的俄罗斯卡车和体魄强健的跑步者去应对。如果打算接受这项挑战，务必避开日间高温，并且准备应对高湿度。Santo Domingo尚有一家配备基础设施的酒店，然而Alto del Naranjo一无所有，只有壮丽的云雾山林景观。

起点 // Santo Domingo

终点 // Alto del Naranjo

距离 // 3英里（5公里）

维那勒斯

在古巴没有太多越野跑机会。但是，位于哈瓦那以西112英里（180公里）的维那勒斯国家公园（Viñales National Park）提供了几条越野跑路线。公园内鲜有路标和地图，但是不要因此望而却步。只要拥有基本的方向感、掌握基础西班牙语，就能辨认这条相对平坦的乡村环路，起点和终点都在田园牧歌式的维那勒斯村。这条线路穿越如诗如画的Valle de Palmarito，那里的洞穴、岩穴（陡峭岩壁）和烟草种植园非常出名，然后在Dos Hermanas附近离开山谷。在Dos Hermanas，峭壁上刻有一幅巨大的壁画，让人想起史前时代。此后会踏上安静的乡间小路，返回维那勒斯村。沿途可能遇到许多抽着雪茄的瓜希罗人（guajiros），可向他们问路。

起点 / 终点 // 维那勒斯

距离 // 3~5英里（5~8公里）

更多信息 // www.anywhere.com/cuba/attractions/vinales-national-park

西恩富戈斯

优雅精致的西恩富戈斯（Cienfuegos）位于古巴的南海岸。相比古巴其他城市，西恩富戈斯带有更多体育运动气息。在这里看到训练的人们并不稀奇。他们或者身处温和平静的海湾中划船，或者三三两两沿着绿树成荫的海滨大道跑步。西恩富戈斯的海滨道路不太出名，但是充满魅力，相比哈瓦那的海滨道路毫不逊色，它连接城市主体和迂回伸向海湾的蓬塔戈尔达（Punta Gorda）。如果清晨开跑，可从蓬塔戈尔达美不胜收、兼容并包的屋舍启程，沿着海滨大道进入市中心，然后前往一条优雅的欧洲风格大道，大道俗称El Prado，带有一条宽阔的中央人行道。从这里开始，你可以蜿蜒前行几公里，途经醒目的雕像、精美的古典建筑和闲谈的西恩富戈斯人。

起点 // 蓬塔戈尔达

终点 // Paseo del Prado & Via CS

距离 // 4英里（6.5公里）

从上至下：古巴维那勒斯的烟草作物；西恩富戈斯壮丽的瓦莱宫（Palacio de Valle）。

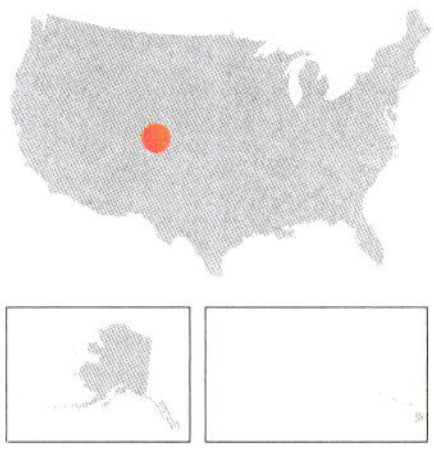

梅萨小径

在科罗拉多州(Colorado)的博尔德(Boulder),广袤的荒野近在咫尺,这里有一条跑步路径,能将筋疲力尽的街跑爱好者变为越野跑的新粉丝。

如果不是20年前那次跑步之旅,或许我早已永久放弃跑步。自那以后,我大概已不止一千次跑完这条小径,因为它离我的第二故乡,也就是科罗拉多州的博尔德不过一箭之遥。事实上这些年来,这里不仅是我用脚丈量里程的地方,也是我进行锻炼、深思、自省的地方,同时还是我遛狗、陪朋友跑步、化解工作压力甚至哀悼父亲去世的特殊场所。

和许多跑步者一样,我也曾一度感到筋疲力尽、几近崩溃,对于跑步路面心生厌倦,但凡想到一成不变的10公里跑步训练和每年参加一场大型城市马拉松的那种痛苦,我就非常抵触。最初我们选择跑步,是因为跑步单调易行,可以促使我们深入思考,而且令人身心放松。最后,我们竟然无法忍受那种单调乏味。

后来,在一位邻居的建议之下,我偶然接触到了这条乌托邦式的单向小径,从而改变了人生轨迹。梅萨小径是一条高低起伏的土路,全长6.7英里(10.8公里),沿着那些构成博尔德西部地平线的标志性山脉分布,其中知名的山脉包括格林山脉(Green Mountain)、熊峰(Bear Peak)和熨斗山(Flatirons)。长久以来,博尔德一直都在美国的越野跑之都中榜上有名,拥有40多条独特路线和300英里(480公里)的单向路径、土路和

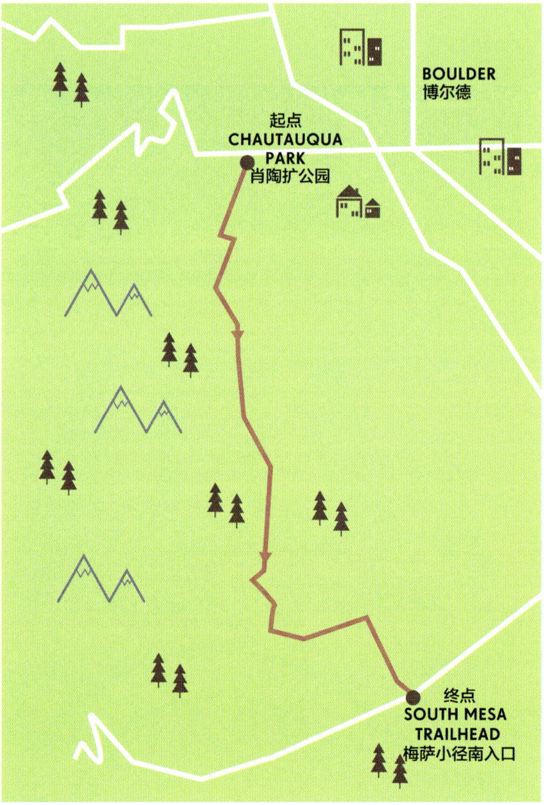

© Egunes | Shutterstock

崎岖的山脊线路。从各方面来讲，实用的梅萨小径都堪称最佳路线。

当时我并不知情，然而第一次踏上梅萨小径，我的内心就起了波澜。这是一条田园诗般的路线，一些路段轻松容易，一些路段颇具挑战。但是没有陡坡，所以不能放慢速度。最重要的是，路径很流畅，起伏适度，时起时伏，并且不会让跑步者的心率超标。

在我最终决定前往梅萨小径一探究竟的那天，我带上了一些行李。我心情沉重，原因不只是对于跑步的焦虑和不安，我也完全不在状态。实际上，当我系紧鞋带、前往小径起点之时，我开始说服自己只是进行一次远足。

我从大得惊人的肖陶扩公园（Chautauqua Park）启程，立刻就被头顶壮丽的山景倾倒。在适应博尔德5430英尺（1655米）海拔的稀薄空气时，我喘不过气来，所以我从一开始就选择耗费精力的上坡路段。但当这条线路转到一条消失于一片茂密森林的蜿蜒土路时，我不由自主地跑起来。这是为什么？我也不知道该如何解释，这场景有点像《阿甘正传》的情节。然后，就像阿甘一样，我再也没有停下脚步。

出发时，我并不知道梅萨小径通往何处，也没有任何兴奋紧张的情绪。沿途布满路标和地图，几乎不会迷路，于是我就完全跟随这条路线，蜿蜒前行，翻越连绵起伏的山麓。沿着梅萨小径跑步，沿途的地貌不断变换，似乎进入了另外一个世界。在平路奔跑时，我习惯于保持稳健的步伐。然而，此时此地，我发现自己脚步踉踉跄跄，需要时不时躲开岩石、树根和其他障碍物，并且应对急剧下坡和陡峭的上坡，还需要使用手臂保持平衡。无须躲避行人、注意交通信号灯或者时刻警惕来往车辆；相反，我发现自己一边奔跑，一边欣赏风景、沉浸于松树的芬芳、赞叹盛开的野花。尚未来得及思考跑出多远、跑得多快、用时多久，我已沿着这条小径跑出好几英里，内心舒适敞亮，平生第一次体验到越野跑的快感。

45分钟后，我大约跑了5英里（8公里），我没有踏上通往南端峡谷的小径，选择掉转头，朝来处返回。回程同样令人欢欣兴奋，同一条路，换一个方向，景象和感觉却截然不同。

那天下午，我的梅萨小径跑步之旅已经几乎无关跑步，而是一边奔跑，一边感受。感受迎面而来的新鲜空气，迎接腿脚应对自然地形的特殊挑战，观看一只鹿在远处的草地上跳跃，

© Blaine Harrington III | Getty Images

熨斗山能量补给

晨跑之后，当地人会前往拥有120年历史的Chautauqua Dining Hall。这家餐厅的科罗拉多酒馆美食闻名遐迩，特色美食包括牛仔套餐（Cowboy Skillet：包括鸡蛋、鹿肉香肠、烘豆、牛排、青辣椒和烤酵母面包）和丹佛可颂三明治（Denver Croissant Sandwich：包含鸡蛋、火腿、青椒、洋葱、切达奶酪、蒜泥蛋黄酱和切片甜瓜）。

从左至右：不是只有跑步者喜爱科罗拉多州博尔德郊外的肖陶扩公园；熨斗山典型的倾斜状态。163页：充分利用熨斗山附近的平坦地带。

以及当我跳过岩石前往河对岸之时，聆听熊溪（Bear Creek）的潺潺水声。

尽管那次跑步之后我并没有立即成为一名常规越野跑者，但它确实令我再次爱上跑步。我一次次故地重跑。常常一路跑到梅萨小径南入口的终点，然后返回。同时也会踏上周边小径，从而完成不同的跑步环线，最终跑上高山之巅。我并不连贯的跨步动作形成富有节奏的舞蹈，我的奔跑距离变得越来越长。从很多方面来看，梅萨小径确实最终将我转变为一名越野跑者（必须承认，梅萨小径的那些跑步经历甚至帮助我成为更加出色的公路马拉松运动员）。

如今，20年过去了，20个春夏秋冬中，我跑过那条小径或者附近路径的次数多到自己都数不清。这就是为什么我不再放弃跑步，并且不会再有这样荒谬的想法。它令我更加明白生活，尤其明白跑步本身就是目的，而不是仪表显示的时间、距离、配速和其他数据。目前，我的跑步足迹已经遍及美国甚至全球，既跑过令人振奋的路径，也体验过极其漫长的长跑。最终，作为跑者的信念，或许还有成年后的自我意识，将会永远扎根于梅萨小径。　**文／布莱恩·梅茨勒**

跑步指南

起点 // 肖陶扩公园，博尔德

终点 // 梅萨小径南入口，黄金泉（Eldorado Springs）

距离 // 单程6.8英里（11公里）

到达 // 丹佛国际机场（Denver International Airport）距离小径两端均为1小时车程。

何时去 // 梅萨小径终年适宜跑步，但是最佳时段为4月至10月。

住宿 // 博尔德和肖陶扩度假村的St Julien酒店。

穿什么 // 摩擦力强和具有良好保护性的越野跑鞋，以及适宜的当季衣物。

更多信息 // www.bouldercolorado.gov

行前参考 // 小径沿途，终年都有大量野生动物出没，包括鹿、狐狸、黑熊、土狼、响尾蛇、美洲狮和各种鸟类。

右页：北卡罗来纳州蓝岭山脉的日出。

更多类似体验

美国著名的越野跑道

老克罗顿引水渠小径，纽约州

威彻斯特县（Westchester County）交通拥堵，其间却有这样一条风光旖旎的森林小径。这条平坦小径多为土路，沿着一片历史悠久、建于19世纪的地下蓄水层分布，这片蓄水层为纽约市提供淡水。小径全长26.2英里（42公里），沿途只有轻微起伏的山地，没有任何现代科技的痕迹，是长跑、节奏跑、恢复跑、法特莱克间歇跑（fartlek interval）和其他赛前训练的理想场所。跑步途中大多绿树成荫，有时还能看到哈德逊河和各种历史古迹的曼妙景色。老克罗顿引水渠小径（Old Croton Aqueduct Trail）提供许多地点，供跑步者往返跑或者单程长跑，然后搭乘火车沿着大都会北方铁路返回。虽然途中会经过许多公路路口，但它仍是一条令人惊叹的连续越野跑道，从曼哈顿驾车或搭乘火车即可轻松抵达。

起点 // 扬克斯（Yonkers），纽约州

终点 // Croton Dam路，纽约州

距离 // 26.2英里（42公里）

更多信息 // www.parks.ny.gov/parks/96/details.aspx

瀑布峡谷小径，伊利诺伊州

这条宽阔的碎石环路位于芝加哥郊区达里恩（Darien），环绕阿贡国家实验室（Argonne National Laboratory），同时缓缓穿过典型的中西部橡树和枫树林地、各种各样的天然大草原，以及郁郁葱葱的山涧沟壑。阿贡国家实验室是联邦实验室，曾于20世纪40年代为曼哈顿计划（Manhattan Project）研究核反应堆，不过目前主要从事清洁能源和环境研究。这条路径的亮点之一就是能够俯瞰锯木厂溪（Sawmill Creek）上迷人的阶梯瀑布，瀑布由美国民间环保组织于20世纪30年代建造。保护区孕育了400多种本土植物和300多种野生动物，包括鹿、狐狸、土狼、猫头鹰和各种无毒蛇类。这是一条缓和的跑步环线，包含几处缓坡，因此成为当地马拉松训练组织进行山地训练和长跑的热门地点。

起点 / 终点 // 瀑布峡谷（Waterfall Glen）停车场

距离 // 9.5英里（15公里）

更多信息 // www.dupageforest.org/places-to-go/forest-preserves/waterfall-glen

阿特洛布小径，北卡罗来纳州

这条绵延30.1英里（48公里）的南北路径已经成为美国东部最著名的跑道之一，尤其受到长跑爱好者的青睐。它蜿蜒穿过北卡罗来纳州（North Carolina）西部树木茂密的毗斯迦国家森林（Pisgah National Forest），沿途跨越几座高峰，包括Black Balsam Knob（6214英尺；1894米）和Tennent Mountain（6040英尺；1841米）。由于20世纪20年代和30年代曾经大量采伐，许多峰顶已经没有树木，因此视野开阔，能够欣赏360°全方位的美景。小径以20世纪中期来自卡罗来纳山地俱乐部的一位博物学家的名字命名，可以简单分解为4段，长度为4~12英里（6.4~19公里）不等，而且全部通车。亦可一次跑完全程，成就一场史诗级跑步。

起点 // 戴维森河营地（Davidson River Campground），布雷瓦德，北卡罗来纳州

终点 // 丹尼尔·布恩童子军营地（Daniel Boone Boy Scout Camp），坎顿，北卡罗来纳州

距离 // 4~30.1英里（6.4~48公里）

更多信息 // www.hikewnc.info

温哥华世界一流海堤之旅

史丹利公园防波堤（Stanley Park Seawall）环绕400公顷的雨林和公园，不但让来这里的游客叹为观止，也能让精疲力竭的当地跑者斗志昂扬。

对于温哥华（Vancouver）当地的跑者而言，史丹利公园防波堤就是他们的跑步机，下班之后或者适逢周末，他们都会来这里跑步。某种程度上，这趟跑步已经成为难能可贵的日常活动，以至于人们对美景都有些熟视无睹。然而，每天都有成百上千的游客来这里漫步、骑行、闲坐和观光。当地人如果想要意识到河堤的壮丽，只需观察任何一位游客的表情。

我深知这片海岸有多么壮观，无须任何提醒。最近，我既是当地居民又是观光游客。我曾住在温哥华长达数年之久，目前住在伦敦。然而，不论我何时回到家乡，第一件事都是踏上河堤跑步。每当此时，那种感觉就像拥抱一个老朋友，再次唤醒一些我原以为已经永远失去的记忆。我曾自问，如果我一直居住于此，而且每天沿着堤岸跑步，还会如此动情吗？答案是肯定的，因为这感觉确实美妙。

最近一次返回温哥华，我迫不及待地穿上跑鞋，向市区进发。我从煤港（Coal Harbour）附近的滨海站点（Waterfront Station）出发。史丹利公园是一个森林岛屿，通过一条狭窄的地峡与闹市西区相连。闻名遐迩的海滨长5.5英里（9公里），铺设多条通道，将行人同骑行者分隔开来，并且海滨已经向东扩展，沿着煤港延伸了1英里多一点儿。相比从前，从市区出发可以跑出更长的路程。有人说，史丹利公园防波堤是世界上最长的不间断的海滨步道。

史丹利公园防波堤的确是感受温哥华的最佳地点，步道蜿蜒经过高耸入云的常青树，环绕沙滩，甚至囊括了美轮美奂的市区景致。沿着这条步道，还能欣赏北海岸山脉（North Shore Mountains）和漂浮于乔治亚海峡（Strait of Georgia）、通往寒冷北太平洋的岛屿。

时间尚早，我感觉整座城市属于我一个人。我沿着西柯多瓦街（West Cordova St）向西慢跑，然后向北踏上一条步行街，前行不久即到西滨海路（West Waterfront Rd）和冬奥会主火炬。继续下行，很快便到了防波堤的路面上。水上飞机平静地停靠在码头，晚些时候，它们都会轰鸣启动，再轰鸣着运送游客来往于偏远岛屿。

继续向西抵达煤港码头时，我已经完全进入状态。自从上次在这里跑步至今，路边树木已经长高，玻璃公寓大厦更加巍峨，闪亮的白色游艇变得更大。当看到几艘我最喜欢、色彩鲜艳的船屋时，我会心一笑。它们更为简单朴素的外衣迎着晨曦，闪烁着红黄色的光芒，让人想起这座城市那段淳朴的时光。

经过煤港，我向东转，此时可以看到另外一个经久不衰的地标：温哥华划船俱乐部（Vancouver Rowing Club）。这栋木质会所中规中矩，通过一座木桥与防波堤相连，自从1911年以来一直矗立于此。当我朝着城市天际奔去时，我能看到加拿大广场，那是一座巨型建筑，背靠清晨天空，呈现着巨型帆船的轮廓。我第一次目睹这座建筑是在1986年温哥华世界博览会举办的时候，当时我还是个小孩。自此，我就对它惊叹不已。这段防波堤之旅真是神奇，刚刚你还在欣赏城市，眨眼间就已经身处公园的森林深处，不久之后，又能望见城市了。这是我最喜欢的路段之一，因为能够享受大自然和现代世界的交错，鉴于温哥华近年高速发展，那种反差尤其显著。

当我绕过公园东端，接近布罗克顿角灯塔（Brockton Point Lighthouse）时，正好望见北海岸山脉中森林密布的高地。如果适逢晴朗冬日，可从此处望见积雪覆盖的山顶。

我朝着遥远却醒目的狮门大桥继续西行。当我曲折前行，穿过海岸线的树林，那标志性的横跨桥身时隐时现。随后，整个桥身闪亮登场，而且再未淡出视野。它从头顶上方的森林中横空出世，横跨第一海峡（First Narrows）。当我奔跑时，一艘笨

骑行

温哥华人青睐户外活动，甚至会因此导致史丹利公园防波堤上出现这里独有的“交通堵塞”。20世纪70年代曾颁布过骑行禁令，并且执行了很长时间。1984年，防波堤终于开辟出一条自行车（后来也允许滑旱冰者进入）专用通道。这条通道严格执行限速10英里/小时（16公里/小时）的规定，并且只能逆时针骑行，而海堤上的跑步者和其他行人不受方向制约。

顺时针从上至下：海堤上终年适宜跑步；下班之后，人们一涌而出；温哥华城市景致。169页：古老林地和蔚蓝海水相映成趣。

重的货船悄无声息地穿过铁塔，进入内港。然而，即便这样一艘巨轮，在庞大的桥身面前仍然相形见绌。

我继续沿着展望角（Prospect Point）前行，英吉利湾的全景展现在我面前。水面风平浪静，停泊着的十几艘油轮看起来仿佛是玩具船只。再往远处看，我只能依稀辨认出温哥华岛的轮廓（这里的夕阳美景，值得你为此返回）。

海岸附近，皮划艇运动员游弋浅滩之中。当我抵达西沃许岩石（Siwash Rock），能看到远处高耸的格雷岬（Point Grey）的森林，森林环绕我的母校英属哥伦比亚大学。西沃许岩石体型不大，但是闻名遐迩，它从防波堤近旁的海水中伸出水面。

最终，我跑过第三海滩，那是炎炎夏日的绝佳休憩之所。孩提时代，我在这里度过了许多个炎热的午后，游泳、戏水，享受清凉。从这里开始，温哥华西区的高层住宅就进入了视野。我加快步伐跑过第二海滩，然后跨过臆想的终点线。

接着，我一屁股坐在海滩的一根圆木上，一边喘气，一边尽情欣赏海湾景色。稍憩之后，我决定沿着防波堤再跑1公里，前往英吉利湾海滩，完成防波堤跑步的惯例收尾活动。对我来说，这个结尾就像跑步前必须穿上跑鞋一样：去Delany' s咖啡屋，享用一杯卡布奇诺和世界一流的肉桂面包。　**文 / 马特·菲利普斯**

跑步指南

起点 // 滨海站点

终点 // 第二海滩

距离 // 7英里（11公里）

到达 // 公共交通非常发达，开设TransLink（汽车、SkyTrain和SeaBus）。

何时去 // 终年适宜跑步。7月和8月必定阳光明媚。

住宿 // 迷人的Sylvia酒店（www.sylviahotel.com）爬满常春藤，位于英吉利湾海滩，距离防波堤咫尺之遥。

穿什么 // 夏天可穿短裤和衬衫。冬天可穿紧身衣、保暖衣和轻便的防雨夹克。

更多信息 // www.vancouver.ca/parks-recreation-culture/stanley-park.aspx

行前参考 // 到达第二海滩后，可将这条线路继续拉长，沿着洛斯特湖（Lost Lagoon）朝向内陆继续前行大约1英里（1.6公里），前往位于煤港的防波堤公园路段。

更多类似体验

风景优美的城市海滨

悉尼港，澳大利亚

这条全长4.5英里（7公里）的步道经过悉尼部分最具代表性的地点，以及一些令人叹为观止的景致。路线的起点是北城码头，可以乘坐城市渡轮前往码头，过程非常有趣，然后向北穿过米尔森公园（Milson Park）。接着向南，越过悉尼港大桥。从这里可以瞭望海港和悉尼歌剧院，美景堪称悉尼之最。然后逐级而下，朝东沿着雅阁街（Argyle St）前行，顺着水边绕过环形码头到达歌剧院。接着，沿皇家植物园的海岸继续行进，直至麦夸里夫人之椅（Mrs Macquarie's Chair）。紧贴着乌鲁姆鲁湾（Woolloomooloo Bay）的西侧继续跑步，最后在新南威尔士州美术馆结束这段旅程。

起点 // 北城码头

终点 // 新南威尔士州美术馆

距离 // 4.5英里（7公里）

开普敦，南非

开普敦（Cape Town）既有美丽的海岸线，又有著名的桌山（Table Mountain）赫然耸立于城市天际。如果既想充分利用大西洋海滨开展跑步活动，又想躲开城市山地，那就选择绿角灯塔（Green Point Lighthouse）和班特里湾（Bantry Bay）之间的海角步道，往返大约5.5英里（8公里）。上半程朝南，沿着桌湾（Table Bay）水域向西，正前方就是狮头峰的极顶。沿途会经过赏心悦目的小沙滩（例如Milton和Sunset）和大片岩石海岸。这条经过铺设的小路没有车辆来往，大部分位于精心维护的公园内。选择维多利亚阿尔弗雷德码头广场（Victoria & Alfred Waterfront，简称V&A Waterfront）作为起终点，全程可以增加大约3英里（4.8公里）。

起点 // 绿角灯塔

终点 // 班特里湾

距离 // 5.5英里（8公里）

斯德哥尔摩，瑞典

斯德哥尔摩（Stockholm）分布在14座岛屿上，拥有数十条无与伦比的海滨步道。其中一条备受青睐的步道便是索德马尔姆（Södermalm）的环岛路线，索德马尔姆是该市最大岛屿之一。虽然可以环绕海岸线平坦地奔跑6.8英里（11公里），但是如果沿着北侧跑，经历一些地势起伏，过程将会更加精彩。这条路线经过Skinnarviksberget和Gamlastan。Skinnarviksberget是一片岩石高地，在这里可以俯瞰美不胜收的城市景色；Gamlastan则是斯德哥尔摩的老城，如果精力充沛，亦可环绕这个邻岛再跑几公里（两个岛屿相连）。步道穿过索德马尔姆南部的路段，沿途分布着绿树成荫的公园和码头。

起点 / 终点 // 有几座大桥通往索德马尔姆，任何一座都是绝佳起点

距离 // 6.8英里（11公里）

顺时针从上至下：斯德哥尔摩的老城；悉尼港著名的歌剧院；开普敦的海角步道

巴克利马拉松

这项在田纳西州举行的超级马拉松神秘莫测、堪称神话。
想要入选已是困难重重，比赛本身更是令人几近崩溃。

当时正是晚上，下着倾盆大雨，水滴四溅，让我难以看清指南针。此时，我已经在田纳西荒野的灌木丛中艰难跋涉了超过15个小时，尽管几小时前我才经过这片地貌，现在只是朝着相反方向跑，眼前却是一片陌生。我只知道，需要朝着东南方向前进，经过山坡最陡峭的部分，前往下方的河流。到达那里，辨别方向或许会容易一些。

我抓住树枝，以免摔入泥泞之中，并且竭尽全力循着水流的声音前进。终于，我到达了河边，然而水流方向不对。我又拿出地图。这个时候，我已经不在乎是否能够跑完巴克利超级马拉松（Barkley Marathons ultra）。我只想安然无恙地回到营地。

如果你尚未听说过巴克利超级马拉松，那是因为它本来就没打算让你知道。比赛的入选程序严格保密，你越去了解，就越摸不着头脑。网站会让你提交一篇文章，题目是“为什么我应该被允许参加巴克利马拉松”。然而，网站并未说明资格的认定时段，甚至没有说明向谁提交文章。当我十年前第一次听说这项赛事时，压根儿就没想过真的会去参加。然而，对我来说，极限跑步意味着不断突破舒适区。最后，当我几乎跑完了各大赛事，所有的目标似乎都指向了巴克利马拉松。虽然我知道自己体力达标，因为这些年来我在一些非常艰苦的高难度山区赛跑中表现良好，但是，我的认路经验为零。

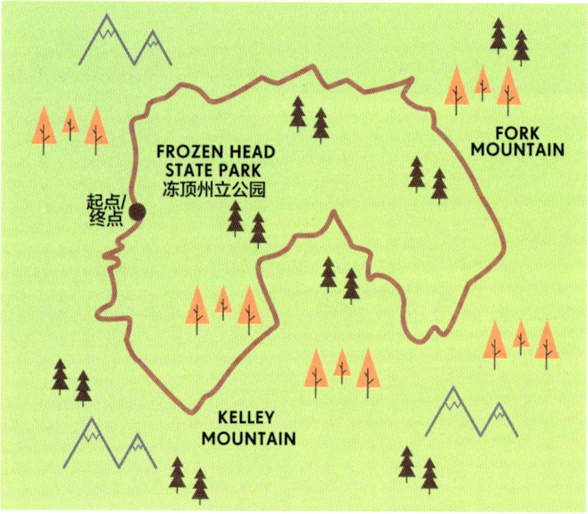

如你所知，神秘兮兮的入选过程只是巴克利马拉松最没有难度的部分。正式的比赛过程是沿着一条穿过田纳西州瓦尔特堡（Wartburg）冻顶州立公园（Frozen Head State Park）的环路跑5圈，沿途没有任何标记，全程耗时不能超过60小时，而且方向必须不同。手表、GPS设备、电话一律严禁携带。为了证明按照既定路线参赛，参赛者需要从沿途隐藏的书籍中撕取书页，页码必须和自己的号码布一致。据说，光是寻觅隐藏的书籍，

一些参赛者就要花费数小时之久。

每年愚人节前后，来自世界各地的40名受邀参赛者就会列队黄色大门之外，期许着自己能够完成比赛。这项比赛已有30多年历史，只有不到20人成功完成。2018年，也就是我参加比赛那年，甚至没有一个人接近标准成绩。实际上，如果有人完成，他们就会将比赛难度提升。

这项赛事源自当地长跑运动员加里·坎特雷尔（Gary Cantrell）的大胆想法，坎特雷尔又被大家唤作拉兹（Laz）。20世纪70年代，拉兹听说了詹姆斯·厄尔·雷（James Earl Ray）的越狱故事，雷是刺杀马丁·路德·金的凶手，后来从丛树山州立监狱（Brushy Mountain State Penitentiary）逃跑。经过55小时的森林搜捕，雷被抓捕，被抓地点距离越狱地点只有8英里（12.8公里），恶劣的地形使他无法跑远。拉兹认为，雷的表现太差劲。他觉得，如果花费同样的时间，他至少能跑到100英里（160公里）开外。因此，自从举办巴克利马拉松以来，参赛者一直试图达到这个成绩。如今，比赛路线会穿过一条隧道，那条隧道的上方就是雷所逃离的那个监狱。

比赛前一天，我看到拉兹郑重其事地把以往参赛者的车牌悬挂起来。比赛报名费是1.60美元，像我这样的初次参赛选手，需要从家乡带来一块车牌。我带来的特制车牌上面刻有“BKLYVIRGIN”（巴克利新手）字样。当我递交它的时候，双手已经开始冒汗。

拉兹把我的比赛号码布和一个应急设备递给我，他两眼闪光，警告我应急设备只能激活一次，并且奉劝我妥善处理。然后，我意识到，那个设备完全是个摆设。我的比赛号码布上写着“后继无援”（help is not coming）。

接下来的几个小时，我在地图上做记号，竭力记住每条直线、曲线和圆点，然后上床睡觉。比赛没有既定的开始时间，在指定的12个小时内，比赛可能随时开始。我只能穿着比赛服睡觉。

经历了一宿的辗转反侧，翌日上午8:33，一阵海螺号声响彻整个营地，意味着比赛1小时后开始。上午9:33，拉兹点燃了他的香烟——这就是巴克利马拉松的发令枪——我们踏上了征程。

开始几个小时，我像松鼠觅食一样左奔右突，有时在树丛中来回奔跑，有时困惑地停住脚步盯着地图。周围的一切仿佛一模一样，很难确定方向。虽然没有一段上坡路的坡度超过2500英尺（760米），但是坡度完全超乎我对田纳西州的想象。

比赛奇闻

巴克利马拉松或许是这样一场比赛：没人愿意拿到1号。因为1号并非代表夺冠热门，而是表示“炮灰”，而且，1号很可能最先失败。如果拉兹将1号给你，那就意味着，你根本没必要出现在赛场上。如果拿到1号，怎么办？最好采用巴克利式的解决办法——竭力证明拉兹有眼不识泰山。

顺时针从上至下：比赛发起者加里·坎特雷尔；初次参赛者带来的车牌；混乱也有序；彻夜奋战。175页：比赛极为艰辛。

我的小腿开始疼痛。

我紧跟几个老手，他们速度不快，但是对路线比较了解。他们有条不紊地在灌木丛中穿行，做标记，以便下一圈能够有所参考。每当我们找到一本书，就会发现一个令人泄气的书名，比如《让我们假装一切从未发生》（*Let's Pretend This Never Happened*）、《61小时》（*61 Hours*）和《落后》（*Left Behind*）。

前面一直非常顺利，直至我到达一个名叫伦纳德滑梯（Leonard's Butt Slide）的下坡路段。因为没有意识到它的名字暗含着下坡方式，我试图跑着下坡。最终，摔了个狗啃泥，四肢和登山杖乱作一团。我意识到，我需要改变策略。

巴克利马拉松的最初几个小时，我就像一只无头苍蝇。而当我完全接受这种惨状后，才真正摸着了门道。于是，我下定决心，不拿到所有书页决不罢休，哪怕花费几天时间。

接下来的环路上，各种状况接二连三。不过，本着（保持神秘的）赛事精神，还是让大家自己发挥想象。需要说明的是，我没有完成比赛。回到黄门时，我已经奄奄一息，状态远比预期的糟糕。但我跑了整整两圈，为此我感到无比自豪。我没有半途而废。除我之外，只有另外两名女选手达到了这个成绩，而成绩最好的男选手也只是多跑了一圈而已。巴克利马拉松再次击败了所有参赛者。然而，这才是常态。　**文 / 斯蒂芬妮·凯斯**

跑步指南

起点 / 终点 // 大海湾营地（Big Cove Campground），冻顶州立公园，田纳西州

距离 // 100英里（160公里），海拔60,000英尺（18,000米）

到达 // 飞到诺克斯维尔（Knoxville：50英里，即80公里）或纳什维尔（Nashville：150英里，即240公里），自驾抵达。

何时去 // 愚人节前后（日期不定）。

住宿 // 比赛开始之前到达公园，住在帐篷、面包车或房车之内；或者前往橡树岭（Oakridge），入住酒店。

穿什么 // 结实的手套和长裤或护腿，以便抵御荆棘丛。

更多信息 // www.barkleymarathons.com。《巴克利马拉松：吞噬年轻灵魂的赛事》（*The Barkley Marathons: the Race that Eats its Young*）记录了参赛者经受的身心双重考验。

行前参考 // 使用塑封膜或透明胶带保护地图。为拉兹带些礼物，礼多人不怪：胡椒博士（Dr Pepper）牌饮料和无过滤嘴的骆驼牌香烟等，都是他的最爱。

更多类似体验

巴克利马拉松的衍生赛事

猛犬后院超级赛，美国

这是拉兹的又一创举。比赛在10月举行，参赛者需要首先在1小时内跑完一条全长4.166667英里（6.7公里）的环路，速度不限，然后从头再来，无限循环，直至仅剩一名选手。选手无论吃饭、睡觉还是如厕，都必须在每小时的休息时段内快速解决。白天，选手们沿着一条土路奔跑，那条土路就在拉兹家的后院；夜晚，据说为了躲避当地的毒蛇，选手们沿着拉兹家附近的一条小路来回奔跑。2014年，经过49小时角逐，最后两名选手联袂胜出，止步于204英里（328公里）多一点。然而，由于违背“最后一人胜出原则”（Last Man Standing Rule），拉兹判定他们二人均为“未完成”（Did Not Finish，简称DNF），因此那年没有获胜者。

起点 / 终点 // Millersburg路，贝尔巴克尔（Bell Buckle）

距离 // 尽你所能，越远越好

更多信息 // www.ultrasignup.com

巴克利秋季经典赛，美国

巴克利秋季经典赛（The Barkley Fall Classic）9月举行，常被称作“入门级巴克利马拉松”（Barkley for Beginners）。它是微缩和简易版的巴克利马拉松，也在冻顶州立公园举行。比赛类似巴克利马拉松，开赛前夜参赛者才会知晓比赛路线，而且严禁使用GPS设备。到达22.1英里（35.5公里）处休整9.5小时。此时，参赛者必须二选一：一是再跑0.7英里（1.1公里）结束比赛；二是再跑9英里（14.5公里），完成全部31英里（50公里）。无论男女选手，如果成功征服冻顶州立公园那些隐藏的上下坡，得到的奖励将是巴克利马拉松的参赛资格，如果他们还愿意再次参赛的话。

起点 / 终点 // 冻顶州立公园

距离 // 31英里（50公里）

更多信息 // www.ultrasignup.com

Chartreuse Terminorum，法国

Chartreuse Terminorum是由巴克利马拉松衍生的法国超级赛，全程186英里（300公里），穿过法国阿尔卑斯山的荒山野岭。创始人Benoit Laval是巴克利马拉松的常客，因此比赛章程也参照巴克利马拉松：参赛者需要穿过茂密的森林小径、找到隐藏在岩石下和树木内的书籍，可以利用的资源只有令人困惑的书面指示、指南针和地图。要想获胜，必须跑完五圈——但不同于巴克利马拉松，一圈为37英里（60公里）。按照要求，参赛者必须在80小时内跑完，然而迄今为止，根本无人接近这个目标。

起点 / 终点 // 圣皮埃尔德沙特勒斯（Saint-Pierre-de-Chartreuse）

距离 // 80小时以内跑完5圈，一圈全长37英里（60公里）

更多信息 // www.chartreuse-terminorum.fr

从上至下：法国圣皮埃尔德沙特勒斯的Pravouta山口；在田纳西州的冻顶州立公园，不顾伤痛，艰难跋涉

哥斯达黎加的雨林步道

这条快速平坦的小路位于卡维塔国家公园（Cahuita National Park）内，
沿途经过质朴的加勒比海滩、穿越热带雨林，还能邂逅野生动物。

加勒比海沿岸根本不是跑步的地方，享受阳光才是正经事。至于跑步的人，几乎没有。这里的气氛就该身穿宽松T恤、光着脚丫，而不是莱卡衣物和彩色运动鞋。然而，我来了，踏上了卡维塔国家公园里一条美妙的沙土小路，尽情奔跑。左边，涛声不绝于耳；身后，吼猴自由穿梭；周边的丛林正在黎明的晨曦中焕发生机。

此时，我们全家正在哥斯达黎加度假，这是我的黄金时间——淡淡的日头冉冉升起，小路空无一人，孩子们还未倒过时差，仍在客栈呼呼大睡。经过公园入口，我停下脚步，扫视树林——是的，它还在那儿，盘成一卷，呈现出日光黄，高高盘踞于树枝的一侧。那是一条凹唇眼睫蝰（eyelash pit viper），它明黄色的皮肤表明它有剧毒。我之所以知道这些，是因为昨天我们做了旅程中最明智的决定——来到这里的第一天，我们就和一位名叫皮埃尔（Pierre）的野生动物向导在此度过了6个小时。他热情洋溢，教会我们如何辨认树懒、狼蛛、耶稣基督蜥蜴

© Dudarev Mikhail | Shutterstock, Blanco999 | Shutterstock

（双冠蜥蜴）和其他动物。我们打量高高的向阳树枝，观赏鬣蜥，它们不受干扰地晒着太阳。如果我们踩到了刚刚丢弃的杏

“这是我平生见过的最大的蜘蛛网，横跨整条道路，显然最近很少有人远行至此。”

核，那头顶上可能就有一群卷尾猴。如果远处传来古怪的咳嗽声，我们应该睁大眼睛、跟着声源，搜寻到那只巨嘴鸟。

因此，今天早上我就急于将理论结合实际。不过我得先和公园入口保持一段距离，那里会有一些早起的人，手持双筒望远镜，步履缓慢，看起来像是野生动物观察者。

我迈开脚步，保持轻松的呼吸，意识到这条小径实在是太适合跑步了。我距离海浪只有25米，左边就是海滩，但是我的跑道宽阔荫翳，由柔软、肥沃的泥土构成，上面覆盖一层薄薄的风积砂。这种路面用来跑步堪称完美：安静、有弹性、足够宽，还能让我四处打量。我甩开大步跑着。

很快，周围只剩我和小径，以及沿途的早起动物。按照我的跑速，将会错过许多动物，至少是所有会伪装的动物。不过，即使没有具备向导的犀利眼神，我今天也更有可能比昨天发现得更多。我独自跑着，赶在游人出现之前，快速又安静。岸上的微风吹拂我的身体，海浪不断地翻卷拍打，掩盖我的呼吸声和脚步声。未知的精彩可能随时出现在我身边。

我经过一个地方，看见蓝色的地蟹冲进它们的巢穴，而且还有新发现：两只以螃蟹为食的浣熊正在觅食。我的出现似乎令它们受到惊吓，在我猛然停下脚步时，它们则沿着我的视线跑进了丛林，让我欣赏到了一幅美妙的画面——像狐狸一样的脸上有着强盗般的黑眼圈，相当滑稽。

到达Río Suárez时，我回望上游的泥滩。昨天走过的路线，今天我用了10分钟就跑完了。我有些紧张，皮埃尔昨天告诉过我们，凯门鳄有时在这里晒太阳。当然，凯门鳄不会这么早出来，即使已经出来，我也离它们很远。不过，我还是脱下鞋袜，踮着脚尖悄悄地穿过凉爽的小溪。

从现在起，我开始探索未知的区域。我再次进入丛林，当我转过一个拐角时，差点被一只长鼻浣熊绊倒。然而它对我视而不见，继续沿着小路搜寻昆虫，尾巴高高耸起，仿佛提醒别人噤声的食指。我继续前行，肚子“咕咕”作响，有种我是它这个世界的访客的感觉。

随后，右边森林被沼泽取代，小径开始变化。先是朝向内陆延伸，经过一长段木板路，木板路的下面是脆弱潮湿、各种生物横行的浅滩。我意识到这里人迹罕至，尽管距离热门游览地只有1英里（1.6公里）左右。我绕着一片红树林的边缘找路，计划跨过前面一棵倒塌的树木，突然间……哎呀！我停住脚步，我的帽檐碰到了我平生所见的最大蜘蛛网，我挥动着手臂才站稳脚跟。

一只巨大迷人的金色圆蛛稳坐蛛网之中，背部的黄色斑点与毛茸茸的长腿上的条纹相匹配。她看起来很迷人。蛛网横跨整条道路，显然最近很少有人远行至此。

我翻过那棵树，以免惊扰到这只蜘蛛。几分钟后，我发现自己已经到了丛林半岛的尽头。我停下跑步，走向海滩。这里不是沙滩，而是珊瑚和贝壳的世界，阳光下白花花的一片，踩上去凹凸不平。我静静地站着，喘着粗气。就像儿童漫画一样，一些贝壳开始小心翼翼地从我身边溜走。我捡起一只，看到贝壳里一只恼火的寄居蟹挥舞着紫色的蟹钳。

海面上，白色的浪花拍打着礁石。这些声响在过去10分钟里，像我有规律的呼吸节奏一样陪伴着我。

现在是早上6:40。天空已经没有一丝黎明的颜色，逐渐升温的空气预示着一个大热天的到来。我望着小径，它绕着海角向前延伸，邀我前行。回到卡维塔之时，我的孩子们还在熟睡之中。

这个地方太适合跑步了。我会再来的。　**文 / 皮尔斯·皮卡德**

谨慎慢行

通常，三趾树懒待在高高的雨林树冠上，不太容易看到。但是大约每隔3周，它得下到地面排便。因此，倘若看到一只树懒慢慢地爬向地面，神情鬼鬼祟祟，甚至有点迫不及待，你不妨耐心观察一下，但注意为它留出足够的“个人空间”。因为那时，它非常脆弱。

从左至右：金丝圆蛛；睁大眼睛搜寻凹唇眼睫蝰；远离地面的三趾树懒。180~181页：在卡维塔岬（Punta Cahuita），丛林和海水相映成趣。

跑步指南

起点 / 终点 // 卡维塔（Cahuita），哥斯达黎加

距离 // 8英里（13公里）

到达 // 卡维塔位于哥斯达黎加东南部，距离圣何塞（San José）的国际机场4.5小时车程。卡维塔是游览该国的理想入口。

何时去 // 全年随时可以游览，但是3月、4月、9月和10月天气最为干燥。11月和12月，小径有时雨水肆流。

住宿 // Playa Negra Guesthouse（playanegra.cr），店主皮埃尔兼职充当野生动物向导。

行前参考 // 留意三趾树懒、金色凹唇眼睫蝰、长鼻浣熊、金丝圆蛛、蓝色陆地蟹、毒箭蛙、耶稣基督蜥蜴、鬣蜥、巨嘴鸟、猴子和凯门鳄。

更多类似体验

野生动物观赏步道

摇篮山，澳大利亚

如果你来自北半球，澳大利亚几乎无处不在的野生动物一定会令你震惊：这里的鸟类更加多姿多彩，哺乳动物欢欣跳跃，爬行动物竟然成为公共安全威胁。如果既想邂逅野生动物，又想感受澳洲无与伦比的跑步氛围，就去塔斯马尼亚（Tasmania）的摇篮山（Cradle Mountain）吧。跑步上山本身就颇受青睐，但即便只是在黄昏时分前往公园入口附近跑步，也同样收获颇丰。每当夕阳西下，各种不知名的动物从灌木丛中涌出，包括小型沙袋鼠、针鼹鼠、袋熊，甚至神出鬼没的袋獾（也被称作“塔斯马尼亚恶魔”）。沿着这条路前往鸽子峡谷步道（Dove Canyon Track），随后踏上步道跑步，穿过摇篮谷木板路前往蛇山（Snake Hill）。日落时，原路返回，这一路很容易看到野生动物。

起点 / 终点 // 摇篮山游客中心

距离 // 8.5英里（13公里）

更多信息 // www.parks.tas.gov.au

布莱顿海滨，英国

那些神奇无比的自然景象在这里比比皆是。椋鸟在欧洲、亚洲和北美的大部分地区都很常见。虽然一只鸟看起来没什么特别，但在有些地方，每当冬季傍晚鸟儿归巢时，会形成绚丽的鸟群。成千上万只鸟儿展翅翱翔，在云卷云舒的天空中形成巨型图案，而且不断变化。宽广无垠的布莱顿（Brighton）海滨位于伦敦以南1小时车程处，它为观赏群鸟齐飞、静心独自沉思的跑步之旅提供完美的背景衬托。11月至1月，数十万只椋鸟栖息于这座城市的标志性码头之上，此时，海滨跑步之旅使人精神振奋。6英里（10公里）的往返跑最远可达霍夫潟湖（Hove Lagoon）。这里即便在晚上也照明充足。

起点 / 终点 // 布莱顿皇宫码头（Brighton Palace Pier）

距离 // 6英里（10公里）

更多信息 // www.starlingsintheuk.co.uk

原驼山登山道，阿根廷

阿根廷的火地岛国家公园（Parque Nacional Tierra del Fuego）堪称世界尽头。它位于地球最南端的乌斯怀亚（Ushuaia）以西，那里地形崎岖，安第斯山脉的冰川与好望角的波涛交相辉映。如果喜欢在荒野中跑步，没有什么地方比这里更合适。公园内设两个生态保护圈，野生动物在此繁衍生息。如果不喜欢陡峭和泥泞，可以选择Senda Costera。如果喜欢迎接挑战，那就沿着原驼山登山道（Cerro Guanaco）向上跑吧，你收获的将是难忘的比格尔海峡（Beagle Channel）风景。跑步途中还可能看到阿根廷啄木鸟、南方长尾鹦鹉、灰狐、秃鹰，当然还有原驼（guanaco，美洲驼的一种）——顶峰就是以它命名的。

起点 / 终点 // 阿拉库什（Alakush）游客中心，火地岛国家公园

距离 // 5.5英里（9公里）

从上至下：椋鸟笼罩古老的布莱顿码头上空；火地岛国家公园内的原驼

哥斯达黎加的雨林步道

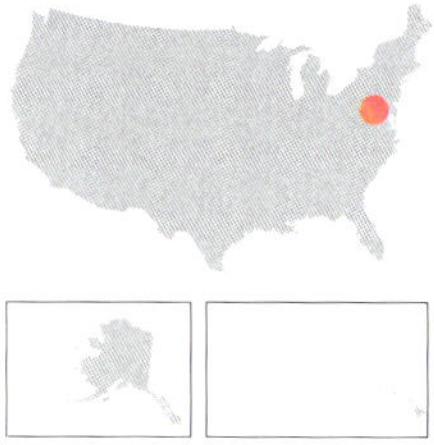

环绕国家广场

华盛顿特区的纪念碑散落于广场各处，参观它们足以令人筋疲力尽。但是，对于跑者来说，这或许就是世界上最让人心驰神往的城市公园活动。

知名的纪录片作者Ken Burns曾把华盛顿的国家广场形容为“美国的前院”。这里的绿地被修剪得很整齐，周围环绕着一些全美举足轻重的纪念碑。事实上，大多数重要活动都在此举行，从总统就职典礼到史上有名的激烈示威活动。广场四周的纪念物和纪念碑同时纪念了国家的丰功伟绩和惨痛教训。

每年约有2400万人来此参观。可是广场横跨0.5英里，首尾的距离超过2英里，对于步行游客而言，显然是个挑战。每天总有成群结队的外乡人散坐在广场上，揉捏酸痛的双腿，对着那些因为他们放弃而错过的景致沮丧叹气，因为只是参观几处景观，就足以让他们筋疲力尽。一些人走完美国国会大厦和华盛顿纪念碑之间的漫长路程之后就已放弃。

我决定用一场计划周密的跑步来环游广场。采用这种方式，趣味十足而且效率奇高，无须花费大半天时间步行，即可遍览景致。从林肯纪念堂启程，沿途会遇到许多地标。其中一些，比如华盛顿纪念碑，会成为这段跑步旅途中的关键“里程碑”。最重要的是，如果速度合适，不到40分钟我就能将所有景观一网打尽。沿着一条令人振奋而且节省时间的4.5英里（7公里）环线，可以参观每一个纪念碑和纪念物，同时在脑海中记录下重要景点，以便当天晚些时候深入探索。

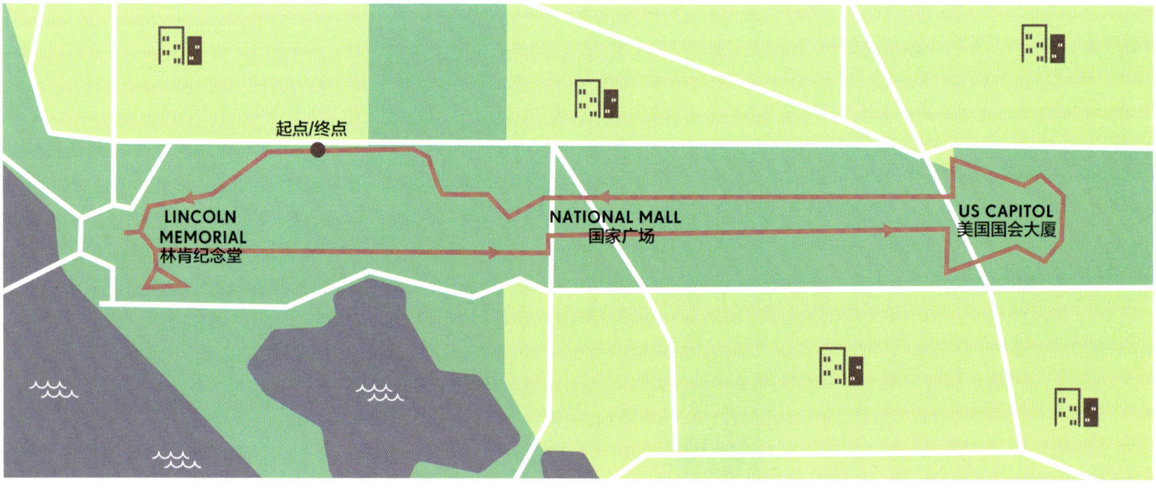

© Rene Schild | Shutterstock / David Coleman | Alamy Stock Photo

“我不禁想起，马丁·路德·金站在台阶之上发表那场著名演说。”

那时正值3月下旬，樱花刚刚绽放，早晨空气清爽、万里无云，预示着温暖的一天即将到来。当我穿过宪法大道（Constitution Avenue）前往广场时，一切出奇地安静。迎着黎明前的曙光，我来到宪法花园中央，宪法花园占地50英亩（20公顷），中央的池塘形成一个园内园，我便沿着池塘的蜿蜒小路开始跑步。

我跑过河岸边身姿婀娜的杨柳树，跨过一座通往小岛的木桥，让我的身体慢慢苏醒。花园所处的角落隐蔽静谧，人迹罕至。游客们通常只顾热门景点，而忽略这些地方。

在池塘尽头，我踏上一条蜿蜒蛇形、绿荫如盖的小径，经过越战纪念碑的入口。再过一会儿，纪念碑前就会挤满游客和越战老兵的亲属。不过现在是早上6:30，那里空无一人，为我独享。我顺着黑色的抛光花岗岩墙壁奔跑，直至墙壁没入地下。一排排人名连绵不断（大约58,200名将士为国捐躯），即便远远地跑过，也仍然令人震撼。

转过拐角，林肯纪念堂映入眼帘。它是世界上最宏伟的纪念堂之一，坐落在广场西端。我不禁想起那些著名的黑白照片，马丁·路德·金站在台阶之上，面对20万名围观者发表演说《我有一个梦想》（*I Have a Dream*）。我加快步伐，冲上那些台阶，全然不顾大腿的疲惫。登上台阶之后，我得以面对面地望着“正直的亚伯”（人们对亚伯拉罕·林肯的爱称），他稳坐大理石宝座上，比真人大5倍。

沿着台阶飞奔返回之前，我尽情欣赏这里的风景，这是华盛顿的最佳视角之一，从这里望下去，整个广场尽收眼底，直至东边的国会大厦，我可以看见华盛顿纪念碑的全景，它傲然挺立在水池前，熠熠生辉。

我再次迈开大步，从一队仿佛正在巡逻然而一动不动的士兵面前跑过。在清晨的微光下，这些散发着英雄气概的钢铁人物像一个个诡异的灰色模具，他们的身影隐约映照在队伍南侧的黑色花岗岩墙壁上。经过朝鲜战争纪念碑之后，我把目光投向555英尺（170米）高的华盛顿纪念碑，那是华盛顿特区的最高建筑。之后的3/4英里，随着我向东行进，纪念碑变得越来越

bloomberg | Getty Images

沼泽

实际上，尽管大家通常认为国家广场和华盛顿特区都是建在沼泽之上的，但事实并非如此。华盛顿内最著名的绿地位于一片低洼平坦的土地上，靠近三条河流，它们分别是安那卡斯提亚河（Anacostia）、波托马克河（Potomac）和台伯溪（Tiber Creek）。暴雨期间容易发生洪灾，不仅会形成沼泽，而且会激起政客们的呐喊"排干沼泽"。

从左至右：华盛顿特区的越战纪念碑；华盛顿闻名遐迩的樱花盛开；美国国会大厦。187页：华盛顿纪念碑。

大。接着，我跑过明晃晃的大水池——这是广场最具特色的景观之一——如镜面般映照出高悬空中的闪亮云朵。

此时，我决定放慢速度，因为我将要接近华盛顿纪念碑，它应该就是整个广场的中点。即便只是一瞥，也会感受到这座建筑的壮丽。它极其简约，仿照古埃及的方尖碑建造，为的是纪念一位伟人，这位伟人想要永远杜绝搞个人崇拜的君主制。

沿着纪念碑底部的下坡路奔跑时，我尽量不让自己踩空。接下来，就是一条平坦宽阔的碎石路通往美国国会大厦，全长1英里。这是一条漫长的直路，许多人抱怨，他们越跑那栋圆顶建筑越往后退。我可没有这种感觉。我喜爱这片开阔地带，这让我的热情更加高涨，我加快步伐，决心7分钟内抵达国会大厦。

当我靠近那片反光的水池时，我感觉自己健步如飞。在一个国家首都的中心区域，环绕权力部门林立的开阔地带奔跑，那种满足感难以言表。当我绕池一周开始返程时，我确实觉得华盛顿国家广场就像美国的公共"前院"。一次短程跑步能够激起如此多的感触，世上恐怕再无第二处。 **文 / 雷吉斯·圣路易斯**

跑步指南

起点 // 第18街西北和宪法大道

终点 // 宪法花园，靠近第18街西北和宪法大道

距离 // 5英里（8公里）

到达 // 乘坐地铁前往，非常方便。还有首都共享单车（Capital Bikeshare），有成百上千个存放点。

何时去 // 4月至10月。

住宿 // 杜邦环区（Dupont Circle）附近有住宿地、优质的餐馆和夜生活。伍德利公园（Woodley Park）拥有一流的民宿，位于绿树成荫的街边。乔治城（Georgetown）提供高档客栈，沿着鹅卵石小路分布。

更多信息 // www.nps.gov/nama

行前参考 // 夏季游人如织，要想靠近沿途任何一座纪念碑都可能并非易事。清晨游人稀少，可以独享所有纪念碑。

右页：在莫斯科红场上来一次往返长跑。

更多类似体验

首都穿行之旅

渥太华，加拿大

加拿大的首都非常适合跑步，拥有100多英里（160多公里）长的人行步道。就像华盛顿特区一样，渥太华（Ottawa）也有一些宏伟的建筑和纪念碑。如果你从加拿大总督府（Rideau Hall）附近出发，沿着一条5英里（8公里）的道路往返跑，就能看到那些建筑和纪念碑。那条绿树成荫的小径以此为起点，经过总理官邸，然后沿着渥太华河延伸。到达绿岛，可以环绕经过一些纪念碑，例如英联邦空军纪念碑。最后抵达城堡般的加拿大皇家造币厂，前面不远就是引人入胜的加拿大国家美术馆和圣母大教堂的高耸塔楼。附近就是宏伟的加拿大国会、哥特复兴式联邦大厦和加拿大最高法院的大楼。可从此处沿着海滨折返，踏上一条绿荫如盖的步行兼骑行小道，返回出发点。

起点 // 加拿大总督府

终点 // 加拿大最高法院

距离 // 5英里（8公里）

更多信息 // www.ottawatourism.ca

堪培拉，澳大利亚

和华盛顿一样，堪培拉（Canberra）也是一个规划良好的城市，完全从零建起。相比华盛顿，堪培拉规模较小、历史较短，建于20世纪初。尽管市中心紧凑狭小，仍为跑步提供了理想的环境。一个绝佳的起点当属澳大利亚国立大学的青葱校园。从那里出发，沿着沙利文溪（Sullivans Creek）前往伯里·格里芬湖（Lake Burley Griffin）岸边，这段旅程赏心悦目。之后左转，一条小路沿着半岛蜿蜒而出，通向澳大利亚国家博物馆，它是一个建筑典范，也是澳大利亚最好的历史博物馆之一。路线沿着海岸线继续延伸，跨越联邦大道大桥，穿过澳大利亚国家图书馆和风景如画的老国会大厦（Old Parliament House）。最后跨过国王大道大桥（Kings Ave Bridge），进入国王公园，在此能够欣赏城市周边的苍翠全景，令人回味无穷。

起点 // 澳大利亚国立大学

终点 // 国王公园

距离 // 6英里（10公里）

更多信息 // www.visitcanberra.com.au

莫斯科，俄罗斯

莫斯科拥有许多历史、文化、建筑和民族主义纪念碑。因此，游客可以系紧鞋带，来一次非同凡响的自助观光游，同时，亦可畅快淋漓地跑上6英里（10公里）。跑步线路位于市中心，乘坐公共交通工具很容易抵达。可从毗邻红场的圣瓦西里大教堂（St Basil's Cathedral）出发，途经扎里亚季耶公园（Zaryadye Park）、高尔基公园（Gorky Park）、莫斯科河路和亚历山大花园，然后返回红场。沿途的景观仿佛展开了一幅画，描绘了俄罗斯从中世纪到21世纪的发展历程，包括扎里亚季耶自然中心（Zaryadye Nature Centre）、地下考古博物馆、高尔基公园博物馆、救世主基督大教堂、亚历山大二世纪念碑、国家历史博物馆，以及数座古老的修道院、大使馆、鬼斧神工的桥梁和摩天大楼景观，当然，还有克里姆林宫（Kremlin）。

起点 // 圣瓦西里大教堂

终点 // 红场

距离 // 大约6英里（10公里），具体根据确切线路而定

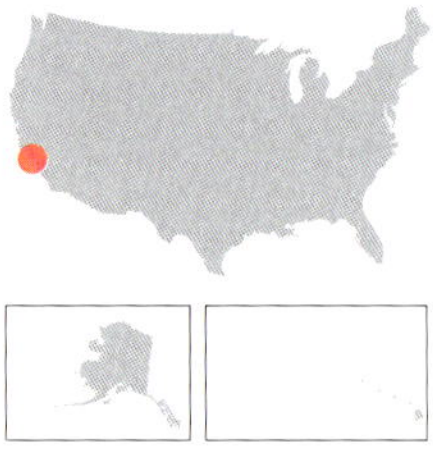

Dipsea越野赛

在这场美国最为古老的越野跑比赛中，加利福尼亚的山丘只是挑战的一部分，清楚地知道应该超过哪些人和阻止哪些人超过你，才是成功的秘诀。

据说，Dipsea是美国最古老的越野赛。比赛的第一英里就是沿着米尔山谷（Mill Valley）上方森林的近700级台阶向上爬升。然而，Dipsea最艰难的部分并不是这前一英里路，也不是进入缪尔森林（Muir Woods）的那段令人腿脚打结的下坡路，亦非名为“爆炸”（Dynamite）的陡峭上坡（之所以取名“爆炸”，是因为这段路会让你双腿疲惫不堪、几乎爆炸），甚至不是接下来那座名叫“强心针”（Cardiac）的大山，也不是朝向大海的那段心惊肉跳的俯冲，哪怕这段悬崖溪谷（Steep Ravine）的阶梯又陡又绕又破。

不，这些都不是。起源于1905年的Dipsea越野赛全长7.5英里（12公里），尽管地形方面就已经几乎丧心病狂，但它最艰难的部分可能在于对心理的挑战。它的规则是慢速选手先出发，快速选手后出发。就像动物园卸载动物，按照它们的行进速度，由慢到快，最后放出猎豹。

这项比赛不走寻常路，它用特殊的算法，试图让所有年龄段的顶尖选手能够在同一时间抵达终点线。每隔1分钟，一波选手将从起跑线出发，后一波选手（理论上）都比前一波选手跑得更快。32岁的亚历克斯·瓦纳（Alex Varner）是7届速度纪录保持者，他说：“选手不是猎人，就是猎物。”

因此，过去10年的获胜者中包括一个8岁女孩（以微弱优势战胜一个68岁的老太太）和一个72岁老头也就不足为怪了。而我就是在这种规则下开始周日的比赛的。上届冠军出发5分钟

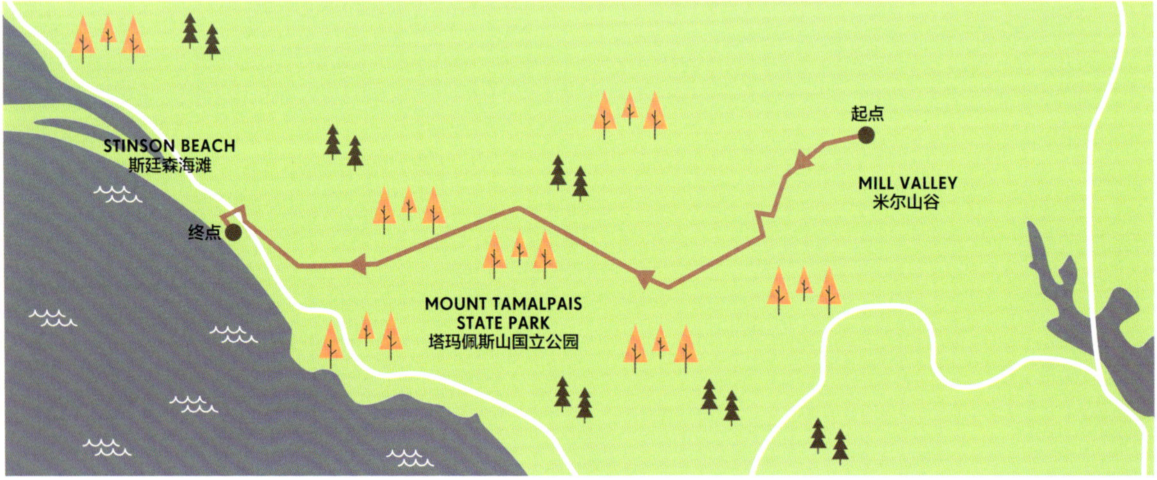

DIPSEA START
TAMALPA
1188
1933
1165
1918
1589
1887
1366
1433
1920
1560
1733
1133

之后，我才启程。上届冠军名叫克里斯·伦迪（Chris Lundy），是一位47岁的女性。

我住得离比赛地点不远，一星期会进山慢跑几次。一天，我和《Dipsea：最伟大的比赛》（*Dipsea: The Greatest Race*）一书的作者巴里·斯皮茨（Barry Spitz）一起喝咖啡，他问我常参加哪些赛事。我说，一个都没有。他默默将我从头到脚打量几遍，满腹狐疑，然后说道：“我不想打击你，不过，你可能超不过任何人。”

斯皮茨告诉我，1904年，横跨金门海峡、连接马林县和旧金山的那座大桥建成前30多年，有人想要举办从米尔山谷火车站至Dipsea Inn的跑步比赛，那片比赛的沙地现在叫作斯廷森海滩（Stinson Beach）。当时没有既定路线，只有荒山野地和分散在塔玛佩斯山（Mt Tamalpais；2571英尺，784米）向上环绕攀升的山脊小径。一个名叫查尔斯·博厄斯（Charles Boas）的人大获全胜，打败了一个名叫阿尔冯斯·科尼（Alfons Coney）的人——这场参赛者只有两人的比赛相当成功。所以，从1905年开始，这项赛事演变为一年举办一次，它被认为是美国第二古老的大型跑步比赛，仅次于1897年开始举办的波士顿马拉松。

地方特色使得Dipsea像是回到了花样竞赛时期。每年6月的第二个星期天，米尔山谷的起跑地带弥漫着浓郁的农贸市场气息。比赛无须统一着装，没有人工障碍物，不播放音乐。赞助商名称不会出现在比赛沿线或者T恤背面。但始终有一些赞助商找上门来，最近就有一家为志愿者提供大量的资金和装备。

我根本没看见亚历克斯·瓦纳超过我。然而比赛不到1英里，攀爬长不见顶的台阶时，我意识到已经有几十个人超过了我。每隔1分钟，会上来一批更加年轻的选手。经过比赛中点，开始下山时，人数锐减。我孤身一人，低头穿过一棵倒塌的树木，踏上一条常用捷径。捷径名叫“飞扑”（the swoop），是一条狭窄凌乱的小路，能够快速穿过荆棘丛和树林。我被隐蔽的树根绊倒在灌木丛里，不过听到身后没有脚步声，我松了一口气，只是伤点儿自尊而已。

知名完赛者

喜剧巨星罗宾·威廉姆斯（Robin Williams）数次参加Dipsea越野赛。1984年，在取得第232名的好成绩之后，他说：“除了山地、台阶和下坡，其他还好。”在成为联邦调查局局长之前，年轻的罗伯特·S.穆勒三世（Robert S Mueller III）也多次参加Dipsea越野赛。这场比赛只有引以为豪的黑色T恤（其他人每人得到一件彩色比赛衫，多为蓝色或绿色）送给前35位完赛者，还有几个奖杯，第一名还会获得一只熊雕塑。

顺时针从上至下：参赛者分波出发这一赛制使得Dipsea越野赛独特有趣；比赛终点位于斯廷森海滩；对于许多人而言，这项越野赛是一年一度必须参加的活动。193页：加利福尼亚米尔山谷的起点。

更多人追上了我。那是下坡冲刺路段，顶级选手在此争分夺秒，他们跳过台阶和岩石，并且就像短道速滑选手一样，无所畏惧地通过紧凑且狭窄的转角。

为了保持对身体的控制，跑步途中会有不少肢体接触，譬如手碰到那些汗如泉涌的脊背和肩膀。[已故参赛者杰克·柯克（Jack Kirk）连续67次完成Dipsea，95岁最后一次参赛。他喜欢身穿一件后背写着“不要碰我”的衬衫]。有那么一回，这种友好行为变成了赛场暴力——一个人在终点线推搡另一个人，致使他摔倒在计时设备上。

那会儿，我离那个地方还很远，我正沿着一条灌木丛生的蜿蜒小径飞奔。身后传来一阵脚步声，有人吼道：“靠左！”接

着，又是一句"哎呀"和"对不起"。随后，那人从我右边一闪而过，消失在荆棘丛中。

瓦纳超过的参赛者最多，在他前面每隔1分钟起跑的人被他一一超过。早在戴维森学院，他就开始跑步，并在2013年波士顿马拉松中获得第26名。他住在马林县，一年参加几次越野赛。到了最后1英里，他前面只剩一个人了，那人名叫伦迪，是当地的一名兽医，也是一位成就卓越的全国越野跑运动员。2017年，伦迪比瓦纳早跑11分钟，领先20秒到达终点，击败了瓦纳。这一次，她比瓦纳早跑10分钟。她也已经超过数百人，抢先到达强心针山，从那里可以看到太平洋。当她从曾经的冠军、今年60岁的戴安娜·菲茨帕特里克（Diana Fitzpatrick）身边一跃而过时，她认为自己已经胜券在握。当时，她们正沿着盘旋台阶进入悬崖溪谷，已经跑完大约6英里（10公里）。

瓦纳再次失利。尽管跑出历史最好成绩之一，48分51秒，而且也是八次参赛以来的最短时间，但他又一次屈居第二，这一次他落后伦迪15秒。

前11名中有9名来自不同的出发组。35件黑衬衫的获胜者包括3名青少年和7位60多岁老人。他们的年龄中值为53岁。最后出发的参赛者获得了第30名。

我取得了第580名。通过计算和分析最终成绩，我被247人超过。不过，值得欣慰的是，我超过了39人。两年之后，如果我还想参加Dipsea越野赛，我可以再早出发1分钟。 **文／约翰·布兰奇**

跑步指南

起点 // 米尔山谷，加利福尼亚州

终点 // 斯廷森海滩，加利福尼亚州

距离 // 7.5英里（12公里）

到达 // 旧金山机场位于米尔山谷的比赛起点以南28英里（45公里）处。

何时去 // 6月的第二个星期日。

住宿 // 在马林县首选Airbnb，也可前往15英里（25公里）外的旧金山，那里酒店众多。

更多信息 // www.dipsea.org

行前参考 // 这项比赛非常受欢迎，会优先考虑上一届参赛者。3000人申请，只有一半入选。因此，请仔细阅读比赛申请说明，以便获得最大入选机会。出行前需要注意的是，这个地区清晨寒冷多雾，6月也不例外。

更多类似体验

著名越野赛

派克斯峰山路，马尼图斯普林斯，科罗拉多州，美国

科罗拉多州有50多座海拔超过14,000英尺（4250米）的山峰，但是，派克斯峰（Pikes Peak）的气势最为磅礴。这是因为它傲然耸立于科罗拉多泉（Colorado Springs）上，也因为它是科罗拉多州唯一一个提供登顶跑步比赛的14,000英尺高的山峰。首次比赛于1936年举行，自1970年以来每年8月举办，参赛者需沿着蜿蜒曲折的巴尔小道（Barr Trail）爬升，最终抵达14,114英尺（4302米）高的顶峰。虽然听起来吓人，但这条路线的坡度较缓，即使空气越发稀薄也没影响。全程耗时3～4小时，跑得最快的选手登顶两个多小时后，其他选手才会大批赶到。一旦登顶，你就会明白为什么Katharine Lee Bates在1893年登顶后心潮澎湃，创作了歌曲《迷人的美国》（*America the Beautiful*）。

起点 // 马尼图斯普林斯（Manitou Springs）

终点 // 派克斯峰峰顶

距离 // 13英里（20公里）

更多信息 // www.pikespeakmarathon.org

松鸡山步道，温哥华，不列颠哥伦比亚省，加拿大

山不在高，有仙则名，松鸡山步道便是如此。每年9月，比赛者沿着这条登山道奔跑1.8英里（2.9公里），爬上松鸡山（Grouse Mountain）景区的山坡。松鸡山步道又称"大自然的阶梯机"，带领跑步者和徒步旅行者沿着阶梯小路攀越2800英尺（850米）到达松鸡山之巅。爬上这条小径要比爬上世界第一高楼（160层的迪拜哈利法塔）稍微困难一些。当然，男子（23分48秒）和女子（30分52秒）最佳纪录都由世界一流运动员创造，他们愿意挑战艰难险阻。对于大多数人来说，不紧不慢地登顶需要60到90分钟。来到3700英尺（1128米）的海拔最高点，跑步者和旅行者可以欣赏温哥华及其周围海洋和山脉的壮丽景色，还可乘坐缆车回到地面。

起点 // 松鸡山山脚

终点 // 松鸡山山顶

距离 // 1.8英里（2.9公里）

更多信息 // www.grousemountain.com/grousegrind

戴尔希德跑山比赛，坎布里亚郡，英国

博罗代尔牧人集会（Borrowdale Shepherds' Meet）是历史悠久的农夫集会，强调湖区（Lake District）特色，比如牛、干砌石墙、啤酒和越野跑。戴尔希德跑山比赛（Dale Head Fell Race）正是此时举行，它是典型的起伏越野跑，回归了这项运动的本源。参赛者从博罗代尔的罗斯维特学院（Rosthwaite Institute）的绿荫集会场地出发，沿着一条农场道路跑出，穿过流水潺潺的德文特河（Derwent River），然后跑过一片凌乱不堪的牧场。接着，沿着陡峭多岩石的里格希德采石场（Rigghead Qarry）向前，经由一条通往戴尔希德山顶（2215英尺；675米）的小径继续攀升。登顶之后，人们会在石堆顶部加上一块，随后转身跑下山庆祝完赛，同时畅饮当地啤酒佳酿、品尝新鲜奶酪并且参加当地村民的娱乐活动。就像湖区所有山径越野跑比赛一样，比赛期间多风、潮湿且泥泞。

起点 / 终点 // 罗斯维特学院

距离 // 4.8英里（7.8公里）

更多信息 // keswickac.org.uk/event/dale-head/

顺时针从上至下：温哥华之上接近松鸡山的山顶；科罗拉多州的派克斯峰；英格兰博罗代尔的越野跑者。

黎明时分的科帕卡巴纳

里约热内卢的沙滩闻名遐迩，日以继夜地洋溢着活力。不过，选择在黎明时分，从科帕卡巴纳（Copacabana）跑到莱米（Leme），将为你揭示相对宁静的本地生活。

里约热内卢恰如其分地将自己安置在高耸入云、雨林覆盖的花岗岩山地之间。这里高得出奇的观景平台提供了绝佳的视野，供你俯瞰岛屿林立的海湾和光芒闪烁的海滩，比如著名的科科瓦多山顶（Corcovado），在那里，救世主基督张开双臂拥抱城市。但是，宁静柔和的自然之美往往被科帕卡巴纳海岸线上的喧嚣所掩盖。要想真切感受这座“神奇之城”（cidade marvilhosa）的生机勃勃，必须下山，前往活力四射的南区海滩。

这里的沙滩人满为患，他们肤色黝黑、身材健美。Cariocas（里约人自称Carioca）总是身穿比基尼泳衣或紧身泳裤，小贩们则一边小心翼翼地穿过摩肩接踵的人群，一边叫卖他们的商品：冰镇饮品（甜茶）、Globos（一种膨化大米小吃），当然还有啤酒（cerveja）。

© David Arnold | Getty Images

当我最初在这座城市沿着海滨步道跑步时，展现在我面前的里约正是如此。过马路绝非易事，因为摩托车随意行驶，公共汽车横冲直撞，更不必说那些骑行者、滑板手和风风火火的路人，他们让狭窄的海滨自行车道几乎水泄不通。

“通常，沙滩人满为患，他们肤色黝黑、身材健美。跑步者、滑板手和风风火火的路人让步道几乎水泄不通。”

出于某些原因，我从未在日出时踏上这条跑步路线（或许是彻夜泡在Lapa的桑巴夜店的缘故）。然而，终于有一天，我惊讶地重新认识了这个举世闻名的海滩，没有拥挤的人流，没有燥热的天气。那是一个周日的清晨，太阳尚未露头，只有些许霞光，我系上鞋带，出门前往Avenida Atlântica。

这条大道以其近旁的大洋命名，通常车流不息。但是到了周日，这条大道的沿海小径会禁止车辆通行，因此我第一次独自拥有了整条人行道。道路两旁铺设黑白鹅卵石，地面凹凸不平，这项设计出自巴西顶级景观设计师之一——Roberto Burle Marx。

远处是广阔的科帕卡巴纳海滩，通常来说，那里总会挤满沿着著名人行道漫步的当地人。然而那天早晨人很少，只有几个人光脚沿着沙滩追逐波浪。

为了热身，我慢步跑向Colônia dos Pescadores。随后停下脚步，舒展身体，同时研究那些正在进入船坞的鲜艳渔船。公路附近，小贩们系着长围裙，把当日捕捞所得堆砌起来。我追寻着高楼大厦的身影，能依稀辨认出接下来往返跑的路线终点。那条5英里的路线从科帕卡巴纳南端直至Pedra do Leme。Pedra do Leme是一片高耸的岩面，海滩和街区到此戛然而止。

清晨，天气凉爽、微风轻拂，我从Posto 6附近出发。这是科帕卡巴纳的最南端和救生员站，也是站立式冲浪者经常选择的聚集地。我极力克制加速的冲动，一直稳步前进。

在我左边，海岸沿线的高楼大厦反射着清晨第一缕阳光，在它们身后，林地山峰绵延起伏。几分钟后，我望见坎塔加洛

名字的起源

科帕卡巴纳这个名字起源于的的喀喀湖（Lake Titicaca）上的一个玻利维亚小村庄。根据传说，一尊科帕卡巴纳圣母玛利亚（Virgin Mary of Copacabana；玻利维亚的守护神）的雕像在17世纪时被西班牙商人带到里约热内卢，供奉在现今科帕卡巴纳南端的一个小教堂。随着时间推移，小教堂的名字被用作村庄的名字，后来成为整个街区的名字。

顺时针从上至下：科帕卡巴纳的木板路与沙滩相接；标志性的救世主基督雕像俯瞰里约热内卢；建议选择清晨，避开高温。198~199页：科帕卡巴纳是南美最著名的海滩。

（Cantagalo）的贫民区，就在陆地一侧。这个自发形成的居民区拥有大约5000名住客，他们的住所采用砖块和煤渣砌块建成，在陡峭的山坡边缘岌岌可危。里约热内卢约有1000个贫民区，总计容纳100多万人，这里便是其中之一。沿着大道往前一点，即可看到装饰艺术风格的科帕卡巴纳宫（Copacabana Palace）的正面，现在那里是贝尔蒙德（Belmond）酒店。两个截然不同的世界如此接近，可见巴西社会巨大的贫富差距实在令人触目惊心。

离开科帕卡巴纳宫，跑过几个街区之后，我快速穿过Princesa Isabel大道，这是科帕卡巴纳和莱米居住区之间的假想边界。然而，依照我的看法，这里根本没有分界，只有一长段近乎空旷的海滩。此时，前面不远处就是Pedra do Leme，一大片森林点缀的花岗岩地。我加快速度，用力跑了半英里。当我

到达环山海堤，我的脉搏跳得很快。

我放慢速度，跑上一个斜坡，然后身处惊涛骇浪之上。极目远眺，海岸线景色令人心醉，那是自然之美：金色沙滩、葱翠群山和沐浴在金色晨曦中的城市风景。单程到此为止，当我转身折返时，那些居民区才慢慢苏醒过来。摊贩正准备营业，他们摆好桌椅、卸下新鲜椰子装入冷藏箱。当我跑过时，一个赤膊年轻人正蹬着三轮货车，拉着冰块过来——里约人喜欢喝超级冰的饮品。

当我快要结束黎明跑时，人们陆续出来跑步，以便不辜负一个阳光明媚、完美无瑕的早晨。此外，还有骑行者、快走者和长滑板运动者从我身边疾行而过。

然而，对我而言，赤道的太阳此时已经太高太热，无法继续跑步。因此，我进入一家海滨售货亭，点了一杯椰汁，这杯椰汁自打我之前经过时就心心念念至今。服务员用弯刀砍掉一只椰子的末端，插入吸管，然后递给我。我一边啜饮着，一边坐看南美最为壮丽的城市景观之一。

在欣赏了一个迷人静谧的里约热内卢之后，现在我又满心欢喜地看它苏醒过来，变成我所熟悉的模样——Cariocas开始朝海岸涌去，享受新一天的阳光和海浪。　**文 / 雷吉斯·圣路易斯**

跑步指南

起点 // Colônia dos Pescadores（Rua Francisco Otaviano和Avenida Atlântica交叉路口）

终点 // Pedra do Leme（Praça Almirante Júlio Noronha，靠近Avenida Atlântica）

距离 // 单程2.6英里（4公里）

到达 // 乘坐出租车从里约热内卢的加利昂国际机场（Galeão International Airport）到科帕卡巴纳，需要45分钟。

何时去 // 全年均可。

住宿 // Rio Design酒店（www.riodesignhotel.com）距离海滩只有一个街区。Marta Rio公寓（www.rioguesthouse.com）提供一套宽敞的顶层公寓，可俯瞰海滩。

穿什么 // 穿戴轻便即可；如果有云，带上防雨外套。

行前参考 // 可以往返跑，亦可跑过去、坐地铁回来。最近的站点是Cardeal Arcoverde，位于Pedra do Leme以西1英里（1.6公里）多。在Avenida Atlântica沿线很容易坐上出租车。

更多类似体验

熙攘的海滨

迈阿密海滩，佛罗里达州，美国

在迈阿密海滩摇曳的棕榈树和绚丽的白色沙地之间跑步，真是一种难得的体验。除了漂亮的海岸线，迈阿密海滩还有多姿多彩的装饰艺术风格建筑和海滨附近的红火的露天饭馆。一条不同凡响的4英里（6.4公里）跑步路线从印第安海滩公园（Indian Beach Park）开始，公园靠近迈阿密海滩木板路的入口。这条古色古香的木板路穿过青翠绿地，同时俯瞰一片纯天然海岸线，景色无与伦比。从1.6英里（2.6公里）处、23街附近，线路进入铺装路段，直至南部海滩的中心。沿着世界著名的海洋大道（Ocean Drive）继续向前，这是一处观察人群和观赏建筑的好地方，你将会穿过热闹的餐馆和酒吧，那些餐馆和酒吧坐落在华丽的粉彩装饰艺术风格建筑中。继续穿过南部海滩喧闹的中心，大约0.7英里（1.1公里）后，在宁静的南岬海滩（South Pointe Beach）结束这趟跑步之旅。

起点 // 印第安海滩公园

终点 // 南岬海滩

距离 // 单程4英里（6.4公里）

盎格鲁步道，尼斯，滨海阿尔卑斯省，法国

尼斯市位于法国南海岸，拥有布满沙滩的海岸线、美好时代（belle-époque）风格的建筑和阳光明媚的地中海气候。沿着4英里（6.4公里）的盎格鲁步道（Promenade des Anglais）跑一圈，即可将这些令人难忘的美景尽收眼底，步道沿途设有宽阔的行人专用道。除了地中海美景和清新海风，还会经过一些醒目建筑，比如建于1912年的内格雷斯科酒店（Hotel Negresco）。这座宫殿般的建筑采用新古典主义风格设计。其他亮点包括面向蔚蓝大海的一排排蓝色椅子。20世纪40年代就已存在的这些蓝色椅子已经成为这座位于法国蔚蓝海岸（French Riviera）的城市象征。步道东端附近放置的雕塑*La Chaise*出自当地艺术家Sabine Géraudie之手，竟然是向那些蓝色椅子致敬。虽然这条步道随时适宜跑步，但是日落时景色最佳。

起点 // Cadran Solaire

终点 // Port Nice Carras

距离 // 单程4英里（6.4公里）

威基基海滩，火奴鲁鲁，夏威夷州，美国

威基基海滩（Waikiki Beach）是世界上最壮观的城市海岸线之一，那些雪白细腻的沙地、蔚蓝的海水和汹涌的海浪让人目不暇接。冲浪者经常光顾此地，尤其是冬季月份。远处，钻石头火山（Diamond Head）若隐若现，雄伟壮观。跑步路线的起点在威基基水族馆附近的卡皮奥拉尼皇后地方公园（Queen Kapi'olani Regional Park），然后顺着棕榈树成行的海滨小径延伸，远远可见海岸楼群。穿过公园，踏上卡拉卡瓦大道（Kalakaua Ave），这条商业街热闹非凡、环绕海滩，沙滩美景呈现在眼前。沿着商业街向前，然后左转踏上海滩步道，接着右转跑上Kalia Rd。Kalia Rd通往德鲁西堡海滩公园（Fort DeRussy Beach Park），那里的德鲁西堡木板路通向无与伦比的卡哈那莫库公爵潟湖（Duke Kahanamoku Lagoon）。返程之前，可以绕湖面平静的潟湖跑一周。

起点 // 卡皮奥拉尼皇后地方公园

终点 // 卡哈那莫库公爵潟湖

距离 // 单程3.1英里（5公里）

顺时针从上至下：法国尼斯的步道；在迈阿密的南部海滩体验大汗淋漓；夏威夷著名的威基基海滩，位于欧胡岛（Oahu）

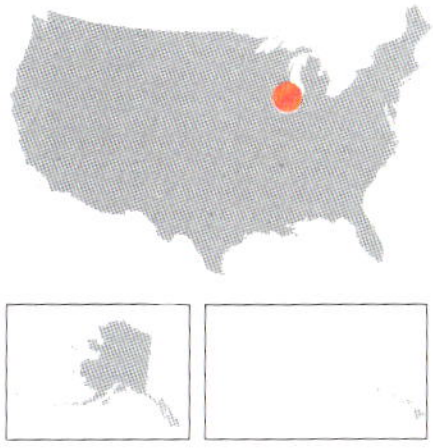

芝加哥湖滨

经过几十年发展，风城湖滨小径（Windy City's Lakefront Trail）已经将城市公园和探险乐园交织串联在了一起。

芝加哥的湖滨小径全长18英里（29公里），途经芝加哥的许多知名景点：密歇根湖（Lake Michigan）沿岸的壮丽湖滨、世界闻名的博物馆、市中心雄伟的摩天大楼和一个巨大的摩天轮。

但更重要的是，这条路横跨整个芝加哥地区，带你全面感受各个阶层的生活——从被人遗忘的艰苦居住区到豪宅林立的街道，从压抑沉闷的城市氛围到令人耳目一新的荒野景象。

在温暖舒适的日子里，全城居民好像都涌向海滨，毫不在意身材健美与否。来到湖滨小径，你会发现这个拥有270万人口的城市依然民风淳朴、邻里和睦。人民奉行美国核心地带的价值观（正直、简朴、勤奋工作等），一路上陌生人互相致意，快跑者礼貌地超越慢跑者。

起点（抑或终点，取决于行进方向）位于南岸文化中心（South Shore Culture Center）外面。这个文化中心原是一所乡村俱乐部，奥巴马夫妇曾经在此举办婚礼。跑道是一条平坦齐整的小路，环绕密歇根湖。它是一片内陆“海洋”，也是全球最大的淡水水域之一，广袤无垠，历史上多达1500艘船只在此沉没。远处翻滚的波涛无穷无尽。对于那些每天身处钢筋水泥丛林的当地人而言，密歇根湖能令人快速恢复元气。

你可以从湖滨小径的任意一端开跑，不过，南端游人较

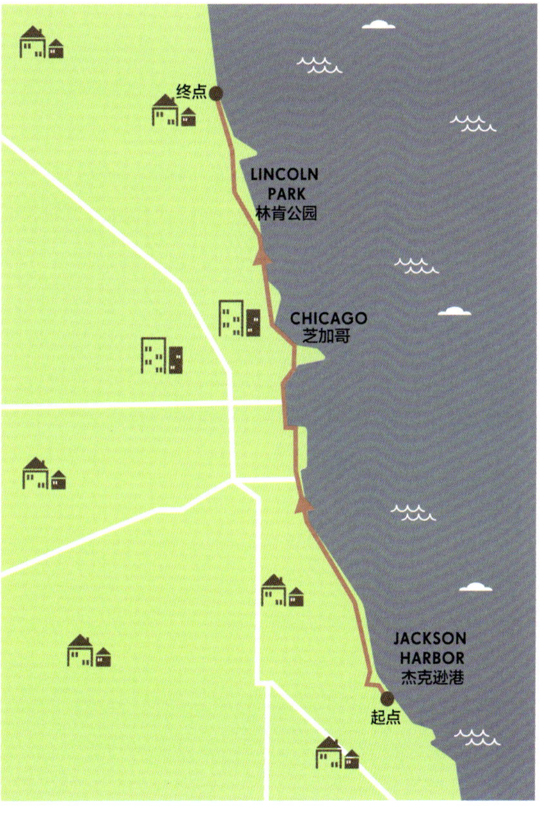

“来到湖滨小径，你会发现这个拥有270万人口的城市依然民风淳朴、邻里和睦——人民奉行美国核心地带的价值观。”

少，从那儿出发的话，前几英里脚下空间更加宽松。我就是从南端出发的。我从市区搭乘公共汽车，穿过一片杂乱的工薪族聚居区、低矮的公寓楼和难得一见的空地。

下车之后，我步行几分钟来到一处不起眼的街角，那里有个标志表示起点。一开始，道路只是一条乏善可陈的人行道，环绕一座公共高尔夫球场。仅仅半英里，转过一个弯道之后，碧绿的湖面扑面而来，一望无垠。小径沿着湖岸延伸。

跑出几英里后，经过杰克逊港（Jackson Harbor），港内帆船随着水波摇摆，老人们沿着码头钓鲈鱼。周边的居民成群结队来到港外，旅行野餐、尽情起舞。烤架上的香肠嗞嗞作响。

但是继续前行不远，就可以到达另一片沙滩，那里深受芝加哥大学的学生青睐。大学的象牙塔就高高耸立在西边几个街区外，附近还有科学与工业博物馆，它是西半球最大的科学博物馆，游客们经常先参观这座博物馆，然后漫步前往海岸线。

随后几英里的路途，东面是湖水，西面是沿着湖滨大道急速行驶的车辆。不过，仍有许多精彩的画面令我忘记这些都市喧嚣。从第49街可以清晰地看到浅水处的一艘沉船，那是Silver Spray号，1914年搁浅于一片名叫摩根浅滩（Morgan Shoal）的突出岩地。如今它的铁锅炉伸出湖面。在第41街海滩，肌肉发达的男人们在户外健身站做着引体向上和仰卧起坐。

突然，我不知身在何处了。

车流的喧嚣和尾气消失殆尽。取而代之的是鸟鸣啾啾和芳草清香，我意识到自己已经进入了伯纳姆百年草原（Burnham Centennial Prairie）。高楼大厦淡出视野，繁忙道路不见踪影。小径周围，蝴蝶翩翩飞舞，金光菊随风摇曳。我感到仿佛穿过一扇传送门，来到内布拉斯加州的草原进行越野跑。

穿过荒野到达另一侧，我进入芝加哥的另一个标志性城市核心区。布朗兹维尔（Bronzeville）是该市非裔文化中心，历史悠久，路易斯·阿姆斯特朗（Louis Armstrong）和格温多林·布鲁克斯（Gwendolyn Brooks）曾经居住于该街区。这个街区的亮点是第31街海滩，常常挤满幸福和睦的家庭游客，同时提供一些本市最佳公共娱乐设施，供热爱户外生活的人们使用。

接下来是一连串芝加哥著名地标，包括军人球场（Soldier Field）、谢德水族馆（Shedd Aquarium）和白金汉喷泉（Buckingham Fountain），喷泉也标志着小径的中点。继续向前，路过千禧公园（Millennium Park），就离芝加哥河不远了。穿过人行天桥，海军码头（Navy Pier）的厚比萨、玛格丽塔酒和一个巨型摩天轮也在诱惑着你。这就是蓬勃发展的芝加哥商业区。多数当地人对其又爱又恨，但是无论爱恨，随后几英里一直如此，途经斯崔特维尔（Streeterville）奢侈豪华、消费至上的

户外艺术

沿着芝加哥湖滨小径有几座出色的雕塑，其中的杰作包括汤姆·弗里德（Tom Friedman）的《仰望》（*Looking Up*）和约翰·亨利（John Henry）的《大风车》（*Chevron*）。前者（靠近第48街）是一个由铝箔和盘状器皿制成的童话般巨人，后者（靠近Diversey公园路）是一个52英尺（16米）高的风车式作品。那些艺术品每隔几年更换一次。

从左至右：芝加哥中部海岸的海军码头；上班前或下班后，人们成群结队跑步锻炼。204页：一些湖滨小径穿过城市，另一些则远离城市。

街区和一个被称为“黄金海岸”的区域。小径在这里沿着俄亥俄街海滩（Ohio St Beach）边缘继续，那是铁人三项运动员青睐的开放水域游泳训练场。实际上，湖滨小径一直靠近海岸分布，直至到达橡树街海滩（Oak St Beach）。

花里胡哨的高层建筑妙趣横生，然后，我到达北方大道海滩（North Avenue Beach）——芝加哥最广阔的海岸。这里到处都是水上运动站点和排球场，给人一种加州南部的感觉。

临近终点，小径进入绿树成荫的林肯公园。城市规划者称这里为美国的最佳公共空间之一，因为其内设有动物园、剧院和花园。然而事实上，芝加哥的湖滨小径才是这个城市的最佳公共空间。芝加哥的先辈们要求海岸线永远保持开放和自由发展。多亏他们的远见卓识，我才能够跑步横穿整座城市。

最后，小径蜿蜒向北穿过更多绿地，然后进入Uptown和Edgewater居住区。一帮年轻人在篮球场上打篮球，由拉美人组成的几路人马在足球场上争抢，年迈的越南夫妇在路边长凳上休息。在这里，湖滨再次成为反映人们日常生活的窗口，而非面向游客的门面。在奥斯特曼海滩（Osterman Beach），即路线的尽头，我结束了整场跑步，并决定在小吃店买一杯可乐，加入芝加哥当地人的行列。 **文 / 卡拉·齐默尔曼**

跑步指南

起点 // 南岸大道南7100号（7100 S South Shore Dr）

终点 // 阿德莫尔大街西（W Ardmore Ave），就在谢里丹路（Sheridan Rd）北段的东边

距离 // 18英里（29公里）

到达 // 从市中心乘6路公共汽车（Jackson Park Express）到南岸大道/第71街（South Shore Dr/71st St）下车。沿第71街向东走几个街区，到达湖滨小径的0 / 18英里标记处。

何时去 // 春季；工作日游人最少。

住宿 // Loop和Near North街区。

更多信息 // www.chicagoparkdistrict.com/park-facilities/lakefront-trail。最新信息可查看Twitter上的@activetransLFT。

行前参考 // 小径沿途有公交停靠，可以轻松上下车缩短跑步行程。海滩和公园设有多处洗手间和饮水处。

右页：纽约市的布鲁克林大桥。

更多类似体验

美国的城市步道

布鲁克林大桥，纽约市

是的，这里经常人满为患，但是仍然值得一跑。从下曼哈顿区的摩天大楼之间出发，沿着缓坡跑向桥上高高架起、纵横交错的线缆，穿过花岗岩塔，最后进入布鲁克林著名的海滨区DUMBO（down under the Manhattan and Brooklyn Bridges的首字母缩写，即曼哈顿和布鲁克林大桥下）。跨过大桥之后，布鲁克林大桥公园的一条海滨小路呈现于眼前，可沿这条小路再跑几英里。沿途可以欣赏东河的绝佳景色，奔向华尔街的高楼大厦、世贸中心一号楼，甚至自由女神像，之后到达海港。

起点 // 市政厅，下曼哈顿区

终点 // 6号码头，布鲁克林大桥公园

距离 // 2.5英里（4公里）

更多信息 // www.nycgo.com

内河码头大道，旧金山

旧金山的内河码头大道（Embarcadero）是一条环绕城市东部边缘的步道，沿着湾区（Bay）北部延伸。来这里跑步，可以呼吸海风，欣赏海景，近距离观赏庞大的海湾大桥。这条路线还经过巨人队华丽的棒球场和当红美食聚集的渡轮大厦，以及游人如织的渔人码头。整个区域受到游客青睐，也是本地人的后花园，不过别被吓退：这条路宽阔平坦，远处的伯克利（Berkeley）和奥克兰（Oakland）始终一览无余。跑完之后，可到39号码头（Pier 39）品尝蛤蜊浓汤、微酿啤酒或一桶小甜甜圈，那是犒赏自己的绝佳地点。

起点 // AT&T公园棒球场

终点 // 45号码头

距离 // 3英里（5公里）

西河公园路，明尼阿波利斯

密西西比河（Mississippi River）穿过明尼阿波利斯（Minneapolis）市中心，西河公园路环绕其河岸。这条小径从时髦的Warehouse区脚下开始，沿途经过古老桥梁、恐怖兮兮的旧面粉厂遗址和著名的格思里剧院（Guthrie Theater）。接着，小径经过明尼苏达大学校园以及魏斯曼艺术博物馆（Weisman Art Museum）。明尼哈哈公园（Minnehaha Park）位于老人河（Old Man River）上方，园内有树木、青翠小丘和悬崖，还有一面瀑布。这条小径是大环线（Grand Rounds）的一部分，大环线是一个51英里（82公里）长、环绕城市的道路网络，适合长距离跑者。

起点 // 普利茅斯大道（Plymouth Ave），布姆岛（Boom Island）对面

终点 // 福特公园路（Ford Parkway），明尼哈哈公园

距离 // 8.9英里（14.5公里）

更多信息 // www.minneapolisparks.org

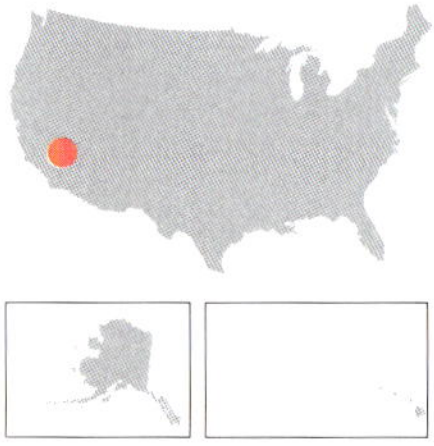

恶水135英里马拉松

这场穿越加利福尼亚沙漠的超级马拉松，必须面对炙烤的酷热和极端的海拔，哪怕只是看看相关报道，都要比你平日的晨跑更加累人。

跑至恶水135英里超级马拉松（Badwater 135 ultramarathon）的127英里（204公里）处，我感到腿部的疼痛已经不同寻常。奇怪的是，那种疼痛发人深省，竟然年复一年吸引着我参加这场比赛。估计也是这个原因吸引了其他参赛者。那种疼痛拷问你：你是谁？你想成为谁？这个星球之上，没有哪项比赛能够如此净化身心。

这是我第六次参加恶水马拉松，但我从未为此准备充分。因为在这场比赛中，即便能预知前路也无济于事。每次打开车门，当我脆弱凉爽的皮肤彻底暴露在名副其实的高温之中时，我都不禁为之一振。恶水马拉松的起点在加利福尼亚的死亡谷（Death Valley），那是一大片沙漠地区。1850年，一群探路者在此迷路、陷入绝望，几乎只能等待死亡降临。于是，他们给这里取名"死亡谷"。

恶水马拉松的设计初衷是让参赛者从低纬度本土48州（the lower 48）的最低点跑到最高点。参赛者从恶水盆地（Badwater Basin）启程，沿着狭窄的沙漠公路持续艰难地前行，直至加利福尼亚州内华达山脉（Sierra Nevada）东侧的孤松镇（Lone Pine），然后向西攀上惠特尼登山路（Whitney Portal Rd）的顶部。那里海拔8360英尺（2548米），是低纬度本土48州最高峰的底部。最初，比赛的终点位于海拔14,505英尺（4420米）的惠特尼山（Mt Whitney）之巅，后来出于安全考虑，公园管理部门关闭了那条路线。

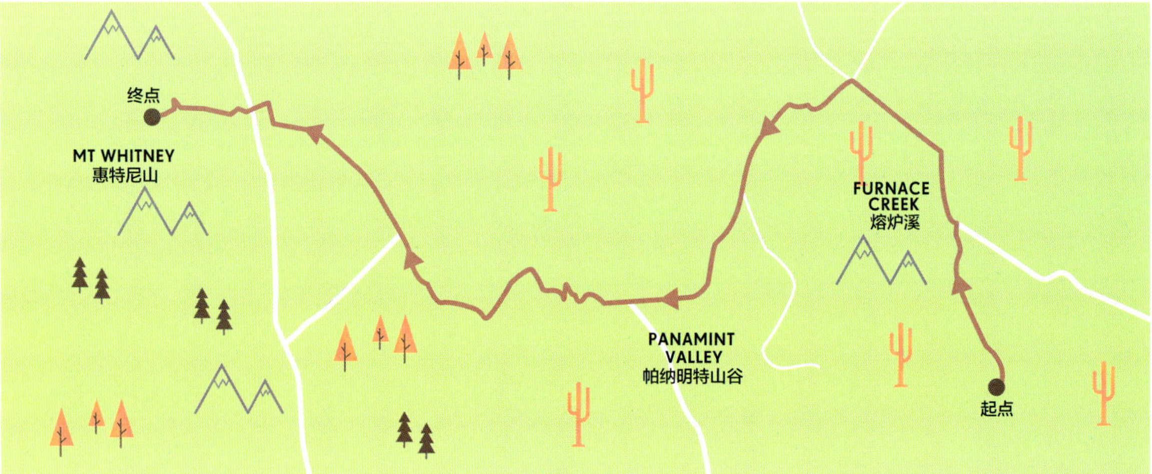

© Matt Battiston

尽管在极限运动圈，“极限”一词已经被滥用，然而恶水135英里超级马拉松的的确确在真正意义上诠释了“极限”两字。那是一场真正自虐式的耐力测试，许多人认为它是地球上难度最高的跑步比赛。它源于一个古老而纠结的问题：“我能完成吗？我想知道。”20世纪70年代初，Al Arnold提出这个疑问，并且动身寻求答案。他是一位来自加利福尼亚州核桃溪市（Walnut Creek）的健身达人。失败两次之后，他终于在1977年获得成功，从而引发成百上千名冒险者先后迎接这项挑战。尽管我参加过数项超级赛事，甚至不止一次获胜，但恶水135英里超级马拉松仍然可被视作一场终极挑战。

2013年，当我身处恶水135英里马拉松的起跑线之前，突然心生焦虑，一个疑问再次出现：“我真的想再次参加这项比赛吗？”那是7月中旬，一年中最热的时候，如果其他时间举行，那将违背比赛初衷。你可以理解为，其目的就在于通过一次剧烈的净化之旅，将我的身心掏空，以便更深层地感知它的实质。

参赛者必须自带后援团队，因为沿途没有救援站。没有后援团队，参赛者可能无法生存，更不用说完成比赛。那年，我的后援人员都是新手，但我胸有成竹地认为他们能帮我安全返回。开始之前，我和其他参赛者排成一行，我抬头向右看，看到上方282英尺（86米）的岩石上写着“海平面”（sea level）字样。上午10:00，比赛开始，我们像一群乌龟一样缓缓离开起跑线。快跑者飞奔而前，但我提醒自己，惠特尼山峰还有135英里（217公里）之遥，初始这段比较轻松，我该尽情享受。好景不会太长。不久之后，我的手表残酷地显示，气温已经达到53℃。这还算是好消息。坏消息是，93℃的地表温度导致我产生了一种异样感觉，我只能将其描述为开放空间幽闭恐惧症。

我穿过熔炉溪（Furnace Creek），然后经过沟壑纵横的沙丘到达烟囱井（Stovepipe Wells）。来到海平面和这个小镇时，我们已经缓慢爬升了42英里（68公里）。一些选手脱掉衣服、跳进汽车旅馆的游泳池，但我觉得游泳池更像热水浴缸，所以我继续前行。我跋涉17英里（27公里），爬上汤恩山口（Towne Pass），那里位于沙漠地表海拔5000英尺（1500米）处。然后，我急速跑下10英里（16公里），来到帕纳明特山谷（Panamint Valley）。

夕阳西下，气温有所降低。天空呈现淡紫色，那是对我艰难跋涉的最好回报。黄昏过后，黑夜降临，我被路上的一条响尾蛇吓了一跳。72英里（116公里）处，我首先经过帕纳明特温泉度假村（Panamint Springs Resort），然后经过克劳利神父岔路

© AdventureCORPS | Ron Jones | Badwater.com

"乐趣"加倍

距离只是恶水马拉松挑战的一部分，因为全程需要翻越两座山脉，累计攀升19,000多英尺（5790多米）。尽管如此，已经有多名男女选手完成了死亡谷300英里（Death Valley 300；往返）、恶水三程（Badwater Triple；一次往返加一次单程）甚至恶水四程（Badwater Quad；两次往返）的比赛。

从左至右：惠特尼山峰终点附近的参赛者；高温和脱水的威胁一直存在。211页：恶水盆地的气温可达54℃。

（Father Crowley's Turnout），最后抵达90英里（145公里）处和通向达尔文（Darwin）的岔道。达尔文是一个有人居住的废弃城市，一处标语写着"没有电视、没有Wi-Fi、没有手机信号、没有商店；欢迎游客光临"。

夜间温度为36℃，非常宜人，我关掉头灯，开始欣赏令人陶醉的天空景象。几小时后，曙光开始刺破地平线，我经过108英里（174公里）处的采矿小镇基勒（Keeler）。前面就是惠特尼山峰和沐浴着朝霞的内华达山脉。

最终抵达122英里（196公里）处的孤松镇时，我打起了十二分的精神。最后一段最为艰难，就是13英里（21公里）长、5000英尺（1500米）高的山麓攀登。随着我开始向上攀登，气温降低，风速加快。穿过参天松林，每次跑过一条S弯道，都会耳目一新，看到山下广阔无垠的沙漠。跑过最后一个转弯时，我看到已经有几名选手位于海拔8300英尺（2530米）的终点线附近，于是我开始奋力冲刺。跑完全程我总共花费了26小时15分钟。当我最后一次回首望去时，我对自己说："再见，死亡谷，我再也不来了。"然而，在写这篇文章的时候，我已经报名参加了2019年的恶水135英里超级马拉松。 **文 / 查理·恩格尔**

跑步指南

起点 // 恶水盆地

终点 // 惠特尼登山路顶端，孤松镇，加利福尼亚州

距离 // 135英里（217公里）

到达 // 乘坐飞机前往拉斯维加斯（Las Vegas），然后驱车140英里（225公里）抵达熔炉溪。

何时去 // 7月第三周。

住宿 // Furnace Creek Ranch（www.oasisatdeathvalley.com）位于起点附近，是比较豪华的选择。Dow Villa Motel（www.dowvillamotel.com）位于孤松镇的终点附近，提供简朴的客房。

更多信息 // www.badwater.com

行前参考 // 人人都在关注高温，但其实，真正需要担忧的是空气干燥。来跑之前，建议至少提前一周开始补水。

右页：斯巴达超级马拉松路线的一部分：跑步上坡，经过松柏树。

更多类似体验

艰苦的超级马拉松

斯巴达超级马拉松，希腊

这项赛事有着深厚的历史积淀，带领参赛者回味过去。虽然参赛者面临酷热，且赛程紧张，但是比赛路线正是费迪皮迪兹所走的线路。公元前490年，马拉松战役之前，费迪皮迪兹被派遣从雅典（Athens）前往斯巴达（Sparta）寻找外援，因为希腊人准备向波斯人发动战争。路线的起点位于雅典卫城（Acropolis）脚下，沿着古老的省道蜿蜒前行，穿过橄榄林和大片葡萄园，然后爬上海拔3900英尺（1200米）的帕特农山（Parthenon Mountain）——据说，费迪皮迪兹在此遇到潘纳神。参赛者抵达终点，斯巴达市民就像迎接英雄一样欢迎他们，他们可能会累倒在列奥尼达国王（King Leonidas）雕像脚下。所有完成比赛的人，都会被冠以橄榄花环，并且获得一碗源自埃夫罗塔斯河（Evrotas）的饮水，那种礼遇跟古时候第一届奥运会选手获得的一样。

起点 // 雅典卫城

终点 // 斯巴达

距离 // 153英里（246公里）

更多信息 // www.spartathlon.gr/en/

箭头135英里马拉松，明尼苏达州，美国

箭头135英里马拉松（Arrowhead 135）的举办地位于低纬度本土48州最寒冷的城市，举办时间是隆冬。这个城市就是明尼苏达州的国际瀑布市（International Falls）。多功能的箭头国家小径（Arrowhead State Trail）有宽阔平坦的小路，以及带有湖泊和溪流的崎岖起伏的丘陵；或许你还能看到驼鹿和狼的足迹，以及鹿、猞猁、狐狸和雪地兔。小径南段经过大片裸露的岩地和巨石，它们是冰川侵蚀的遗留物，盘踞在古老的山脉脚下。这里风景优美，可以俯瞰湖泊和古老铁矿，还有大片的高龄阔叶林。注意，沿途可能还会看到鱼鹰、雪枭和秃鹰巢。比赛的终点位于朱砂湖（Lake Vermillion）附近，不过，比赛完成率不到50%，许多参赛者会沿途找一个温暖地栖身，从而放弃比赛。

起点 // 国际瀑布市

终点 // 朱砂湖

距离 // 135英里（217公里）

更多信息 // www.arrowheadultra.com

巴西135英里马拉松，米纳斯吉拉斯州

巴西135英里马拉松（Brazil 135）的举办地点位于曼蒂凯拉山脉（Serra da Mantiqueira）。这座山脉郁郁葱葱，将里约热内卢与米纳斯吉拉斯州分隔开来，是硕果仅存的几个拥有广阔大西洋沿岸雨林的地区之一。尽管人们普遍认为巴西135英里马拉松是巴西难度最高的跑步比赛，但是完全值得付出那份艰辛。比赛是在信仰之路（Caminho da Fé）最具挑战性的路段进行，这是一条闻名遐迩的朝圣之路。参赛者跑过迷人的小镇，镇上的旅舍热情好客，食物令人赞叹。这条路径还蜿蜒穿过许多国家公园和州立公园。比赛规定60小时之内跑完，看起来时间充分，其实，选手们必须持续前行才能按时完成，尤其是下雨的时候。

起点 // 圣若昂达博阿维斯塔（São João da Boa Vista）

终点 // 帕莱索波利斯（Paraisópolis）

距离 // 135英里（217公里）

更多信息 // www.brazil135.com.br

SPARTATHLON
359

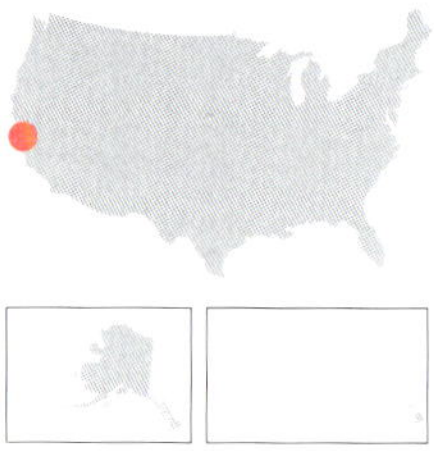

旧金山越湾马拉松

旧金山最著名的跑步比赛无关分段时间或速度纪录，它更像一场快步的抗议游行，人们高举着古怪的标语，穿街过巷。

在旧金山越湾马拉松，我刚沿着霍华德街（Howard St）跑过前几英里，就不由自主地感觉到人们都在盯着我看。那天，我有些与众不同——只有少数几个人的穿着打扮像是真正的赛跑者，我是其中之一。那是5月下旬一个凉爽的星期天早晨，我周围的人形形色色，包括一个穿着熊猫服装的女人，两个穿着黑色紧身衣、彩色芭蕾舞短裙、戴着荧光黄羽毛围巾的男人，还有两个打扮成布鲁斯兄弟（Blues Brothers）。附近，一群参赛者全身上下一片绿色，携带着谴责石油开采、森林砍伐和全球变暖的纸板标语。我的右边是服饰完全一致的“蜈蚣”队伍，成员通过一根细绳相连。当然，还有裸体跑者。那些裸体男男女女，只穿跑鞋、背着轻便背包，四处游荡。

报名参加这项活动时，我并不知道旧金山越湾马拉松的具体情况，也不知道它对那么多人的意义何在。总有形形色色的怪异人士参加这项活动，不过，更加奇怪的或许是聚集50,000人跑7英里（11公里）的这个想法。比赛横穿旧金山，从东部边缘的海湾沿岸到西边的太平洋。

我曾以为，旧金山越湾马拉松只是将来某场马拉松之前的热身而已。然而，比赛甚至尚未开始，我就已经心知肚明：那是外行的看法。当选手们靠近起跑线，一群身穿充气橡皮鸭玩具的参赛者先跳了一段精心设计的热身舞。一个猫王（Elvis Presley）扮演者大声唱出歌曲《温柔地爱我》（*Love Me Tender*）

EXALT
JESUS
JOHN DEERE

“我穿过金融区，一直思考，如果再来参加，要装扮成什么？超级英雄还是小兔子？或者，全身只穿一条Speedos泳裤？”

纪录创造者

1912年以来，旧金山越湾马拉松每年举行一次。路线、长度固定，连续举办的年数超过世界上任何其他赛跑项目。第二次世界大战期间，参赛人数一度不到50人，但是比赛从未中断。同时，它也成为世界上规模最大的跑步赛事。1986年，11万名跑步者参加比赛，人数创造了世界纪录。

顺时针从上至下：重要的比赛装备；金门大桥；50,000参赛大军。217页：跑步爱好者齐聚阿拉莫广场（Alamo Square）。

的其中几句。我身穿速干T恤、尼龙运动短裤和一双破旧的耐克Pegasus跑鞋，感到自己有点愚蠢，甚至有些羞愧，因为我根本没有理解这场活动的精髓，它是最奇特的跑步比赛，亦是旧金山最重要的赛事之一。

事实上，开赛不久，我穿过整个金融区，一直都在思考，如果将来再次参加这项活动，要选择什么装扮。超级英雄还是大耳朵下垂的小兔子？或者，全身只穿一条颜色鲜艳的Speedos泳裤？参加此类活动时，你不太想关心个人时间目标之类的问题，它们显得并不重要。

旧金山越湾马拉松一直以来都是世界上最具特色的一项跑步比赛。原因有二：首先，它起源于1912年，是历史最久的比赛之一；其次，它旗帜鲜明地展示了它所在城市的激情澎湃。这项活动诞生于1906年那场毁灭性地震之后，作为提振城市活力的一种方式。然而几十年后，它变成了如今这样一场大型的公众派对，不再仅仅是一场比赛。就像旧金山本身一样，它主张体现自我表达、个人健身、政治行动主义和反主流文化解放行为。

“没错，这就是一个大派对，不过也远不止如此。它是旧金山的一项传统活动。”一位蜈蚣队伍的参赛者说，十几年来他几乎每年都参加，“人们可以借机放飞自我，或者为任何自己热衷的社会事业发声。”

我身旁那两个女人身穿粉红色运动内衣、粉红色伸缩尼龙短裤、粉红色跑鞋和亮粉色假发。跑出几英里之后，她们的装扮不再惹眼，而是显得稀松平常。比赛路线从霍华德街开始，蜿蜒延伸，先到第九街（9th St），然后到海耶斯谷（Hayes Valley）。在海耶斯谷，我开始艰难攀登陡峭的海耶斯山路：11%的坡度，海拔攀升2000英尺（600米）。当我最终到达山顶，人们已经大批聚集，他们在门廊上聚会、在街边乐队的伴奏下翩翩起舞，还演奏着“感恩而死”（Grateful Dead）乐队的歌曲。

20世纪70年代初，当美国第一波跑步热潮席卷全国时，旧金山越湾马拉松的参加人数从几百名飙升至数千名。不久之后，它一跃成为世界上规模最大的跑步活动。从那以后，参加人数其实有所减少，这得归功于报名费的上涨和冷静的市民对于比赛乌烟瘴气的厌恶。不过，它仍然吸引着成千上万未报名的“野蛮人”参赛，以及10多万名热情观众。

金门公园（Golden Gate Park）和海德艾斯布利（Haight Ashbury）街区附近的潘汉多尔（Panhandle）是赛程的中点。在这里，我被一个蜈蚣队伍超越，超过我的是众多蜈蚣队伍中的第一个。世界上没有任何其他跑步比赛允许选手连成一队一起参赛。如今，胜出的蜈蚣队的速度超过每英里5分30秒，真是令

© David Madison /Getty Images

© Ezra Shaw | Getty Images / © imageBROKER | Alamy Stock Photo

人震撼，因为在整个赛程中，参赛者相距只有5英尺（1.5米），必须步伐一致。

穿过金门公园之时，我经过温室花园的拱形温室和日本茶园前面修剪整齐的花园。这也是比赛的高潮阶段，沿着约翰肯尼迪大道一直往下跑，最后几英里不知不觉间一闪而过。我知道自己早就放弃了目标，沿途开始享受观察人群，所以最后的一点加速让我感觉良好。然后，一小段曲折道路通往马丁·路德·金大道，途中经过公园西南角的著名荷兰式墨菲风车。

拐上大公路（Great Hwy），我第一次看到大海。巨浪在我右侧翻滚，距离终点线仅剩100码（90米）。到达终点，我立刻感到一种不可思议的悔恨。不是因为速度不达预期，而是因为我一直在意着自己的比赛成绩。我立即前往海滩，看着其他人越过终点线，尽可能赶在那些情绪高涨的参赛者离开之前，感受他们那些稀奇古怪的乐趣。

我参加过世界各地的跑步比赛，那些真正出色的比赛都在于反映当地的物质和文化特色。就像纽约马拉松会穿过五大行政区，旧金山越湾马拉松也揭示了旧金山的灵魂。它绝对不在于跑步的速度，甚至无关跑步，而是一种表达。　**文／布莱恩·梅茨勒**

跑步指南

起点 // 靠近霍华德街和斯图亚特街（Stuart St）

终点 // 大公路，海洋海滩（Ocean Beach）

距离 // 7.46英里（12公里）

到达 // 旧金山国际机场（San Francisco International Airport）位于起跑线以南35英里（56公里）处。

何时去 // 5月的第三个星期天。

住宿 // Hotel Griffon（www.hotelgriffon.com）和Hyatt Regency San Francisco（www.hyatt.com）位于起跑线附近，都是绝佳住所。

穿什么 // 如果想要充分体验，并且真正融入其中，那就扮演一个角色或宣传一项公共事业。别忘了穿上一双优质跑鞋，如果鞋子质量太差，恐怕难以支撑完整的赛程。

更多信息 // www.baytobreakers.com

行前参考 // 参加这项比赛，你应该带好手机好好拍照。

右页从上至下：奶酪饼沿着格洛斯特郡的库珀山滚下，一路领先；拉斯维加斯欢迎所有人，包括马拉松运动员

更多类似体验

著名的趣味跑

库珀山滚奶酪比赛，布罗克沃思，格洛斯特郡，英国

至少从15世纪中期开始，每年春季5月的最后一个星期一，布罗克沃思（Brockworth）都会举办库珀山滚奶酪比赛（Cheese-wheel racing down Cooper's Hill）。布罗克沃思是英国西南部格洛斯特郡（Gloucestershire）的一个小村庄。这项活动经历战争、食物配给时期、黑死病和许多受伤事件，一直延续至今。玩法简单：热情饱满的参赛者沿着一片陡峭草坡追逐一片本地制作的奶酪饼。第一个到达坡底取回奶酪饼的人就是获胜者。通常，奶酪饼重约9磅（4公斤），据说，其滚下山坡的速度可达70英里（112公里）/小时。不过近年来，奶酪饼已经被一种移动速度稍慢的泡沫仿制品取代，以便尽量避免观众受伤或死亡。

起点 // 库珀山山顶

终点 // 库珀山山脚

更多信息 // radseason.com/event/cheese-rolling-coopers-hill-gloucester-united-kingdom/

摇滚拉斯维加斯半程马拉松，内华达州，美国

这是规模最大的跑步盛事之一。每年11月初的两个晚上，拉斯维加斯大道（Las Vegas Strip）禁止车辆通行，其中一个晚上，参赛者就沿着这条大道来回奔跑。比赛以一场大腕云集的音乐活动宣告开始，参赛者从炫目的起跑线开跑，然后穿过"罪恶之城"（即拉斯维加斯）的中心，经过醒目的标语牌"欢迎来到拉斯维加斯"（Welcome to Las Vegas）和名气很大的赌场，例如Mandalay Bay、Luxor、Excalibur、MGM Grand、Caesar's Palace和The Bellagio，还有无数婚礼教堂、典当行和精彩的The Fremont Street Experience灯光秀。此外，还有全程马拉松、10公里赛事和5公里赛事，但是半程马拉松的距离恰到好处，可以省下足够精力在赛后游览拉斯维加斯。

起点 // MGM Grand Hotel Casino

终点 // The Mirage Hotel Casino

距离 // 13英里（21公里）

更多信息 // www.runrocknroll.com

厕所跑步比赛，温顿市，昆士兰州，澳大利亚

澳大利亚的厕所跑步比赛（Dunny Derby）又被戏称为"蹲厕争夺赛"（The Constipation Stakes），是一项不太文雅的比赛。厕所主题滑稽幽默，参赛者用车轮拉着自制厕所奋力奔跑。每队五人，包括一名蹲在"宝座"之上的"骑手"和四名充当马匹的队员。两人从前面拉，两人从后面推。全程200米，起点位于Le Mans-style附近。首先，"骑手"冲向"宝座"，然后，每支队伍驱动他们的厕所通过一系列障碍，最终到达当地一家酒吧前面的终点线。敬请豪饮。

起点／终点 // 埃里克·莱顿纪念游乐场（Eric Lenton Memorial Recreation Grounds）

距离 // 650英尺（200米）

更多信息 // outbackfestival.com.au/whats-on/quilton-australian-dunny-derby/

WELCOME
TO Fabulous
LAS VEGAS
NEVADA

魁北克市冬季热身

有时候，如果想要不被打扰、独自一人跑步穿越自己钟情的城市，唯一的办法就是选择气温还在零度以下、人们还在被窝的时候。

冬日清晨从不会善待跑步者，除非正好住在魁北克市。每年，我会在魁北克市居住一段时间，我发现，冬季确实是构成我们文化和景致的一部分。事实上，每当这个季节，早晨起床的思想斗争（是否再赖床几分钟的内心纠结）就不复存在。冬天闹铃一响我就起床，内心兴奋，想知道外面雪有多大，同时好奇外面会有多冷。穿上层层衣物和四季跑步装备，包括保暖内衣裤、绒线帽和YakTrax跑鞋，然后出发。

户外通常都在零下几度，呼出的气仿似团团云雾。前方景致历久弥新，我一边跑步穿过世界上我最钟情的城市，一边欣赏其数百年的历史和无与伦比的自然环境。只要我在魁北克，每周都会跑几次，实际上，寒冷的月份感觉最佳。但是，即使冬季，魁北克市仍然人满为患，因此，我特别喜欢一大早出来跑步。一日之计在于晨，能够安静地晨练，真是美妙。

魁北克市坐落在圣劳伦斯河（St Lawrence River）和圣查尔斯河（St Charles River）之间一个被称为戴曼特岬角（Cap Diamant）的高处。这座古城位于一个易洛魁人（Iroquois）村庄的遗址之上，1608年由法国探险家、城市创始人萨缪尔·德·尚普兰（Samuel de Champlain）建造。

因为地形特殊，所以城市最初包括上下两层。上城区位于

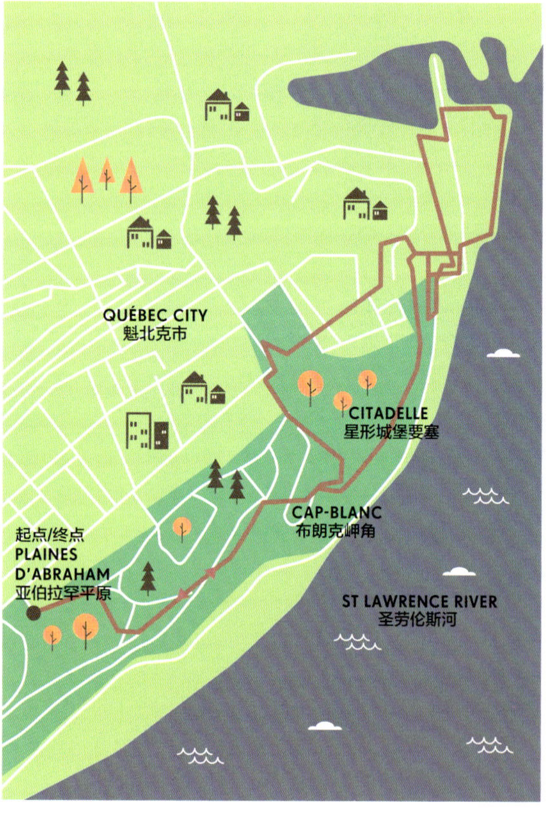

“鹅卵石上覆盖着一层松脆的白雪，反而不像夏天那样容易滑倒。”

海角之上，拥有蜿蜒曲折、历史悠久的街区、雄伟的城墙和令人印象深刻的Château Frontenac酒店。下城区到处都是极其狭窄的鹅卵石街道和古色古香的商店，统统位于小香普兰区（Quartier Petit Champlain）内，这个街区通往老港口地区。

我总是前往最大的市区公园亚伯拉罕平原（Plaines d' Abraham）的园区开始跑步。如果天气特别寒冷，比如温度只有零下15℃，我会首先来这里，沿着平坦、翠绿、修剪整齐的花园和树木环绕的草坪进行一番热身活动。冬天，公园就是一个巨大的雪地游乐场，提供越野滑雪道、溜冰场和雪地跑道。

一到公园南端，我就踏上了几条穿过公园中心的越野小径。街灯下，结了冰的雪地闪闪发光，清晨滑雪者一闪而过，几名跑步者在静静的空气中留下一团团呼出的白雾。

不过，当我到达老城区时，四周常常仅剩我一个跑步者。人行道上仍然白雪皑皑，四周寂静无声，只有脚踩雪地发出的有节奏的嘎吱声。我跑过魁北克战役的发生地。那场血腥的战役发生于1759年，起因是法国和英国争夺魁北克控制权。

前面是有着近200年历史的星形城堡要塞（Citadelle），它是北美保存最完好的堡垒之一。我慢跑穿过圣路易斯门，对面是魁北克装饰华丽、冰柱悬垂的国会大厦，然后经过更多建筑奇观，例如城堡风格的市政厅（Hôtel de Ville de Québec）和1647年始建于此的魁北克圣母大教堂（Notre-Dame de Quebec Basilica）。时间尚早，这些地方全部被我独占，能够不受任何干扰独自欣赏这些景致，真是美妙至极。

到达河边，我沿着一段名叫Escalier Casse-Cou（意为“夺命阶梯”）的陡峭石阶下行，途中我紧紧抓住护栏，小心翼翼，

热爱冬季

每年2月，魁北克市的居民要举行为期10天的冬季狂欢，庆祝冬天的到来。届时，城市热闹非凡，开展各种你能想到的冬季运动，包括雪橇和平底雪橇，还有雪雕和冰雕、音乐、热气腾腾的食物和游行。重头戏是一个巨大的冰雪宫殿，采用数千块透明冰块堆砌而成，在绚烂灯光的照耀下熠熠生辉。

顺时针从上至下：白雪皑皑的魁北克市；抓地力良好，跑步者身体平稳；在老城苏醒之前，踏上征程。223页：冰雪覆盖的台阶变得湿滑。

以免滑倒在隐蔽的冰面上。然后我踏上狭窄的鹅卵石街道。那些街道分布于小香普兰区的石屋之间，小香普兰区是这片大陆最古老的商业区。这些店铺已经在此售卖商品长达400年之久。如今，小香普兰区是旅游胜地，从普通纪念品到精美艺术品，应有尽有。我常常暗自庆幸：鹅卵石上覆盖着一层松脆的白雪，反而不像夏天那样容易滑倒。

鹅卵石街巷以外是香普兰大道（Boulevard Champlain），位于圣劳伦斯河畔。这段河面很宽，超过1公里，晨曦中海面水雾升腾。大块浮冰在湍急的水中推搡前行，沐浴着晨光，翻滚着经过城市。

从这里，我沿着步道向北到达老港口，然后向南折返，返回小香普兰区。此时，我沿着细长的小香普兰街（Rue Petit Champlain）上山，街上通常挤满了购物者，许多购物者乘坐缆车，缆车路线与街道平行。不过，现在距离商店开门尚早，那些店铺的窗户反射出温暖的黄光，映照在无人踩踏的积雪上。

最终，我抵达这座城市的标志性景观——Château

© Yves Marcoux | Design Pics | Getty Images / © Jochen Tack | Alamy Stock Photo

Frontenac酒店。当我穿过普雷斯科特（Porte Prescott）城门时，酒店就矗立在我的上方。这座酒店建于1893年，规模巨大、华丽壮观，拥有美轮美奂的角楼、尖顶和陡峭的铜屋顶，加上白雪覆盖，看起来就像一座神奇的冬日城堡。朝阳下的酒店绚烂多姿。为了靠近酒店，我爬上石阶，踏上都伏林步道（Terrasse Dufferin）木板路，木质的路面平坦而有弹力，脚感令人愉悦。

兴奋地爬上300级台阶，我再次回到平地，这次跑步之旅也画上了句号。实际上，300级台阶分为几段，每段都带有一个平台。在攀爬结冰的台阶时，我必须注意脚下，小心谨慎地迈步。而返程的路线，需要顺阶而下，更是险象环生。

最后，我顺利从山顶下来，再次逼近星形城堡要塞，前往亚伯拉罕平原。城市已经醒来，我的足迹早就被上班的人踩得面目全非。人们正在步行（或滑雪）上班，还有一些人出来晨跑。但是，冬季的朝阳还只是低悬空中，刚好温暖我的脸庞。

随着气温升高，公园道路泥泞。我摘下绒线帽，趁机沐浴最后一股冰冷清爽的空气。

当然，雪季之外的时间，跑步依然十分精彩。秋季，途中景色尤其迷人，树叶在脚下嘎吱作响。但是，我还是更加喜欢冬日清晨的跑步之旅，那时，一切由我独享。　**文 / 加比·莫卡塔**

跑步指南

起点 / 终点 // 亚伯拉罕平原

距离 // 大约5.5英里（9公里）

到达 // 乘坐飞机前往魁北克让·勒萨热国际机场（Jean Lesage international airport），或者乘坐火车前往。乘坐火车从蒙特利尔（Montreal）前往，需要3.5小时。

何时去 // 如果想要体验魁北克市的冬跑，就在12月至次年3月之间前往，那时地面通常有雪。

住宿 // 时髦的C3艺术酒店（www.lec3hotel. com）就在亚伯拉罕平原对面，因此成为魁北克跑步之旅的绝佳起点。

更多信息 // www.toursvoirquebec.com/en/

行前参考 // 在寒冷的冬季开跑，需要带上运动长裤和上身保暖衣物，包括一件轻便的防风夹克。戴上一顶暖和的帽子或头巾、防风手套、防水袜子、全天候装备，并给跑鞋加上雪地防滑带。

右页：蒙特利尔的皇家山天使雕塑。

更多类似体验

加拿大冬季长跑

皇家山公园，魁北克省

皇家山公园就在蒙特利尔（Montréal）市区以东，坐拥280公顷，由弗雷德里克·劳·奥姆斯特德（Frederick Law Olmsted）设计。奥姆斯特德也是纽约中央公园的设计者，并且为公园中央的死火山命名。皇家山公园拥有100公里步道和小径供人探索，到了冬季，便呈现另一番样貌：海狸湖（Beaver Lake）滑冰、越野滑雪道、速降滑雪道，当然还有跑步道。大雪初降之后，银装素裹。此时，沿着积雪小径跑步，再奋力攀登764英尺（233米）的皇家山之巅是蒙特利尔最不容错过的体验。

起点/终点 // 西松林大街（West Pine Ave）附近的Le Serpentin小径

距离 // 3~6英里（5~10公里）

更多信息 // www.lemontroyal.qc.ca/en

圣约翰斯，纽芬兰省

信号山（Signal Hill）高240英尺（73米），是首次跨大西洋无线电传输的基地，并且因此闻名遐迩。攀登信号山非常艰难，但是收获相当惊人。起点位于圣约翰斯市中心，那里狭窄的巷道纵横交错，蜿蜒穿行于海港上方色彩鲜艳的木屋之间。沿着海滨朝向西北，可以到达海峡Narrows的北端。然后，爬上一系列走道和阶梯到达山顶。尽管圣约翰斯的年降雪量超过10英尺（3米），不过，由于冰雪和消融不断循环，信号山小径通常规整清晰。然而，大风可能致使出游存在危险，所以风和日丽的时候再去。从市中心出发，往返5~6英里，具体距离取决于你的出发地点。

起点/终点 // 圣约翰斯市中心

距离 // 5~6英里（8~10公里）

特林布兰山，魁北克省

在魁北克最著名的滑雪胜地，一旦冰雪开始消融，当地越野跑步者就会穿上跑鞋，在山坡上整装待发。经典路线是一条10.5英里（17公里）的环线，俗称Johannsen- Sommets-Grand Brule环线，起点和终点均位于特林布兰山村（Mt Tremblant Village）。沿这条小径跑步需要一定技巧，沿途会跨越多座山丘，穿过深邃迷人的森林，跨过绿草茵茵的滑雪道，横穿水流湍急的山溪，经过奔涌不息的瀑布。总计爬升超过1950英尺（600米），可从特林布兰山和Pic Johannssen之巅俯瞰滑雪村和周围的壮丽景色。

起点/终点 // 特林布兰山村

距离 // 10.5英里（17公里）

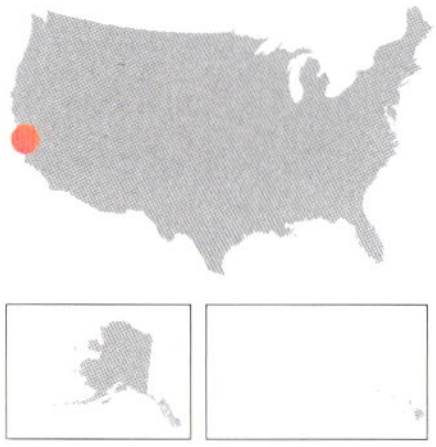

大瑟尔马拉松

崎岖迷人的加利福尼亚1号公路（Highway 1），是适合用来深思和自省的完美跑道，
不过，首先你得忘却腿部肌肉的疼痛。

在跑到22英里（35.4公里）时，我到达了极限。我对那个场景仍然记忆犹新。小腿的肌肉蜷成硬邦邦的一团，并开始痉挛，我感觉自己快要窒息。我已经奋力爬了2英里（3.2公里）山坡到达飓风点（Hurricane Point），并且跨过毕克斯比大桥（Bixby Bridge），沿途的广阔海景和海浪声一路鼓舞着我。然而，抵达此处，离终点仅剩最后一段4英里（6.4公里）的山坡，我却再也无法前行。更糟糕的是，那一刻我意识到，如果不能完成，似乎余生也将一团糟。

大瑟尔马拉松（Big Sur Marathon）在加利福尼亚的中部海岸举办。我参加这项活动的最初原因是生活很不如意，可以说是单调乏味。我肥胖、单身、缺乏激情，全部资产只有一台用来干我并不喜欢的工作的电脑，以及一些债务。我是一个30多岁的落魄作家，而且酗酒。最糟糕的是，我开始对这一切感到麻木。

或许并非刻意计划，而是出于求生本能，我向那项一直对我不离不弃的活动求救：跑步。我的朋友布莱恩（Brian）一直将

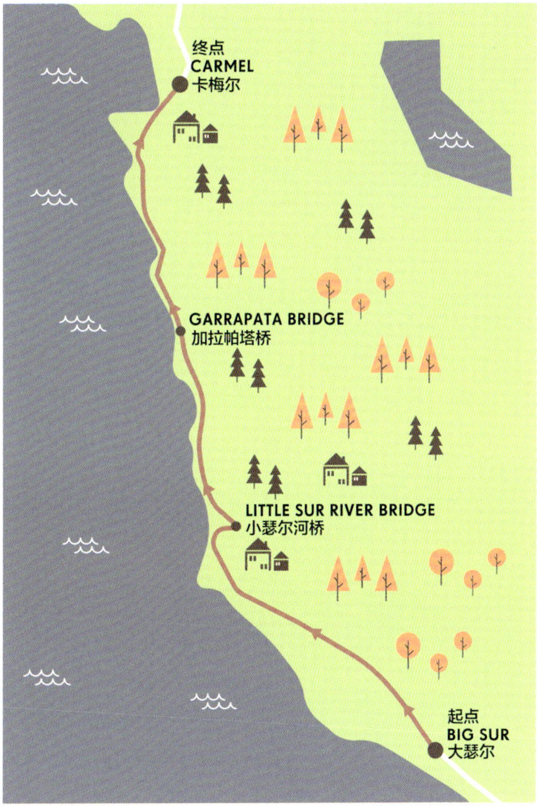

© Courtesy of Big Sur Marathon Foundation | Ian Higuera

大瑟尔马拉松海报挂在他办公室的墙上。一天，我问他能否将这张海报送给我。翌日，我就把那张海报挂在了那台令人生厌的电脑旁边。海报挂在那里的整整三个月，我一直在备战这场26.2英里（42公里）的比赛。它位于大瑟尔和卡梅尔（Carmel）之间的一段公路，这条堪称全球最美的公路通常挤满了两地的旅行者，而参加这场比赛，便有机会独享这段路程。

大约4500名选手参加大瑟尔国际马拉松，多数来自其他州和国家。但是，没有人是来这里创造任何纪录或者获取任何资格的。跑步者来此，只是为了沉醉于海洋的美景、起伏的山丘，以及岩石遍布的荒野海岸。

比赛的口号是“奔跑在西方世界崎岖的边缘地带”（running on the ragged edge of the western world）。“崎岖”似乎还不足以表达它的山陵起伏——这里的海拔时而升高2182英尺（665米），时而降低2528英尺（770米），绝不是你用来争创个人纪录的有利赛场。

这场峭壁上的奔跑，耳边可以听到惊涛骇浪搏击万仞峭壁，眼前能够远眺海岸山脉，层层的绿色蕨类植物将它们覆

盖，拔地而起的红杉仿佛已经触碰到了天空。

我的训练方案让我逐渐摆脱那种莫名的不快。对于将要面临的山地我也有准备：我家附近、位于比赛起点以北几小时车程的伯克利分校大学城，就有能让我适应山地的路线。我经常在加州大学内训练，环绕华丽的石质楼宇和校园四周奔跑，也沿着蒂尔登公园（Tilden Park）内的灵感点小径跑步。持续至今，我已经感觉身体更加紧致、强壮。更重要的是，思维更加清晰。尽管从未参加任何马拉松，而且最长训练距离只有18英里，但我觉得一切已经就绪。

比赛那天，所有的参赛者混在一起，其中不乏一些想用大瑟尔马拉松来练手的顶级选手，当然还有一大批像我这样的中游选手。由于兴奋，再加上加州冰冷的海岸雾气，我们瑟瑟发抖，挤在一起，谈论参赛策略。我说，我的目标非常简单，就是完成比赛。其实，我私下希望能够在4小时10分钟之内完成，打败我的朋友布莱恩。

比赛始于内陆地带，然而，当加利福尼亚的壮丽海岸线最终现身时，所有人都齐声发出赞叹。大家速度明显加快，尖叫和欢呼不绝于耳。

赛程中点位于毕克斯比大桥，它或许是沿途最著名的地标之一。比赛组织者让穿着燕尾服的音乐家们在这里弹奏三角钢琴，鼓舞我们跑完返程的9英里（14.5公里）。身处桥上，海岸景色一览无余，或许堪称全程最佳全景。

就在风景开始变得单调时，路边出现了更多的现场音乐和盛装的粉丝，激励我们继续前行。不过也有一些参赛者躺在了急救帐篷前。就在那时，我开始注意到自己岌岌可危的状态。

我暂时停下脚步，深呼吸，伸展小腿，吃了一根香蕉。然后再次启动步伐。速度不快，只是缓步前进。我仰望空中云彩，俯视波涛海浪，回望身后的起伏山地。此时，我感觉如有神助，甚至开始加速。我通过了撞墙期，找到了那种“当下”的感觉。

到了22英里（35.4公里）处时，我思绪飞扬，眨眼间又回归平静。当我跑过最后几英里时，我意识到，虽然4500人一起参赛，但是实际上，我是孤身一人踏上征程。同样的，我对周遭世界（我的工作、我的电脑）的不满也与我自身有关。如果我能时时刻刻把注意力集中在自己身上，就像这场比赛时的每一步那样，我想我会好起来。这或许就是传说中的“奔跑巅峰”。

无论这是什么，总之，它令我摆脱负担，一路沉浸于海岸的壮丽美景，直至终点。更重要的是，它帮我取得了4小时2分的好成绩，打败了布莱恩。　**文 / 格雷格·本齐维克**

顺时针从左至右：奔跑巅峰；这条海滨公路很少像这样禁止汽车通行；悬崖顶部的景色令人兴奋不已；一些山地有利，大多制造障碍。228~229页：毕克斯比大桥是赛程中点。

“没有人是来这里创造纪录或者获取资格的。跑步者来此，只是为了沉醉于海洋美景和粗犷的海岸荒野。”

灵光一闪产生的比赛

大瑟尔马拉松的创始人比尔·伯利（Bill Burleigh）是高等法院的一名法官，每天往返于大瑟尔和蒙特雷（Monterey）之间，回家路上总是经过一个路标，显示距离大瑟尔还有26英里。有一天，他灵光一闪。这位业余跑者从未跑完过马拉松，但决定一试深浅。1986年他第一次开跑。

跑步指南

起点 // 大瑟尔

终点 // 卡梅尔

距离 // 26.2英里（42公里）

到达 // 蒙特雷有一个机场，但飞往圣何塞（San Jose）或旧金山的航班更便宜（分别为向北100英里和130英里，即160公里和210公里）。从卡梅尔和蒙特雷有穿梭巴士开往起点。

何时去 // 4月的最后一个星期日。

住宿 // 大瑟尔拥有几处全球最美露营地，还有几家最适合度蜜月、价格昂贵的酒店。卡梅尔和蒙特雷提供比较经济的民宿。

更多信息 // www.bigsurmarathon.org

行前参考 // 预留几天游览海岸红杉林，体验绝佳餐厅和参观蒙特雷水族馆。

右页：缅因州阿卡迪亚国家公园的悬崖和海景。

更多类似体验

崎岖的美国海岸跑步小道

外滩马拉松，北卡罗来纳州

外滩群岛（Outer Banks）是北卡罗来纳州附近的一连串堰洲岛，岛上能够看到极其壮丽的海岸风光，还有令人惊叹的沙丘。外滩马拉松从基蒂霍克（Kitty Hawk）启程。基蒂霍克是莱特兄弟第一次试验动力飞行的地方，这次试验彪炳史册。然后，沿着一条坚硬的土路，穿过马头镇森林生态保护区（Nags Head Woods Ecological Preserve），离开保护区之后，在东海岸最大的沙丘下前行几英里。最后几英里，飞速经过华盛顿鲍姆大桥（Washington Baum Bridge）和洛亚诺克岛（Roanoke Island）。

起点 // 基蒂霍克

终点 // 曼蒂奥（Manteo）

距离 // 26.2英里（42公里）

更多信息 // www.outerbanks.com

荒岛山马拉松，缅因州

这场丘陵马拉松全程攀升超过1500英尺（450米），穿过6个保存完好的新英格兰村庄，村庄围绕缅因州的阿卡迪亚国家公园（Acadia National Park）分布。跑步者将看到东海岸唯一的峡湾萨姆斯·桑德峡湾（Somes Sound），以及新英格兰的典型景致，包括黄金树、薄雾弥漫的海岸和拥有数百年历史的海上村庄。跑步起点位于巴尔港（Bar Harbor）市中心，越过香普兰山（Champlain Mountain）和多尔山（Dorr Mountain）的山脊，经过岛屿东南端的崎岖悬崖和岬角。最后，快速跑下一段约1英里的下坡，到达迷人的西南港村庄，以一杯热气腾腾的蛤蜊浓汤结束跑步。

起点 // 巴尔港

终点 // 西南港

距离 // 26.2英里（42公里）

更多信息 // www.runmdi.org

瞭望角，俄勒冈州

这条崎岖的4.7英里（7.5公里）往返路径带你穿过长满青苔的蕨类林和雪松林，眺望太平洋。掉落的树干和湿滑的树根增加了技术上的趣味性，蜿蜒的盘山路降低了跑步难度。沿途经常遇到雨水和泥泞，毕竟这是太平洋西北地区。想要看到前方美景，就得欣然接受这种天气。等待你的是海角的壮丽景色、400英尺（122米）高的地势突降至海洋、野花和最终全景。最终的全景让人感觉仿佛抵达世界尽头。从俄勒冈州的蒂拉穆克（Tillamook）很容易到达这条小径，蒂拉穆克拥有世界闻名的奶酪工厂，以及出类拔萃的徒步旅行、皮划艇和其他冒险活动，那些活动地点沿着俄勒冈州这片游人稀少的海岸分布。

起点 / 终点 // 瞭望角小径起点

距离 // 4.7英里（7.5公里）

更多信息 // www.oregonstateparks.org

发人深省的拉巴斯攀登之旅

玻利维亚的首都位于海拔2英里（3200米）的高原上。或许它的高度令人泄气，但跑步穿过它多样的地形和复杂的社会阶层之后，你会感激这次旅程。

几十年前，我在玻利维亚（Bolivia）的拉巴斯（La Paz）生活和工作。那段时间，每当我呼吸着稀薄的空气、艰难前往这座城市海拔13,300英尺（4050米）的高地平原时，都对它充满怨言。我就像一个发条玩偶，拖着沉重的脚步走向峡谷边缘顶端，一步一英尺：两步，深呼吸；再两步，深呼吸。玻利维亚的首都地势极高，那里的生活非常令人沮丧。发展中国家的所有大城市具有如下特征：喧嚣、腐朽、交通堵塞。或许，这些特征在缺氧的空气中会呈现新“高度”。

但是，当我走近峡谷边缘、一步一步靠近那片俗称高地平原（altiplano）的平地之时，突然获得一个期待已久的视角。高地平原一直延伸到智利边境，我感觉自己仿佛真切地身处世界之巅。我几乎能看到地球的弧度。我能感到来自的的喀喀湖（Lake Titicaca）的潮汐引力，以及古代君王的召唤。我能从另一个视角重新认识这座城市。不知为何，我突然想到，脚下的这双Asics跑鞋价格比这座城市中许多人一个月的工资还高。

那时，我已在拉巴斯生活将近一年，在《玻利维亚时报》担任见习记者。最初的10个月里，这座城市的僻街小巷、雷亚尔山脉（Cordillera Real）的壮观景色和节奏明快的夜生活令我着迷。后来，我遭到抢劫，而且屡屡被窃。我还意识到，待在这里

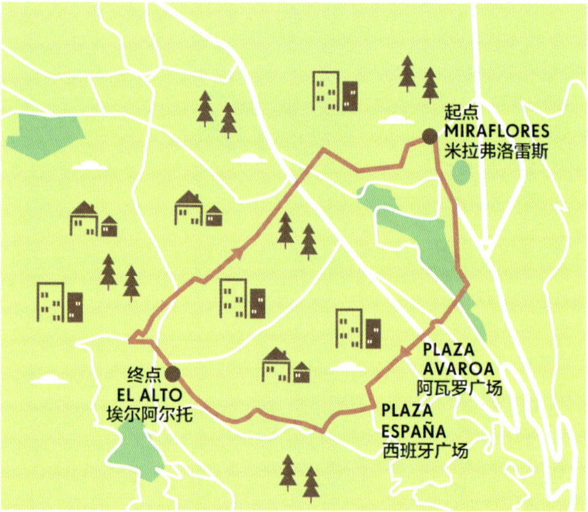

我的胃总是不舒服。就在这个一份正餐和一杯可乐只要一美元的地方，我依然时不时地手头拮据。拉巴斯与我为敌，似乎不摧毁我不罢休。

一天，我感觉特别苦闷，于是决定系上鞋带，用出汗的方式发泄。我已经几个月没有跑步，也没有规划好的路线。但我有一个非常具体的计划。我知道从我家出发，我可以跑步穿过本市一些最富裕和最贫穷的居住区。我既没带钱包又没带任何

© Siva Vasanth | soopx

值得小偷下手的东西，因此我甚至可以进入外国人很少光顾的贫民棚户区。我觉得有必要看到这一切，从贫穷到富贵，寻觅新视角。

我所居住的米拉弗洛雷斯（Miraflores）街区的一些狭窄小巷直接通向非常陡峭的街道。有时，我实际上就是在攀爬泥砖砌筑的阶梯。我回忆起第一次闻到催泪瓦斯的场景，那时我正为报纸报道戒严状况。就在那个时候，我被一群孩子用铁丝勒住脖子，只能等死。我想起林林总总的通宵欢宴，以及欢宴上的葡萄酒、啤酒和古柯叶。

经过国家体育场之后，我开始下山，快速冲向城市中心。我穿过拉巴斯的陡峭山谷，从一侧到达另一侧，越过高耸的美洲大桥（Puente de las Americas）。拉巴斯位于一片陡峭峡谷，峡谷之下就是乔克亚普河（Choqueyapu River）。在这里，无论怎么跑都没有平地，不是上坡就是下坡。而我正在上坡。

到达峡谷东侧，进入Sopocachi居住区，这里是年轻富有的知识分子扎堆的地方，我在这里度过了无数个夜晚，也是城内我最喜欢的地方之一。但是当我跑到这里，我需要竭力克服海拔的影响，双脚奋力对抗着高低不平的人行道和鹅卵石。此时，我多少有点感受到了那种严重的不平等。街上人头攒动，他们经济宽裕，上得起大学、买得起Mongo's的汉堡、看得起病，我也是其中之一。我们还经常在Mongo' s的桌子上跳舞，狂欢至凌晨4:00。

当我经过Sopocachi居住区，开始上坡，房屋越来越破旧。鹅卵石街道被土路取代。人们的居所不再是用块砖建成，而是采用泥浆和土坯。

继续向前，到达拉巴斯的土著居民聚居地。在这里，艾马拉（Aymara）君主和印加（Inca）统治者的后裔仍然采用美洲驼作为祭品，供奉Pachamama（意为“大地之母”）。他们极其贫穷，但却无比自豪，过着与世隔绝的生活，被掠夺土地的外国人欺骗了一个多世纪。

这不是我第一次登上高地平原。不过，或许这是我第一次睁大双眼、用心观察。作为记者，我采访过土著长老，他们就来自这些用纸板、泥土和马口铁搭建的居住区。我见过每天生活费不到2美元的乡村农民。我还见过豪情万丈的艺术家，他们采用不拘一格的红橙色调创作出革命和斗争的精彩意境。不过，同许多人一样，我返回低地之后，立刻就把他们的苦苦挣扎忘得一干二净。

尽管来到这片地带总是可能面临危险，但是不可否认，它

© Friedrich von Hörsten | Alamy Stock Photo

千奇百怪

在拉巴斯女巫市集（Mercado de Hechiceria）的狭窄巷道内，本地商品琳琅满目，例如羊驼毛衣、纺织品和雕刻品。但是，真正吸引人的是巫医（yataris），她们来这里寻找灵丹妙药的原料，包括美洲驼胎儿、巨嘴鸟之喙、古柯叶和其他据说能够治愈所有已知疾病的古怪物品。

从左至右：拉巴斯的许多房屋建于山坡之上；在玻利维亚的首都，土著文化深深扎根。235页：内瓦多伊利玛尼山（Nevado Illimani Mountain）矗立于城市天际。

会触动内心。此行我敏锐地觉察到，正是那些独特的韵律和璀璨的文化让这座城市富有生机、活力且独一无二，虽然仍有许多不如人意之处。

身处此地，广阔的山谷尽收眼底，而且可以回望我在米拉弗洛雷斯的寓所。这里视野开阔，遍及四面八方，我能一眼看到马蹄峡谷以外的范围。我能看到广阔的埃尔阿尔托（El Alto），也就是拉巴斯最贫穷的居民区，那里约有100万人，全部住在死气沉沉的公寓大楼或泥土棚屋之内；但同时，我也能看出这里亦是一个充满希望、即将变革的地方。

事实上，几个月后，拉巴斯居民就选举出了玻利维亚第一位土著总统埃沃·莫拉莱斯（Evo Morales）。我曾经有幸为报社采访过他。这个国家也正朝着更加平等和经济繁荣阔步前进（现在甚至已经配备缆车，从市中心一直通往那天我在埃尔阿尔托站立的位置）。

当我眺望山谷以外，思索着周遭、调整呼吸时，挫折感慢慢消失，取而代之的是一种欣慰之情。我再次彻底地爱上了这片土地。更重要的是，一种全新的情绪油然而生：感激。

文 / 格雷格·本齐维克

跑步指南

起点 // 米拉弗洛雷斯

终点 // 埃尔阿尔托

距离 // 6英里（9.5公里；海拔大约上升2000英尺，即600米）

到达 // 从海拔13,300英尺（4050米）的埃尔阿尔托国际机场（El Alto International Airport）乘坐出租车前往市中心。

何时去 // 冬季，也就是5月至10月，那里景色迷人、天气晴朗、空气清爽，但是高处气温很低。

住宿 // 许多一流酒店位于Sopocachi居住区和女巫市集附近。

更多信息 // www.lapazlife.com/running-in-la-paz/

行前参考 // 先给自己几天时间适应，然后再去海拔12,000英尺（3658米）的高处跑步。前往Zona Sur的山谷，适度运动，舒活筋骨。

更多类似体验

南美跑步之旅

太阳岛马拉松，的的喀喀湖，玻利维亚

的的喀喀湖位于海拔12,500英尺（3800米）处，是世界上海拔最高的可通航湖泊。蔚蓝的湖岸沿线坐落着一些安第斯小村庄，湖内分布着几座值得探索的岛屿。湖上的最佳跑步线路之一就是环绕太阳岛（Isla del Sol）的马拉松路线，全程26.2英里（42公里），穿过崎岖的小路、一些古老步道和小村庄，村庄的农夫仍然生活简朴。跑步起点位于尤马尼（Yumani）村附近的湖畔。从那儿开始，踏上一条通往Chinkana遗址的崎岖小路，Chinkana由蒂瓦拉库文明（Tiwanaku civilisation）建造，甚至早于印加帝国。然后，路线穿过岛屿北部，回到查拉帕姆帕（Challapampa）村附近的水边。

起点 // 尤马尼村

终点 // 查拉帕姆帕村（及返程）

距离 // 26.2英里（42公里）

维尔卡邦巴，厄瓜多尔

维尔卡邦巴（Vilcabamba）是一个迷人的安第斯小村庄，位于厄瓜多尔（Ecuador）南部低海拔区域的一片绿色山谷之中，周围群山环绕，山上云雾缭绕。来此跑步的最佳优势就是，可以从厄瓜多尔那些海拔10,000英尺（3048米）的重要景点跑出来，跑向海拔5000英尺（1524米）、氧气充足的地带。最热门的城外跑步之旅是具有挑战性的埃尔帕尔托（El Palto）瀑布往返路线，全程9英里（15公里）。这条路线穿过农田、跨过小河，沿途可以欣赏脚下山谷的壮丽景色。瀑布一泻千里，登上顶部，一定让你不虚此行。从那里开始，一路下山。维尔卡邦巴的知名特色包括温润的空气、长寿的居民、水疗和新时代治疗中心。跑完之后，或许真得去享受那项持续1小时的按摩服务。

起点 // 维尔卡邦巴

终点 // 埃尔帕尔托瀑布

距离 // 9英里（15公里）

瓦尔帕莱索，智利

瓦尔帕莱索（Valparaiso）是诗歌和街头艺术之都。不过，这座港口城市同时提供一些最具挑战性的山间跑步路线。一条热门的路线起于市区的索托马约尔广场（Plaza Sotomayor）。从那里开始，登上第一座山峰，来到巴布里扎宫（Palacio Baburizza），这是一个妙不可言的艺术博物馆，可以俯瞰海湾美景。但由此前往下一站有点困难，需要费力辨认山路。所以最佳选择就是下到平地，然后前往下一座山峰的山脚，再从山脚爬上去。终点就在露天美术博物馆（Museo a Cielo Abierto）附近，那里有不可思议的墙画和本市最精彩的街头艺术。建议再继续爬上陡坡，前往拉塞巴斯蒂安娜博物馆（La Sebastiana Museum），这栋山顶屋舍是智利著名诗人巴勃罗·聂鲁达（Pablo Neruda）的故居。

起点 // 索托马约尔广场

终点 // 拉塞巴斯蒂安娜博物馆

距离 // 3英里（5公里）

顺时针从上至下：玻利维亚的的喀喀湖的太阳岛；智利瓦尔帕莱索的山地；一些地方非常陡峭，需要乘坐缆车通过。

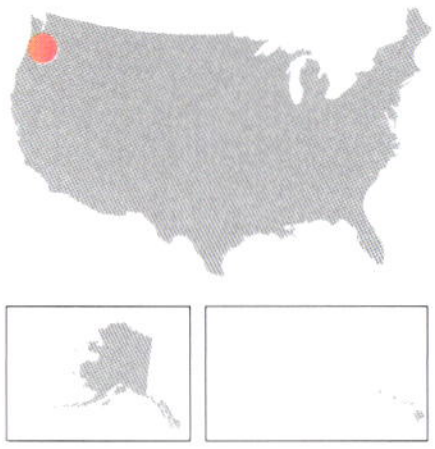

波特兰的绝佳公园跑步路径

森林公园是美国最大的城市荒野之一。它是俄勒冈州一片未开垦的广阔绿地。

那里非常适合越野跑，你会忘记自己其实身处都市。

俄勒冈州的波特兰拥有两处名副其实的旅游胜地，一个是鲍威尔图书城（Powell' s City of Books），这家书店占据了West Burnside的整整一个街区；另一个是森林公园（Forest Park；抱歉，巫毒甜甜圈也算一个）。有趣的是，两者具有很多共同点：规模庞大，有巨大的吸引力，让来自各地的游客纷至沓来。两处胜地都非常引人入胜，游客可在其中沉浸一至两个小时。它们也都是殿堂级的胜地，鲍威尔图书城是书籍的殿堂，森林公园是自然的殿堂。

但是，森林公园环境独特，可以满足那些特别挑剔的户外和健身人群。如果一个城市既靠近海洋又接近山脉，绿地"门槛"必定相当高。从市中心出发，越过威拉米特河（Willamette River），到达森林公园。公园占据整个西岸上方的一大片地带。住在这里的四年间，我见过形形色色的人踏上这条森林公园小径，从优秀的跑者（大多为波特兰定居者）到带着打瞌睡的婴儿的家庭游客。同时，森林公园吸引那些渴望能在都市之中获

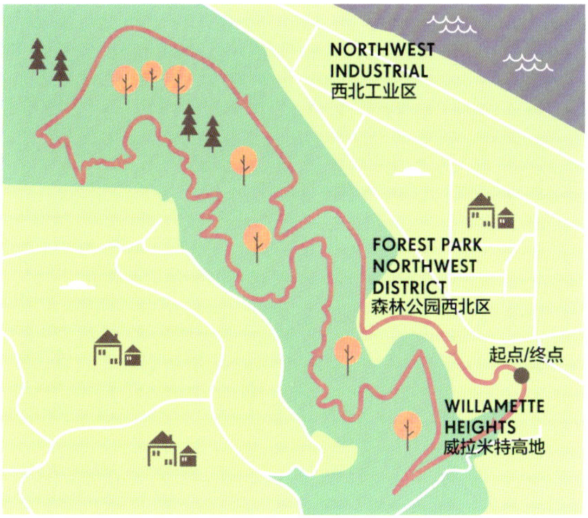

© Sankar Raman | Getty Images

取些许宁静和思考的人。诚然，波特兰并不是一个压力很大的城市，但是即便如此，我们有时同样需要一处邻近的桃花源，

而这正是我来森林公园的原因。

不久前一个夏日的星期天，我急需安静和思考。前一周带着日常工作压力，我进行了一连串突发新闻播报，忙得不可开交。因此，我决定打破常规，来点更高难度的挑战：串联两条我最喜欢的路线，跑完12英里（19公里）。同时我也希望尽量与世隔绝，所以选择人迹罕至的自然林小径（Wildwood Trail）作为其中一条。我把我的路线称为栗子环线（Chestnut Loop）。

我的居住区在东北部，当我从这里踏上I-84公路，森林公园南端的翠绿景象就已若隐若现。10分钟后我将到达那里，无论提前还是推迟，反正我已经感觉好多了。森林公园规模巨大，沿着波特兰西北的西部边缘延伸超过7英里（11公里）。它是美国最大的城市森林之一，占地大约5200英亩，树木茂密，包含花旗松、西部铁杉、西部红雪松和大叶枫木。绿荫华盖之下，小径、消防车道和铺砌路段纵横交错，总计长达80英里（128公里），包括30.2英里（48.6公里）的自然林小径和11.2英里（18公里）的列夫·埃里克森道路（Leif Erikson Drive）。前者狭窄、曲折、需要技巧，后者更为宽阔、平坦。

我的栗子环线开始和结束于森林公园南端的下梅克利公园（Lower Macleay Park）。由于附近咫尺之遥便是出售美味贝果和咖啡的店铺，停车位可能非常紧张，但是那天我运气不错。我锁上车，踏上征程。

一开始，下梅克利小径是铺装道路，但是没过多久，我就踏上土路，沿着鲍尔奇溪（Balch Creek）进入树林。进入树林不到1英里，下梅克利小径就和自然林小径交会在一个名叫石头屋的地方，它也被称作女巫城堡。石头屋，确切来说是城堡的遗迹，始建于1929年，曾是一个带有卫生间和自来水的休憩点。在1962年的一场暴风雨中，这座建筑严重受损，因此遭到拆除和废弃。今天，它突兀而立，布满涂鸦，成为一个热门自拍地点。如果沿着自然林小径直走，最终将会到达皮托克大厦（Pittock Mansion）和俄勒冈州动物园。我向右急转，跑向森林公园深处。

隐秘住客

2004年，人们发现一个男人和他12岁的女儿秘密地在森林公园生活了4年。他们在山坡上挖出住所，在附近建了一个小菜园。这位父亲是一名越战老兵，一直在家里用很老的百科全书教授他的女儿。这个故事甚至被写成小说，后来又拍成电影《不留痕迹》（*Leave No Trace*），由本·福斯特（Ben Foster）主演，并于2018年在圣丹斯电影节（Sundance Film Festival）上首映。

顺时针从上至下：波特兰浓浓的秋意；森林公园的另一条上坡小径；森林中障碍很多。240~241页：公园的小路多种多样，有些小径人迹罕至。

自然林小径沿途，地形不断变化，妙趣横生。转眼我已开始攀爬，岩石和树根经常成为障碍。我开始适应，并且试图寻找合适的节奏。接下来的5英里（8公里）几乎都是上坡路，有时平缓，有时陡峭。大部分地形适合快速徒步而非跑步。我倒无所谓，我来森林公园不是为了快速奔跑。我来森林公园是为了有意识地跑步，带着对于梭罗（Thoreau）的歉意。

沿着自然林小径，甚至只要进入森林公园，人们就很容易“有意识地跑步”，不去考虑速度等因素，而是关注其他方面。除了鸟鸣、高空偶尔的飞机嗡嗡声，当然，还有我自己的脚步声，森林公园就是一片静谧的墨绿海洋。我和其他跑步者互相点头致意，但是在我看来，这里总是只有我一个人在跑步。

大约6英里（9.5公里）处，在一大片空地上，自然林小径和一号消防车道交会，我放慢速度喘口气。准备充分之后，我飞速而下，半英里（0.8公里）内就下降了270英尺（82米）。事实上，从这里开始都是下坡路。但是地形仍然复杂，不能掉以轻心。我不仅没有大意，还特别注意小径前方5英尺（1.5米）、10英尺（3米）和20英尺（6米）的情况，警惕小转弯和障碍物，并且几乎不自觉地调整方式，循序渐进。奇怪的是，我发现，这样的集中精力会让大脑其他部分得到放松和整理，就像硬盘驱动器在后台进行碎片整理一样。这就是所有经典越野跑的魔力所在。

一到栗子小径，我就身处狭窄的小路，四周杂草丛生，然后小径蜿蜒而下，把我甩到较为宽阔的列夫·埃里克森（Leif Erikson）路上。攀爬和跋涉将近8英里（13公里）的艰难地形之后，我很欣慰自己能够休息调整。我甩起双臂、迈开大步跑完最后几英里。

接近尾声时，很容易分心：步行者和跑步者更加频繁地出现，骑行者来来往往；经常能够看到带小孩的家庭游客和漫不经心的散步者。此时，我也开始透过左边树木的间隙，瞟向威拉米特河和波特兰西北的工业区，它们就在下方。我将与现代文明重逢，一步一步地接近，不过现在看来，我已经准备好了。

文 / 马克·雷米

跑步指南

起点 / 终点 // 紧邻NW Upshur路的下梅克利公园小径起点

距离 // 12.1英里（19.5公里）

到达 // 下梅克利公园小径起点距离波特兰国际机场（Portland International Airport）有30分钟路程。沿着Northwest Upshur街一路向西，尽头就是小径起点。Nike的一处Biketown共享单车中心距离小径起点大约半英里（0.8公里）。

何时去 // 晚春至秋季通常最为安全。冬季，大雨可能冲毁泥土小径。

住宿 // 市区酒店都离下梅克利公园不远，通过自行车、公共交通工具或汽车很快可达。

更多信息 // www.forestparkconservancy.org/forest-park

行前参考 // 小径起点以外，没有饮用水。建议随身携带一份小径规划图。不要指望依靠GPS；森林公园的手机信号时有时无。

更多类似体验

原生态的美国城市公园环线

中央公园，纽约市

这片保护区占地843英亩（341公顷），建于1857年，坐落于曼哈顿市中心，宽约0.5英里（0.8公里），长约2.5英里（4公里）。无论昼夜，总有形形色色的人来到这里，试图逃离曼哈顿的都市喧嚣，包括跑步者、铁人三项运动员、骑行者、身心俱疲的居民和游客等。跑步者将会发现，公园内分布着错综复杂的路径网络，但是最热门的路线充分利用了整个公园道路。“整环”（仅6英里多，即9.6公里多）带你环游公园，途经北部的哈莱姆山（Harlem Hills）和拉斯克溜冰场（Lasker Rink）、东侧的大都会艺术博物馆，以及西侧的绵羊草坪和草莓园。有没有发现在这里呼吸分外舒畅？经过专业人士的多年努力，公园于2018年夏天正式禁止车辆进入。

起点 / 终点 // 工程师之门（Engineers' Gate），2 East 90th St

距离 // 6.1英里（10公里）

更多信息 // www.centralparknyc.org

格里菲斯公园，洛杉矶

格里菲斯公园（Griffith Park）被誉为北美地区最大的城市公园之一，位于洛杉矶北部，占地4200英亩（1700公顷）。身处公园，整个城市尽收眼底，你可以从数个地点看到那个著名的好莱坞标志。公园面积巨大，设施俱全，包括高尔夫、网球和足球设施，一座铁路博物馆，一处世界级天文台，以及洛杉矶动物园（Los Angeles Zoo），不过仍有大片区域未经开发、保持原生态。园内拥有超过70英里（112公里）的越野小径、消防通道和骑马路径。如果打算跑8.6英里（13.8公里）、穿越公园的东部和北部，就从Los Feliz Blvd/Riverside Dr入口出发，沿着Crystal Springs Dr朝北到达Griffith Park Dr，然后前往Zoo Dr和Crystal Springs Dr后返回起点。

起点 / 终点 // Los Feliz大道和Riverside公路交会处，靠近威廉·穆赫兰纪念馆（William Mulholland Memorial）

距离 // 8.6英里（14公里）

更多信息 // www.laparks.org/griffithpark

威萨西肯山谷公园，费城

这个1800英亩（728公顷）的峡谷拥有57英里（92公里）的小径，其中包括又名威萨西肯山谷公园小径（Wissahickon Valley Park Trail）的禁行公路（Forbidden Drive），这条碎石路沿着威萨西肯小溪（Wissahickon Creek）延伸5英里（8公里）。公园的上方小径更加狭窄、陡峭和崎岖。公园林木茂密，包括几处地标，例如历史悠久的路边旅馆Valley Green Inn和费城最后一座廊桥。如果打算跑4.25英里（7公里）的环线，可以把车停在Kitchens Lane停车场，然后踏上小溪东边、靠近Monastery Stables的橙色小径（Orange Trail）。沿着小径向北，经过手指桥（Fingerspan Bridge）和魔鬼池（Devil' s Pool），然后在Valley Green路向南折返，踏上禁行公路前往基钦斯道大桥（Kitchens Lane Bridge），最后回到停车场。

起点 / 终点 // Monastery Stables, 1000 Kitchens Lane

距离 // 4.25英里（7公里）

更多信息 // www.fow.org

从上至下：洛杉矶的格里菲斯公园天文台；纽约的中央公园仿佛成为这座城市的公共跑步机

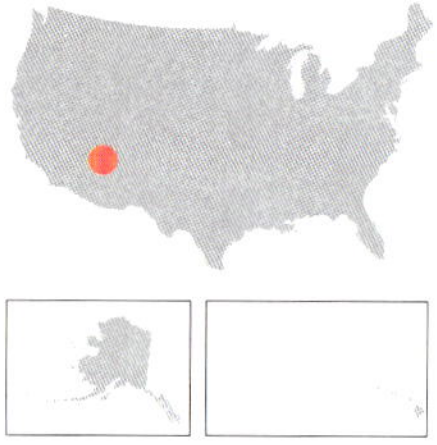

穿越大峡谷挑战

如果你打算进行一次超长越野跑，首选可以是亚利桑那州的这条路线，谈及激发和点燃潜力，没有其他地方能够与它同日而语。

那天晚上，我第一次站在大峡谷（Grand Canyon）的边缘，真的两腿发软。第二天，我和两个朋友将要尝试完成一个夙愿：跑步往返穿越这个峡谷。而现在尚未迈出一步，我的双腿就已经站不直了。

和其他比赛不同，这趟超级越野马拉松的精髓就在于经历海拔的上升和下降。有些人把车停在对面，跑过去，然后开车回来。但是我们准备徒步跑完全程42英里（67.5公里）。

我们搭乘飞机抵达凤凰城，取到租赁的小汽车，然后有意向北行驶3.5小时，希望在天黑前看一眼那条“巨大沟壑”（Big Ditch）。到达时，距离太阳落山只剩下20分钟，我们匆忙赶到密得站（Mather Point）的一个瞭望台。我真的感到喉咙发紧，开始形成肿块，腿也开始疼痛。我甚至看不到北部边缘（North Rim）的跑步中点，不过看到的景色极其壮观。

按照跑步圈的说法，跑步横穿大峡谷是“从边缘到边缘再到边缘”（Rim to Rim to Rim，简称R2R2R），这是世界上最艰

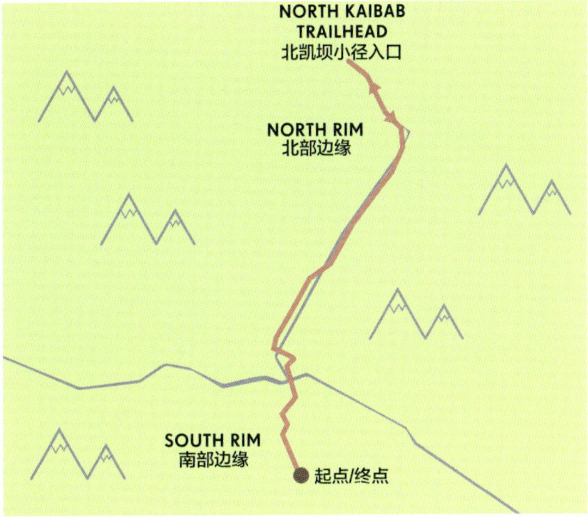

© Stephen Yelverton Photography | Getty Images

难的越野跑之一。我已经进行过一次31英里（50公里）的越野跑，不过基本都是平路。我训练数月，准备应对将近21,000英

© John Warburton-Lee Photography | Alamy Stock Photo

尺（6400米）的垂直升降。其中一项训练是沿着一座2500英尺（760米）的高山上下跑，一圈全长6英里（9.5公里），一天跑4圈。然而，这些训练根本没有把比赛时的酷热包括在内。夏季，这里的气温可能飙升至49℃。

只要亲眼见过大峡谷，都会同意，照片根本无法呈现它的真实面貌。它长277英里（446公里）、宽20英里（32公里）、深1英里多，是我所见过的最令人震撼的景致之一。幸运的是，翌日我们从南凯坝小径（South Kaibab Trail）顶端出发时才清晨5:15，天色漆黑，只能看到头灯照亮的50英尺（15米）的路。因此，脚下的道路就像是一条朋友结伴跑过的寻常小径。而实际上，前方7英里（11公里）之内海拔骤降4700英尺（1430米），通往科罗拉多河（Colorado River）。

沿着平坦的土路跑步下山，毫不费力。天气异常寒冷，跑步能够帮我放松腿部肌肉。太阳刚一升起，我们的目光立刻就被色彩斑斓的沉积岩吸引，随着天色渐亮，沉积岩慢慢现出身形。我们置身于鲜艳的红橙山丘、石壁和模糊不清的岩层之间，它们由古老的河流和海洋冲积而成。

刚过一个小时，我们已经到达谷底。我们穿过一条隧道，那条隧道凿穿了地面上的一大片花岗岩。然后越过一座440英尺（134米）长的高空木板吊桥，到达幻影牧场（Phantom Ranch），那是大峡谷底部唯一的公共住所。我们从背包里拿出零食，在五台水泵的第一台上把水袋加满。

返回北凯坝小径（North Kaibab Trail），我们沿着光明天使小溪（Bright Angel Creek）边向上的碎石缓坡慢跑，我的头晕症状减轻了一些。那时，我们已经开始了一项艰巨任务，就是跑完14英里（22公里）、攀升5700英尺（1740米），到达北部边缘的全程中点。我们一边奔跑，一边欣赏令人惊叹的红岩峡谷，并长时间沉浸在独自沉思中。沿途看到一些五颜六色的野花、大片丝兰植物和高达20英尺（6米）、卡通形象一般的龙舌兰茎。时间进入上午10:00，气温已经接近26℃，好在天空一直有云，遮住了一些阳光。

我们终于在中午到达了折返点。这里又冷又湿，我们甚至穿上了防风衣，戴上了针织帽和手套，准备返回。我犹豫了一会儿，因为单程跨越峡谷已经足以满足我的冒险需求。现在，只需快步完成至北凯坝小径的折返，我就能保证完成全程。

怀着这样的自信，我跑过那条14英里路段，回到幻影牧

准备好挑战R2R2R了吗？

大多数训练有素的越野跑者需要9至14小时才能完成Rim to Rim（R2R2R）跑，这是一场穿越大峡谷的往返跑。但是，2016年10月，来自亚利桑那州的职业跑步运动员Jim Walmsley只用5:55:20就跑完了，这个成绩令人惊叹。女子纪录为7:52:20，由科罗拉多州的Cat Bradley在2018年初创造。

从左至右：南部边缘附近的凯坝国家森林；长耳鹿漫步于四周荒野。246~247页：从北部边缘俯瞰大峡谷。

场，而且脚步轻快，尽管那时气温已经升至大约32℃，而且我的双腿更加疲劳了。我们再次把水袋加满，吃掉剩下的零食。我们已经跑了大约35英里（56公里），但是最后7英里（11公里）地势上升1英里（1.6公里），是今天最大的挑战。

当我奋力踏上南凯坝小径，最初几英里无甚大碍。但是很快我就脚步沉重，速度降至慢步的程度，落在速度更快的朋友后面。小径上的每一级台阶似乎都比前一级要高，我开始思量，我的身体和意志到底哪个会先屈服。

然后，正当我准备瘫坐于地、放弃目标，突然想起我有一个PayDay花生焦糖棒，就藏在包里一个隐秘的口袋。我三口吞掉它，喝掉最后两口水，没用几分钟，我就恢复了活力、重振精神，突然想跑起来。

最后大约1英里路程之中，我脚步稳健，沿着曲折的小径朝向南部边缘（South Rim）的顶端跑回，途中追上了筋疲力尽的伙伴们。我们并肩慢跑，18:30到达南凯坝小径最后一段的顶点。我们击掌、拥抱。当然，那天的结束和开始如出一辙——我站在大峡谷的边缘，两腿发软。　**文 / 布莱恩·梅茨勒**

跑步指南

起点 / 终点 // 大峡谷的南部边缘

距离 // 大约42英里（67.5公里）

到达 // 凤凰城的空港国际机场（Sky Harbor International Airport）距离大峡谷村3.5小时车程；拉斯维加斯的麦卡伦国际机场（McCarran International）距离大峡谷村4.5小时车程。

何时去 // 3月至4月和9月中旬至11月初，饮水处全开放。

住宿 // 可以选择亚利桑那州图萨扬（Tusayan）位于大峡谷的Grand Hotel，或者亚利桑那州北部边缘的Grand Canyon Lodge。

更多信息 // www.nps.gov/grca

行前参考 // 建议携带至少20美元现金，因为到达大峡谷底部的Phantom Ranch Canteen时，你可能需要补充食物。

更多类似体验

美国国家公园的绝佳路线

阿卡迪亚国家公园，缅因州

2017年，越野跑步者Chris Bennet和Andrew Lombardi跑步跨越了荒岛山上这座公园的几乎每一个高峰，包括海拔1530英尺（466米）的卡迪拉克山（Cadillac Mountain）。由此开创了非官方的阿卡迪亚山马拉松（Acadia Mountain Marathon），全长26.2英里（42公里），海拔上升超过7000英尺（2100米）。多数跑步者会选择这条路线，不过还有其他3~10英里（4.8~16公里）的小径可供探索。带上一件防雨衣，因为这里在太平洋西北地区的年降水量可以排到第二。

起点 // 下黑线鳕池塘（Lower Haddock Pond）

终点 // 纽波特湾（Newport Cove）

距离 // 26.2英里（42公里）

更多信息 // www.acadiamountainmarathon.com

库雅荷加谷国家公园，俄亥俄州

这个宽广的越野跑乐园拥有125英里（201公里）长的小径，位于俄亥俄州东北部，距离中西部的几个城镇只有一箭之遥。要想跑步穿过公园，可选多种小径组合，其中南北走向的Ohio & Erie Towpath Trail出类拔萃，全长19.8英里（31.8公里）。1827年至1912年，骡群曾经通过这条路线沿着运河将船只从亚克朗（Akron）拖至克利夫兰（Cleveland）。因为这条道路完全平坦，所以既是理想的马拉松训练场所，又是绝佳的越野跑路线。

起点 // Botzum小径起点，Bath路

终点 // Lock 39小径起点，Rockside路

距离 // 19.8英里（32公里）

更多信息 // www.nps.gov/cuva

锡安国家公园，犹他州

犹他州南部锡安国家公园（Zion National Park）拥有一条长距离、点对点的跑步路线，与穿越大峡谷的路线极其类似。这条线路名叫Zion Traverse，全长48英里（78公里），跑起来非常艰难，从西北通往东南，不适宜肺部、腿部或者心脏虚弱的人。不过，将这条往返线路延长倒是有可能，比如半跑半走地登上天使之阶（Angel's Landing）。锡安国家公园拥有超过130英里（209公里）长的小径，大多沿途可以观赏到公园闻名遐迩的红岩地质。

起点 // 李山口（Lee Pass），科罗布峡谷路（Kolob Canyons Rd）

终点 // 东部边缘小径入口，9号公路

距离 // 48.7英里（78公里）

更多信息 // www.nps.gov/zion

从上至下：阿卡迪亚国家公园；大步穿过锡安国家公园的观景台小径。

大洋洲

大洋路马拉松

大洋路是澳大利亚最棒的景观公路，也是全世界最美的马拉松场地之一。跑在上面的时候，别光顾着看路。

第一次跑大洋路马拉松（Great Ocean Road Marathon）的时候，我大部分时间都在看大洋路。别误会，这条路的路况非常好，每年行驶在上面的车辆不计其数；但它肯定不值得如此深究。我用余光瞥见了引人入胜的风景，看到了令人惊诧的树木以及散落着浮木的偏僻海滩，但我依然只是低头看路。

那场27英里（44公里）的马拉松——严格来说是超级马拉松——是我当时跑过的最长的比赛。现在回想起来，我才明白这样的想法给我造成了多么沉重的思想负担。所以当我再次站在起跑线上时，我向自己保证，无论如何，这次我要昂首挺胸，我要眺望大海，感受壮美的风景。毕竟这条路紧贴浩瀚的大海，环抱着沙滩和峭壁。我也要做凭海临风的那个人。

第一次的经历告诉我，参加大洋路马拉松，没必要提前查看天气。大自然会向你抛来各种各样的可能，才不管天气预报怎么说。果然，在我第二次参赛的时候，情况依旧如此。比赛在维多利亚州的西部举办，距离墨尔本大约2小时车程，时间是5月中旬——南半球秋去冬来的时节，寒意正在靠近。“大洋”其实是巴斯海峡（Bass Strait）。据说，探险家马修·弗林德斯（Matthew Flinders）对这一地区的评价是：“我几乎从未见过比这里更可怕的海岸线。”

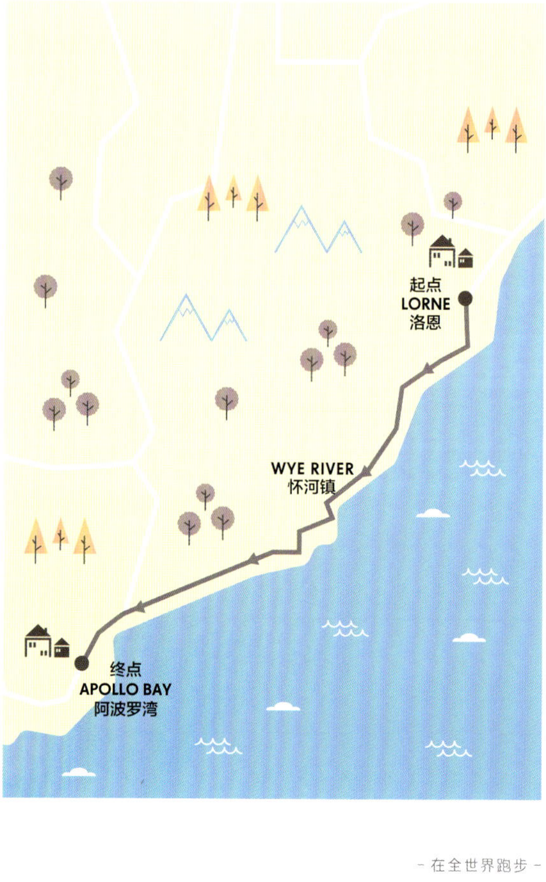

© Courtesy of the Great Ocaen Road Marathon

比赛开始前，我在度假小镇洛恩（Lorne）的卫生间外排队等待，眼前就是大海。海岸线上，森林与海面相接，桉树与公路相伴。这一地区人烟稀少，峭壁一侧零星有几座木屋。小镇里面的人几乎都互相认识。

其实早在还没迷上跑步时，我曾经在大洋路沿岸住过。有时驾车载着游客沿海岸行驶，有时参加骑行活动，还为旅行指南调研过这个蜿蜒曲折的地带。大洋路每年只封闭两次，其中一次就是为了马拉松。无论开车走过多少次，能用双腿丈量这条路，总觉得是一种难得、莫大的荣幸。

我们终于从洛恩出发了，耳边全是脚步落在路面上的咚咚声响，那声音几乎淹没了阳台上葵花凤头鹦鹉日常的尖叫合唱。我们的左手边，依次出现了在海水中起伏的冲浪者、经过改造的洛恩新码头，以及洛恩渔业合作社（Lorne Fisheries Co-Operative）；右侧则是1875年前后开业的太平洋大酒店（Grand Pacific Hotel）。装备齐全的摩托车车友在路边为我们加油——反正在我们跑过以前，他们哪儿也去不了。

接下来就没什么了。但通常就是没什么才让人吃惊。这并不是一条偏僻的路线，完全不！然而，当参赛者（包括我）找到各自的节奏并逐渐拉开距离时，我在自己的位置上感受到了一种孤独，仿佛天地间只有我和这条路，以及海水的蓝色、树木的绿色和灰色。事实上，这场比赛已经变成一个为期两天的节日，这期间有各种各样的活动，将近8000人会参加一项或多项跑步比赛。但不知为什么，几千名马拉松选手好像都从我的世界消失了。

我借助沿途的小镇判断自己跑过的路程，比如怀河镇（Wye River）。2015年的一场森林大火烧毁了这座小镇的很多房屋，如今四周依然是烧焦的树木和光秃秃的土地，幸免于难的怀河综合商店（Wye River General Store）格外显眼，那里也是喝杯咖啡的好地方。

虽然已经发誓要睁大眼睛欣赏风景，但此时我才意识到大洋路的风情是如何瞬息万变。空气中海雾轻浮，滴水的深色悬崖若隐若现，带来森林的深沉气息。凛冽的寒风凭空刮起，之前跑上一处山顶时（这条线路总体要上行1600英尺，即488米），我的双脚甚至被一阵大风吹离了地面。

到了肯尼特河镇（Kennett River），马拉松刚过半程。我想起应该抬头找找桉树上的本地考拉，可是一只也没见着。于是我看了看手机上的时间，意识到此时冠军可能已经跑完了。

是啊，我跑得慢。我不常训练，只能在补给站拿些剩下的东西，譬如最后一条滑溜溜的蛇形果冻。等我跑到补给站的时候，加油打气的观众们都已经喊累了。和我一起到的还有些看

亲手建造

大洋路由大约3000名"一战"返乡士兵建造，位于大海、农场和森林之间。1932年，道路完工，成为一条收费公路（如今免费）。前往洛恩的途中，你会感受到那座纪念拱门（纪念道路的修建者）的古朴魅力。在肯尼特河镇，记得抬头寻找在桉树上闲卧或觅食的考拉。

顺时针从左至右：大洋路每年仅对车辆封闭两次；葵花凤头鹦鹉落在沿途的阳台上；这场马拉松的多条崎岖路段之一。255页：阿波罗湾标志着比赛接近尾声。

起来强健的人，这让我感觉不错——但直到聊天时，我才发现他们受伤了。不管怎么样，凡事都在人们的计划之内，而我的计划只是尽情享受。

再次回到海岸，我见到了泛着白沫的汹涌海浪。海上一定非常冷，我想。然而，冲浪的人们始终在冲上滑下。我不断地透过大浪远眺，想看看天边是否有喷出的水。好吧，今天没有鲸鱼。但有一道彩虹，当然，还有延伸至阿波罗湾（Apollo Bay）的一大片乌云。

我感觉良好。开跑时的兴奋尚未消散，就已经在酝酿冲向终点的兴奋了。不过，我这次面临的挑战是进入阿波罗湾前两侧柏树下的计时毯。你得从上面跑过，听到"哔"的一声，看到自己的跑步用时（5:18——跟你说了我跑得慢）。此时距离终点还有1英里多（1800米），雨点却开始落下。如果前面我跑得快点儿，就不会被淋湿了。换言之，现在我必须跑快点儿，早些结束比赛。

终于，我披上了一条完赛时提供的毛巾。在终点处抓起一只香蕉，眼中含着成功后的几滴热泪，我开始寻找返回洛恩的公共汽车。今天，我再一次完成了大洋路之旅。 **文 / 杰恩·达尔西**

跑步指南

起点 // 洛恩

终点 // 阿波罗湾

距离 // 27英里（44公里）

到达 // 洛恩距离墨尔本90英里（145公里），最近的阿瓦隆机场（Avalon）位于55英里（89公里）开外。

何时去 // 5月的第三个周日。

住宿 // Great Ocean Road Cottages（www.greatoceanroadcottages.com）有迷人的树屋，还有宿舍风格的房间、价格便宜的双人间。

更多信息 // www.greatoceanroadrunfest.com.au

行前参考 // 温暖季节的普通跑步装备应该足够，但手套能在清晨帮你御寒。准备一只装入保暖衣物的完赛补给包是个不错的主意。

更多类似体验

滨海马拉松

冲浪海岸越野赛，澳大利亚

这一趣味越野马拉松的路线位于大洋路靠近墨尔本的一端。选手从托尔坎（Torquay）海滩开跑，沿冲浪海岸步道（Surf Coast Walk）一直前往42公里外的费尔黑文（Fairhaven）。在经过世界知名的冲浪胜地贝尔斯海滩（Bells Beach）之后，朝着内陆方向进入阿迪斯角（Point Addis），途中有不少沙滩路段。在阿迪斯角，全马选手会遇见半马的跑友。接着穿过安格尔西（Anglesea），最终抵达艾瑞斯河口小镇（Aireys Inlet）。要想保持一路干爽很难，毕竟你得在涨潮时蹚过河流，还要在海边奔跑。令人惊叹的斯普利特角灯塔（Split Point Lighthouse）是结束的提示，Fairhaven Surf Lifesaving Club所在的沙滩便是终点。

起点 // 托尔坎

终点 // 费尔黑文

距离 // 26.2英里（42公里）

更多信息 // www.surfcoasttrailmarathon.com.au

百慕大马拉松

百慕大马拉松（Bermuda Marathon）的起点是汉密尔顿（Hamilton），半马选手也由此出发，不过他们到达终点的时候，全马选手还要再跑一圈——这可不是你平常跑的一圈：你会沿着百慕大南海岸的南路（South Rd）经过植物园、哈灵顿湾（Harrington Sound），直至百慕大的北海岸。百慕大面积相当小——试想一下20英里乘以2英里——因此你会觉得自己跑完了整个国家！沿途点缀着色彩淡雅的房屋，你还可以停下来嗅一嗅热带特有的鸡蛋花和叶子花的香气。身体强健的人可以参加百慕大三角挑战赛（Bermuda Triangle Challenge），为期3天，包括3场比赛。

起点 / 终点 // 汉密尔顿

距离 // 26.2英里（42公里）

更多信息 // www.bermudaraceweekend.com/race-info

丁格尔马拉松，爱尔兰

你可能已经通过《星际大战7：原力觉醒》认识了爱尔兰西南部这个被海浪侵蚀的陡峭地点——丁格尔半岛。从丁格尔马拉松（Dingle Marathon）路线上的斯莱角公路（Slea Head Dr）望去，还能看到拆除了布景的取景地。在每年禁止车辆通行的那一天，只要参赛，你就是那个幸运儿，能够近距离体验世界上令人惊叹的高大崎岖的海崖之一。起点在风景如画的渔业兼旅游小镇丁格尔的码头，从那儿可以眺望布拉斯基特群岛（Blasket Islands）、古堡、惊险的悬崖以及广阔的大西洋。

起点 / 终点 // 丁格尔

距离 // 26.2英里（42公里）

更多信息 // www.dinglemarathon.ie

从上至下：百慕大群岛马蹄湾海滩；爱尔兰丁格尔马拉松的路线从凯里郡的公路延伸至绝美的海崖。

墨尔本不容错过的公园跑

"Tan"是一条具有传奇色彩的小型环路，拥有美妙的城市跑应该具备的一切，野生动物的存在更令它显得独一无二。

跑步者的身影已经成为全世界城市公园中一道必备的风景。黎明时分，数百万人走出家门，追赶清晨的早高峰或者在心率2区（适合有氧跑步的心率区间）训练。对于一些人来说，公园跑是一种逃避现实的方式，让自己有机会深呼吸、稍微远离一下废气；对于另一些人来说，这只是为了创造个人的最好成绩，或是在运动社交平台上分享数据。若想感受这种形形色色的存在，最合适的地方莫过于墨尔本的越野跑圣地：Tan。

这条2英里（3公里）的环路围绕着墨尔本令人瞩目的植物园，位于雅拉河北岸摩天大楼的身影下，再往南就是时尚街区南雅拉（South Yarra）和圣基尔达（St Kilda）。有的当地人每天都要来兜一圈，有的可能难得过来转一次。但只要有机会，我就会来跑步。今天早上，我又一次来到这里，满脑子都是Tan与这座城市的密切关联。

只要你愿意，从哪里开始都可以，不过传统一圈的“正式”

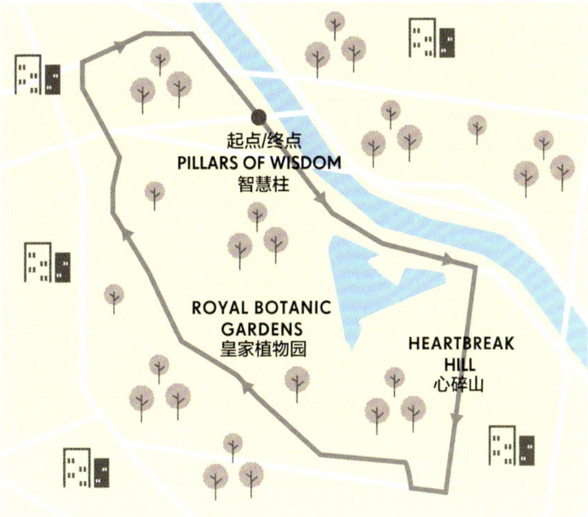

© Takatoshi Kurikawa | Alamy Stock Photo

起点是雅拉河南岸的智慧柱（Pillars of Wisdom），就在天鹅街大桥（Swan Street Bridge）对面。我喜欢从这儿出发，沿亚历

“Tan完全就是跑步爱好者的天堂，每隔250米设有距离标志，还有数字时钟，直至午夜前始终光线良好。”

山德拉大道（Alexandra Avenue）顺时针方向前行，左边是雅拉河，右边是植物园里的人工湖。

墨尔本是一座真正的文化多元的大都市。这里艺术气息浓厚，职场人士、学生和滑板爱好者穿梭在遍布涂鸦的小巷，流连于手冲咖啡馆。与此同时，每条道路似乎都通向绿地，各项体育运动在此盛行。不出所料，“公园跑”的概念也在这座维多利亚州的首府得到了完美实现，任何人都能找到适合自己的跑步线路。事实上，墨尔本的钢筋水泥丛林中，有将近500万平方米的繁茂园林和公共空间，小径纵横交错。

在众多的跑步线路中，Tan首屈一指。关于其名字的来源众说纷纭，有人说是因为20世纪初建造于此的赛马场使用的某种木材（tanbark），也有人认为是“植物”（Botanical）的缩写。Tan大部分是碎石路，还有一小段沥青路。这条线路极受欢迎，以至于有时像是一条由跑步者汇成的河流，流淌在这个被雅拉河环抱的约94英亩（38公顷）的半天然半野生的角落。Tan完全就是跑步爱好者的天堂，每隔250米就设有距离标志，还有数字时钟，直至午夜前，光线始终良好。

但我来这里主要是为了流汗。没过多久，这条环路上最严峻的挑战随着安德森街（Anderson St；通往著名的心碎山）的上坡到来。在尚未适应晨练的肌肉下，血液开始加速流动。不过当我来到最高点，得到的回馈是旭日照耀下蜿蜒流入远处高楼的雅拉河美景。接着，跑道向西北延伸，与伯德伍德大道（Birdwood Avenue）平行，右边是儿童公园，左边则出现了庄严肃穆的纪念第一次世界大战的战争纪念馆（Shrine of Remembrance）。

我曾与美国出类拔萃的超级马拉松选手、“山人”安东·克鲁皮奇卡（Anton Krupicka）一同跑过Tan。他长发飘飘，胡子浓密，几乎全无装备地在落基山脉山脊晃悠，名声在外。与他平常出没的科罗拉多偏僻高山相比，这里的地形和热闹程度截然不同；但素来和蔼的安东似乎由衷地感到兴奋——普通工作日的早晨竟有这么多人出来跑步。和越野跑大明星跑同一条极具代表性的路线，的确让我感到无比荣幸，不过老实说，我在这儿最愉快的跑步经历与他无关，而是像这次一样：我能够在破晓后的几分钟内，感受整个世界只有我、树木、鸟儿，以及栖息在植物园的动物的存在。

野性的色彩始终伴随着这条跑步线路。尽管有数字计时器和照明设备，但是园中栖息着夜鹭、果蝠及其他夜间动物，还有数千种鸟儿和动物，包括袋貂，它们就像伦敦或纽约各大公园里的松鼠一样常见。

过了悉尼梅尔户外音乐台（Sidney Myer Music Bowl）之后，

© Uwe Aranas | Shutterstock

公园纪录

2006年12月21日，四度参加奥运会、专长5000米的澳大利亚运动员克雷格·莫特拉姆(Craig Mottram)凭借10分零8秒的成绩，创造了Tan当前的纪录。当时，莫特拉姆与附近里士满老虎队(Richmond Football Club)的成员一同跑步——职业球员们提前2.5分钟出发但依然被他超过。

从左至右：在皇家植物园闲逛的城市野生动物；战争纪念馆。260~261页：数量众多的公园，让墨尔本成为全世界最适合跑步的城市之一。

我往往会折返至亚历山德拉大道，回到智慧柱。那里有一块基石，上面记录着环绕Tan的最短时间，纪录的创造者包括来自澳大利亚、肯尼亚和北美洲的杰出的奥运会获胜者。虽然永远都不可能冲击这些纪录，但我完全不在乎。在这些珍贵的黎明时刻，地球的旋转给这座南半球城市带来了太阳的光芒，高耸的钢铁玻璃大楼变得金光闪闪，植物园里的鸟儿开始叽叽喳喳地“换班”。

它们是一群吵闹的家伙，总是制造着各种奇特的声音，白痣吸蜜鸟(white-plumed honeyeater)发出类似《星球大战》中机器人R2D2的挑逗口哨声，茶色蟆口鸱(tawny frogmouth)发出低沉的嗡嗡声。作为游客——尽管来这座公园跑步的习惯已有15年——我还总会为一群群振翅飞过的虹彩吸蜜鹦鹉和玫瑰鹦鹉感到兴奋，它们声音刺耳，色彩鲜艳。我永远不能理解，为何有些跑友会戴上耳机，将这样的体验拒之门外。

当这些大自然的声音如同晨间合唱、傍晚祈祷一般淹没了城市的喧嚣时，即使身处墨尔本CBD的中心，你的心也可以跑进澳大利亚狂野的内陆。正因如此，Tan才成了全世界最棒的公园跑的路线之一。　**文/帕特里克·金塞拉**

跑步指南

起点/终点 // 亚历山德拉大道和奥林匹克大道交叉路口附近的智慧柱

距离 // 2.4英里(3.8公里)

到达 // 从市中心步行片刻可至皇家植物园。战争纪念馆/圣基尔达路的“Stop 19”电车站距离Tan最近。

何时去 // Tan全年气候温和。日出和日落时分是最佳时段。

住宿 // 南雅拉、普拉兰(Prahran)、中部公园(Middle Park)、东圣基尔达(St Kilda East)等街区都在Tan附近。

更多信息 // www.rbg.vic.gov.au; www.onlymelbourne.com.au/tan-track

行前参考 // 墨尔本的咖啡堪称一门艺术。跑步结束后，不妨在Tan附近的St Ali Coffee Roasters等地补充咖啡因。

更多类似体验

具有代表性的公园跑

凤凰公园，都柏林，爱尔兰

占地1750英亩（708公顷）的凤凰公园历史悠久，是欧洲最大的非开放式绿地之一。这里总是栖息着一群野生黇鹿，还有成群结队的自由跑步者。没有特别规划的线路——慢跑者只需信马由缰；公路跑步者可以跑在柏油小路上；越野跑步者往往在树木之间寻找松软而有难度的小径。沿着公园围墙一圈长达6.6英里（10.5公里），也有许多更有趣的线路值得探索，例如环绕以下景点跑圈：爱尔兰总统府（Áras an Uachtaráin）、都柏林动物园、惠灵顿纪念碑（Wellington Monument）、15世纪的阿什敦堡（Ashtown Castle）等。

起点／终点 // 切斯特菲尔德大道（Chesterfield Ave），即爱尔兰跑步赛（Great Ireland Run）的线路

距离 // 6英里（10公里）

更多信息 // www.phoenixpark.ie

艾伯特公园，墨尔本，澳大利亚

墨尔本有十几条值得探索的城市跑线路，其中一条就是设在艾伯特公园（Albert Park）的F1大奖赛（Formula 1 Grand Prix）环形赛道。公园坐落于市区、圣基尔达（St Kilda）和菲利普港湾（Port Phillip Bay）之间，赛道则在艾伯特公园湖（Albert Park Lake）的沿线，一圈将近3英里（5公里），已经成为刷新个人最佳成绩的热门场所，每周六早上还有集体的公园跑活动。地形多样，包括水泥路、碎石路和沙土路，但到目前为止，最大的危险源于这里的黑天鹅，它们可不乐意为谁让路。这条线路的跑步纪录是14分29秒，而2004年赛车手迈克尔·舒马赫（Michael Schumacher）“跑”完一圈仅用了1分24秒。

起点／终点 // 墨尔本体育与水上运动中心（MSAC）

距离 // 3英里（5公里）

更多信息 // www.parkweb.vic.gov.au; www.parkrun.com.au/albert-melbourne

灌木公园，伦敦，英国

“公园跑”（Parkrun）由一个简单的概念发展而来：每周在公共场所进行一次计时的5公里自由跑，不比赛，任何人都可以参加。如今这种形式已经席卷全球，受到数百万人的追捧。如果追根溯源，你会发现一切正是从这里开始的：2004年10月2日，公园跑最早的13名信徒围绕灌木公园（Bushy Park）慢跑。以公园跑为主题的旅行者在世界各地不断挑战新的线路，而灌木公园作为跑步革命的中心，始终被列在他们任务清单的榜首。每周六都有数百名公园跑朝圣者前来，沿着这条著名线路逆时针跑。十周年庆典时，1700多位跑者参与了活动，其中还包括长跑健将莫·法拉（Mo Farah）。

起点 // 戴安娜喷泉（Diana Fountain）

终点 // 苍鹭潭（Heron Pond）

距离 // 3英里（5公里）

更多信息 // www.parkrun.org.uk/bushy

顺时针从上至下：伦敦灌木公园的趣味跑；都柏林凤凰公园是欧洲最大的公园之一。

奥米斯顿峡谷和水潭环线

澳大利亚北部著名长途线路拉拉平塔路径的这一小小分支
可能是这片大陆上最完美的短途小径。

伟大的澳大利亚已故原住民艺术家艾伯特·纳马特吉拉（Albert Namatjira）创作了数千幅油画，主题皆是自家景色迷人的后院：澳大利亚北部地区的西麦克唐奈山脉（Tjoritja，West MacDonnell Ranges）。山脉以崎岖的地形而闻名，纳马特吉拉也用水彩营造光影，通过光秃秃的白色桉树和盘根错节的灌木丛，描绘出严酷恶劣又独具魅力的环境。纳马特吉拉或许从未想过，自己的作品有一天会成为越野跑步者的灵感源泉。

纳马特吉拉的画作《奥米斯顿峡谷附近》（*Near Ormiston Gorge*）展现了一片适合探险的穷崖绝谷，而这正是指引我前往西麦克唐奈山脉的具象路标。延伸几英里的奥米斯顿峡谷和水潭环线（Ormiston Gorge and Pound Loop）是澳大利亚最好的短途跑线路，全长仅5.6英里（9公里），可以连上著名的拉拉平塔路径（Larapinta Trail）——那是一条众所周知的多日徒步路线或超级马拉松路线，全程140英里（225公里）。从奥米斯顿峡谷停车场出发，踏上这条环线，你就能奔跑在澳大利亚标志

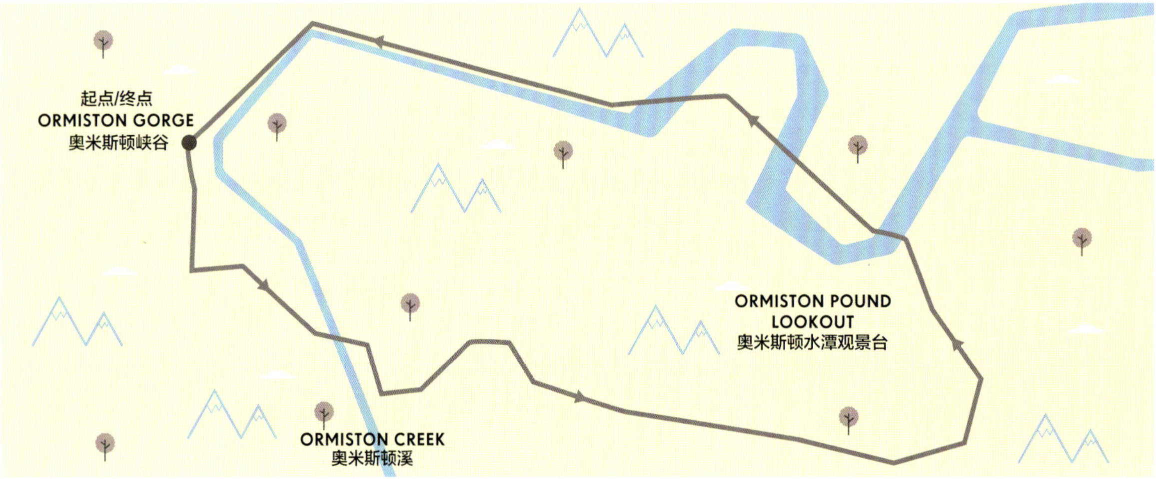

“我们触到了水岸，小径随即消失。我们只能将装备高举过头，蹚入齐腰深的冰凉水流。”

性的红土中心，充分体验干旱区的独特风光。

事实上，首次邂逅这条环线时，我已经顶着足以晒皱皮肤的强烈阳光跑了将近20.5英里（33公里），整个人和干瘪的水袋没什么两样。那时我正带着一群跑步者在拉拉平塔路径挑战多日越野跑，当天我们用了6个小时，艰难地爬上了高高的山脊，然后进入山谷。追寻美景始终需要付出代价：脚下到处是尖硬的岩石，身边不时擦过多刺的灌木，偶尔还会跳过一条含有剧毒的棕伊澳蛇。

奥米斯顿峡谷和水潭环线就在我们东西越野跑的半程处，这时候提出多跑5英里并不讨喜，毕竟所有人都奔向了停车场上开着空调的杂货店和里面的冰激凌。之后，我们又跳进附近的水潭凉快了一把。然而，在峡谷中惬意地游了一圈后，此前的想法再次冒了出来，并且变得无比强烈，仿佛受到了一条有可能很棒的线路的召唤。事实上，这越来越像个不错的主意，还能当作一次舒缓的放松运动。就这样，拖着冰凉的双腿（虽然身处沙漠，但水潭的温度始终很低），我们出发了。

我们往回跑出停车场，选择了一条原本未留意到的小路——当然，从停车场往前也可以，但我们更建议逆时针跑，那样就可以在最精彩的峡谷涉水处结束旅程。这条路线会穿过干涸的奥米斯顿溪（Ormiston Creek），在离开拉拉平塔路径后，便沿着一条裸露的山谷平缓曲折地朝东北方向延伸。

说到在澳洲的“死亡中心”跑步，人们（包括澳大利亚人）很容易会联想到高温炙烤的沙漠和人迹罕至的沙丘。但结果证明，澳大利亚中部并非那么死气沉沉，环境也不像想象中的那么恶劣。西麦克唐奈山脉的小径附近有野生动物和绿洲，富有魅力的狭缝型峡谷和遍布奇花异草的史前裂谷上方，巨大的山脊线赫然显现，在一段下坡路的两边，尖锐的红色和橙色岩石对你怒目而视，景象与设想的火星地表倒是有几分相似。

我们的胃口被越吊越高，直到抵达了一处山鞍。那儿有一条不太长的曲折小路，通往一座露天观景台。所有的辛苦都得到了回报：眼前的景色令人惊叹，若是纳马特吉拉在此，定会觉得在画架前坐上一个月也值得。

开阔的盆地映入眼帘，如同一只巨大的碗，从平坦的沙土底部捧出陡峭的环形山壁。北部是宏伟的鲍曼峡（Bowmans Gap），那是一条劈开切文山脉（Chewings Range）末段的裂谷，标志着北侧的边界。望向东边，我的视线落回吉尔斯山（Mt Giles；4557英尺，1389米），它矗立于约10公里外，就在火山口般的谷地东端，再显眼不过了。两座断崖俯瞰着奥米斯顿溪及其干涸的支流，河畔有无数带刺的三齿稃，白色桉树随处可

奔向远方

自西向东穿过全长140英里（225公里）、海拔抬升13,000英尺（3965米）的拉拉平塔路径，目前的最短时间为58小时48分钟。该纪录由西蒙·杜克（Simon Duke）和罗汉·罗林（Rohan Rowling）于2018年创造。由东向西的线路被认为更具挑战性，克里斯·麦卡斯基尔-汉特（Chris Macaskill-Hants）是已知最短时间（61小时32分钟；2014年）的纪录保持者。

从左至右：本地植物三齿稃；小径经常消失于水中。267页：奥米斯顿峡谷的地形陡峭，令人惊叹。

见，一条蜿蜒小径孤零零地伸入奥米斯顿峡谷。

当我们逐渐跑近的时候，北部的崖壁仿佛也跟着变大，看上去如同一块块巨大石英岩堆叠而成的庞大堡垒，清晰地呈现着这里的地质构造。跑进峡谷深处时，脚下出现了沙子和让人不得不跳跃前进的岩石，分分钟考验着我们的肌肉力量和平衡技巧。崖壁投下阴影，似乎将要吞噬我们。

终于，我们触到了水岸，小径随即消失。我们别无选择，只能将装备高举过头，蹚入齐腰深的冰凉水流。

涉水之后，我们原本可以选择留在低处，跳过水边的岩石，前往河岸沙滩和露营地；但风景令人难以抗拒，所以我们决定沿着白桉树步道（Ghost Gum Walk）前往高处。在峡谷上方的观景台，我们又一次见到了刚刚跑过的裂谷，一棵孤独的白色桉树也在这里俯瞰着峡谷的曲折裂缝。我要是拥有纳马特吉拉的才华，背包中装有画布，或许此刻就会停下脚步，描摹眼前的景色。但现在，第二支冰激凌正在下面的杂货店等着我呢。　**文 / 克里斯·奥尔德**

跑步指南

起点 / 终点 // 奥米斯顿峡谷（Ormiston Gorge）停车场

距离 // 5.6 英里（9 公里）

到达 // 奥米斯顿水潭停车场和露营地位于北部地区艾丽斯斯普林斯（Alice Springs）以西 84 英里（135 公里）处。

何时去 // 5 月至 10 月。

住宿 // 奥米斯顿水潭的露营地和房车露营地，有服务点。

更多信息 // www.nt.gov.au/leisure/parks-reserves

行前参考 // 如果逆时针环行，在结束处蹚水时要多加小心，水深大约齐腰。涉水后，有高低两条线路可以返回奥米斯顿水潭停车场。

右页：澳大利亚140英里（225公里）长的拉拉平塔路径是这片大陆最著名的多日跑步线路之一。

更多类似体验

澳大利亚越野跑

卡那封峡谷，昆士兰州

卡那封峡谷（Carnarvon Gorge）是一颗值得千里迢迢前往内陆摘取的遗珠。高耸的砂岩悬崖、无数的峡谷、山嘴和山脊、开阔的台地、多种多样的动植物，以及丰富多彩的原住民岩石艺术，皆是这座国家公园的特色。54英里（87公里）的主环线可以分段跑完，沿途有5处露营地。我们建议设定一个2~3天的计划，并且携带所有必需的物品；或者在1~12英里（1.6~19公里）的小径上进行短途往返跑。峡谷中有许多值得注意的植物，包括幽谷中残存的雨林、卡那封特有的澳洲蒲葵、古老的苏铁和蕨类、开花灌木和桉树。沿途的赭色模板画、岩雕和手绘岩画被视作澳大利亚最杰出的几种原住民岩石艺术。

起点 / 终点 // 卡那封峡谷景区（Carnarvon Gorge Visitor Area）

距离 // 1~54英里（1.6~87公里）

更多信息 // www.npsr.qld.gov.au/parks/carnarvon-gorge

弗林德斯山脉（包括维凭拿庞），南澳大利亚州

弗林德斯山脉（Flinders Ranges）位于阿德莱德（Adelaide）以北几百英里处，是南澳大利亚最大的山脉，拥有标志性的天然圆形剧场Ikara（位于维凭拿庞），以及海森山脉（Heysen Range）、布拉切纳（Brachina）峡谷和布耶罗（Bunyeroo）峡谷。可以说，它是干旱地带越野跑的标志。西麦克唐奈山脉因为艺术家艾伯特·纳马特吉拉而举世闻名，弗林德斯山脉则通过德国画家汉斯·海森爵士（Sir Hans Heysen）的作品走进大众的视野。20多条主步道指引人们探索崎岖美丽的高山峡谷和不计其数的野生动植物，我们最喜欢其中的圣玛丽峰环线（St Mary' s Peak Loop）。在750英里（1207公里）的海森小径（Heysen Trail）的沿途，还有许许多多通往南部杰维斯角（Cape Jervis）的路线选择。

起点 / 终点 // 维凭拿庞

距离 // 12英里（19公里）

更多信息 // www.heysentrail.asn.au

拉拉平塔路径，北部地区

如果你不愿浅尝辄止，如果你常常锻炼，足以应付常规路线，那么就去挑战拉拉平塔路径中较长的路段，或者全部吧！从任何一端开始都可以，不过很多人更喜欢从东（艾丽斯斯普林斯）跑到西（红岸峡谷），以便用最后10英里（16公里）往返桑德山（Mt Sonder）的旅程犒劳自己，黎明前跑完最佳。如果提前预备好了食物补给，或使用本地运输公司，你在整条路线上就可以实现自给自足。更好的方式是参加越野跑团队游，组织方将带你体验沿途最精彩的部分。你还可以参加拉拉平塔多日跑活动（Run Larapinta），在友好竞争的气氛中跑完4段亮点线路。

起点 // 艾丽斯斯普林斯（Alice Springs）

终点 // 红岸峡谷（Rebank Gorge；桑德山）

距离 // 140英里（225公里）

更多信息 // www.larapintatrail.com.au

开普勒步道

这条带你翻山越岭、穿过世界最壮观山脊的新西兰“顶级步道”，似乎更适合雄心勃勃的越野跑选手。

自从踏上全长36英里（58公里）的开普勒步道（Kepler Track）的那一刻起，风声就好似诉冤的女鬼一般呼啸个不停。不过这些根本拦不住我。事实上，我激动得过头，还冒着点儿傻气，竟会不管不顾前方岩石遍地的小路，试图为一起跑步的伙伴拍一张迈步冲进梦中场景的照片。对于越野跑的人来说，开普勒步道确实像个梦境：要是在睡前吃了太多奶酪，又对着荒野、森林或山脊中的小路

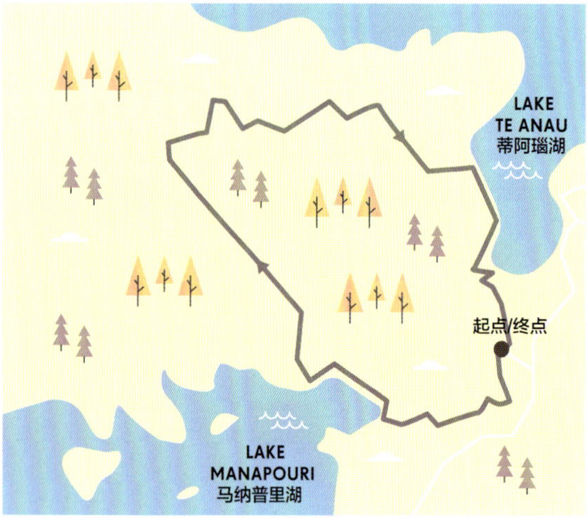

照片浮想联翩，就很可能在梦中见到开普勒步道。万幸的是，我可不是在做梦，一切都是真实的。但这条步道也让我清醒地面对另一种真实——如果我不注意脚下，就有可能在岩石丛生的山脊上摔一跤，甚至活不到能吹嘘自己跑完的那一天。

新西兰能够孕育出理查德·乌斯海尔（Richard Ussher）、安娜·弗罗斯特（Anna Frost）等传奇的探险运动员，并非偶然。这个被誉为“长白云之乡”（Long White Cloud）的国家悬挂在地球的底端，人口只有伦敦的一半，却拥有无数长途越野跑线路。这些步道有多美丽，就有多冷清，在各种各样的地形上斗折蛇行，你甚至觉得它们不可能同属一个星球，更别说在同一个国家了。

活跃的火山、古老的雨林、巨大的峡湾、厚重的冰川、奔流不息的瀑布、冒着气泡的泥浆、白雪皑皑的山峰和空空荡荡的海滩，这些全都只是被宠坏了的新西兰越野跑步者的日常背景而已。9条格外出色的步道被新西兰官方授予“顶级步道”（Great Walk）的称号，但其实这些步道同样适合跑步，我就曾在一次远足中跟两名飞毛腿伙伴结伴跑完了全程。

米尔福德步道（Milford Track）经常被视为新西兰最美的小径，一部分原因是“顶级步道”的概念由它而生，另外还因为它从南岛的峡湾国家公园（Fiordland National Park）宛如仙境的

风景中穿过，确实是一段美妙的旅程。虽然我慢跑经验丰富，但作为试图探索这个国家野性之美的越野跑步者，我依然将开普勒步道看作一项终极挑战。

开普勒步道是一条环形线路，这有利于跑步者更轻松地规划整个流程，具体走哪个方向，完全可以根据当天情况来决定。但无论如何，令人惊叹的丰富地形都将带你踏上一场宏大的旅程。你会从湖畔树木环绕的宁静低地小路，一直来到力士摩山（Mt Luxmore）裸露在山风中的锋利山脊。

我们决定逆时针跑，从蒂阿瑙湖（Lake Te Anau）附近出发，沿着澳大拉西亚（Australasia；泛指澳大利亚、新西兰等大洋洲部分地区）最大淡水湖岸边的一条小路前进。这条不长的路段平坦、美丽，穿过山毛榉林和巨大的蕨类植物丛。然而，一旦过了布罗德湾（Brod Bay），小路就如同一条发怒的蛇突然转上力士摩山的山坡。狭窄的步道在壮观的石灰岩崖壁之间延伸，继而在将近2英里（3公里）的距离内攀升超过1500英尺（450米），最后伸出林木线，将我们暴露在怒号的足以动摇决心的西风之中。

那时小路上只有我们，但几个月以后，这里就会迎来参加开普勒挑战赛（Kepler Challenge）的数百名选手。他们将挑战37英里（60公里）的线路，最快的人能够在5小时内完成比赛，大多数人需要花费两倍的时间。尽管如此，只要方法得当，中等水平的跑友都可以参加这场超级马拉松。就算整条环线令人望而生畏，你也可以分段完成，夜晚在小屋休息时，还能留出时间探索附近迷人的景点，例如力士摩小屋（Luxmore Hut）附近的洞穴和艾里斯伯恩小屋（Iris Burns Hut）附近美丽的瀑布。

只有一天时间的人大多会在力士摩小屋掉头，下坡回到小路起点。这条17英里（27公里）的往返线路也是力士摩比赛（Luxmore Grunt）的赛道，每年与开普勒挑战赛同日举办。尽管这些活动被跑步者列入了愿望清单，但我更想避开人群，独自亲近大山——在开普勒跑步时的环境正好能让我如愿以偿。

“衣服要防风保暖。”力士摩小屋的白板上，“浪子彼得”（Ranger Peter）潦草地留下了一句忠告。他还将“windproof”（防风）一词中的两个字母“o”作为眼睛，画了一张卡通笑脸。但接下来的文字没有了笑脸，字体也变得严肃：“西北风在空旷的地方越刮越强，形成厉风。1100米处整晚都有降雪。”这条天气预报起到了一定的效果：整个探险活动期间，我们只遇见了一个人，相对于全年无论何种天气都备受追捧的米尔福德步

开普勒挑战赛

开普勒挑战赛是全世界最著名的山地赛事之一，从开普勒步道开通3年后的1988年延续至今，每年都会举办。参赛名额只有450个，通常开放报名不到5分钟就会满员。全程37英里（60公里），最快纪录是令人震惊的4.5小时，由马丁·登特（Martin Dent）于2013年创造。如果你想发起挑战（要获得名次，完赛就不必说了），登录www.keplerchallenge.co.nz。

顺时针从上至下：罕见的平坦路段；开普勒挑战赛准备出发的跑步选手；这是一场常常被列入愿望清单的超级马拉松。273页：妙趣横生的山脊。

道，这种萧条的景象简直难以想象。

补充体力之后，我们沿着一条不长的上坡路前往4829英尺（1472米）的力士摩山顶，在那里收获了一条最棒的山脊跑步线路。跑在紧贴山顶起伏的7英里（12公里）小路上，我们透过云层俯瞰着从蒂阿瑙延伸出的南湾（South Fiord），也越过山脉，凝视着被冰雪覆盖的默奇森山（Murchison Mountains）。

在悬谷（Hanging Valley）的临时避所，我们一边匆匆吃着午餐，一边全力提防两只觊觎我们珍贵口粮的啄羊鹦鹉，这种难缠的山地鹦鹉是蒂瓦希普纳穆（Te Wāhipounamu）高地上的小霸王。接下来，我们终于不必再与重力背道而驰，而是借助于它，一路跑下艾里斯伯恩（Iris Burn）山谷。

山坡上的“之”字形步道似乎没有尽头，直到走过艾里斯伯恩小屋，我们才踏上了基本平坦的20英里（32公里）长线。不久之后，这趟旅程变成一次比赛，对手是离我们最近的星星——因为我们想在太阳落下地平线之前完成自己的这一壮举。我们跑下峡谷，登上因岩崩形成的陡崖，进入浓荫蔽日的罗汉松林，随后抵达坐落在优美的马纳普里湖（Lake Manapouri）畔的莫图拉乌小屋（Moturau Hut）。

离开彩虹河段（Rainbow Reach）的平转桥，我们顺着怀奥河（Waiau River）回到了小路起点，旅程宣告结束。此时尚有一丝天光，10小时前跑过的路标依稀可辨。开普勒无疑是一条令人难忘的“顶级步道”，对此我们深表赞同；但我们还得说，它是一条更顶级的跑步线路。 **文 / 帕特里克·金塞拉**

跑步指南

起点 / 终点 // 蒂阿瑙湖畔的开普勒步道停车场

距离 // 37 英里（60 公里）

到达 // 最好从皇后镇（Queenstown）或蒂阿瑙（Te Anau）前往小路起点。

何时去 // 从 10 月下旬至次年 4 月下旬，各条顶级步道都会很热闹。但除此以外的时段，环境严酷，可能会有生命危险，不适合跑步。

住宿 // 蒂阿瑙是前往峡湾的门户小镇，有许多住宿选择（www.fiordland.org.nz）。

更多信息 // www.doc.govt.nz/keplertrack

行前参考 // 无论天气看上去多么晴朗，一定要认真查询天气预报，新西兰的天气说变就变。除了必需品之外，尽量多带些物品：防水和防风外罩、补充热量的食品等。

右页：喜马拉雅越野跑和徒步大赛的途中，眺望远处28,169英尺（8586米）的干城章嘉峰。

更多类似体验

山脊越野跑

渡渡鸟赛跑，毛里求斯

毛里求斯坐落于印度洋的中心，因早已灭绝的不能飞的渡渡鸟、豪华的婚礼和美丽的海滩闻名于世。但事实上，这里还有覆盖沙砾的小路和大汗淋漓的跑步者。跑步在这座热带岛屿蔚然成风，渡渡鸟越野跑（Dodo Trail）的老选手们可以证明这一点。岛上有许多超棒的高空跑步线路，其中堪称史诗级的要数极限跑（Xtreme），翻越黑河山脉（Black River Range）山脊线的过程如同坐过山车一般刺激。线路起点在布拉班特山（Le Morne Brabant）脚下，沿普雷里峰（Piton de La Prairie；550米）、富热峰（Piton du Fouge；660米）、波特山（Montagne la Porte；550米）和卡诺峰（Piton Canot；550米）向上，到达岛屿最高点的黑河峰（le Piton de la Rivière Noire；828米），然后向下经过黑河峡谷（Black River Gorges），最终在塔马兰（Tamarin）结束挑战。

起点 // 布拉班特山

终点 // 河滨体育中心（Riverland Sports Centre），塔马兰

距离 // 30英里（50公里）

更多信息 // www.dodotrail.com

刀锋崖，澳大利亚

费瑟托普山（Mt Feathertop；6306英尺，1922米）虽与澳大利亚的最高峰相差甚远，却拥有这个国家经典的高山挑战对象：刀锋崖（Razorback）。费瑟托普山的峰顶与附近的霍瑟姆山（Mt Hotham；6105英尺，1861米）之间的路段是这片南方大陆公认最棒的山脊跑步线路之一。因为地处维多利亚州令人赞叹的高山国家公园（Alpine National Park），这里提供了多条难度不同的线路，从40英里（64公里）的超级马拉松到13.6英里（22公里）的短途山脊跑，总有一条适合你。对于想要体验维多利亚高原的人来说，24英里（40公里）的刀锋崖环线（Razorback Circuit）正是完美的选择：你会跑上本加洛山嘴（Bungalow Spur），翻越刀锋崖，穿到迪亚曼蒂纳山嘴（Diamantina Spur），最后向下抵达邦阿科德山嘴（Bon Accord Spur）。

起点 / 终点 // 哈里特维尔房车公园（Harrietville Caravan Park）或迪亚曼蒂纳小屋（Diamantina Hut）

距离 // 24英里（40公里）

更多信息 // www.runningwild.net.au

喜马拉雅越野跑和徒步，印度

一年一度的喜马拉雅越野跑和徒步大赛（Himalaya Run & Trek，HRT）是全世界最古老的越野赛事之一，为期5天，漫长而艰难。选手需要从西孟加拉邦（West Bengal）的天空之城大吉岭（Darjeeling）附近的茶园出发，穿过云层，顺着印度和尼泊尔高得令人眩晕的边境线环绕一圈。线路长达100英里（160公里），能看到世界六大高峰中的5座（珠穆朗玛峰、干城章嘉峰、洛子峰、马卡鲁峰和卓奥友峰），景色足以让人即使缺氧也会不由自主地屏住呼吸。如果跑上5天听起来太艰难，不妨单独试试第三天26英里（42公里）长的路段。从喜马拉雅高山桑达卡普（Sandakphu）出发，在这个星球最著名山脉的注视下，穿过鲜花盛开的迷人山谷和村庄，到达河畔小镇里姆比克（Rimbik）。我们敢说，这绝对是全世界风景最美丽的马拉松比赛。

起点 / 终点 // 梅尼班姜（Maneybhanjang；全程需时5天）

距离 // 100英里（160公里）

更多信息 // www.himalayan.com

悉尼的壮观海滨

这条介于邦迪海滩和库吉海滩之间的著名滨海步道令人赞叹，
一年一度在此上演的户外艺术展也同样吸引人们的眼球。

大概是觉得从悬崖俯瞰悉尼塔玛拉玛海滩(Tamarama Beach)的海岸景色不够刺激，一些抽象的户外艺术装置被搬到了路边，以激发我这种跑步者的想象力。我就曾在一次晨跑时偶遇了一群这样的身影，然而它们之中没人能够回应我的问候。

我后来才知道，这些面向南大洋的雕像属于世界最大的免费公共装置艺术展——海滨雕塑展(Sculpture by the Sea)，作品分布于邦迪(Bondi)海滩前方1英里多的地方。这场盛会为期两周半，主要展出澳洲及国际艺术家的作品，有的极为现代，令人不解，有的则在逗趣中发人深省。每年这个时候，这些风格自由的艺术品都会远离画廊的藩篱，散见于悉尼南郊邦迪海滩和库吉(Coogee)海滩之间一条4.2英里(7公里)步道的首段。

这条远离市中心的步道是南半球最著名的滨海散步场所之一，沿着壮观的海岸线延伸，连接起了几片美丽的海滩，时而还能见到世界级的艺术作品。悉尼能成为全球最令人向往的宜居城市多少与它有关，而它的存在也时时刻刻提醒着当地人，自己生活在这里是多么有福气！

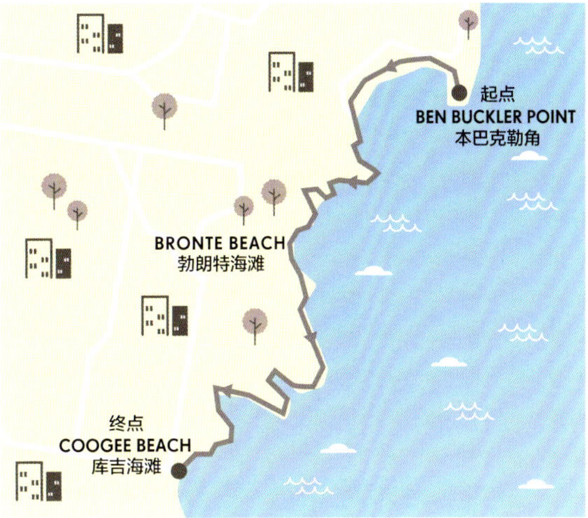

“克洛韦利海滩有一间全世界历史最久的冲浪救生俱乐部，一群人正在上冲浪课——这种上课方式与我上过的体育课太不一样了。”

© Sue Martin / Alamy Stock Photo / © Andrew Watson | Alamy Stock Photo

由于这条小路非常受欢迎，所以黎明前后它更像是一条跑道而非步道。早在散步者和观光客到来之前，跑步者就开始相向飞奔，仿佛在执行清除蜘蛛网的晨间任务。

换好装备的我跳上了开往邦迪海滩的首班车，倒不是想围绕一场艺术展奔跑，只是期待在晨曦中沿着地球上最壮观的海岸跑步。当然，邦迪海滩的名气早已传出澳大利亚，但事实是，它只是美妙旅程的开始，前方还有更多更棒的地点。

离开北邦迪海滩的本巴克勒角（Ben Buckler Point），绕过这片著名海滩，一座纪念碑出现在我眼前。1938年的一个黑色星期天，一连串的巨浪将数百人卷入大海，其中5人溺亡。我很难在此刻这个平静愉悦的早晨想象那幅场景，但我很快就目睹大浪激起的水雾涌入邦迪冰山俱乐部（Bondi Icebergs Club）的海水泳池——那是诺特大街（Notts Ave）的标志。通往库吉海滩的小路的起点就在这里。

混凝土的滨海步道与大海一样迷人。它是双向通行，而我一路向南，时而向下进入岩石中间，时而向上攀至圆形的麦肯齐角（Mackenzies Point），那里能看到一幅新修复的澳洲原住民崖刻——一条巨型鳐鱼。可见几百年甚至几千年来，艺术家都从眼前的景色中汲取着灵感。附近还有一些诞生于大约2亿2500万年前的砂岩悬崖，岩石上也有古代原住民留下的海洋动物崖刻。

今天早上，一件更现代的艺术品出现在了路边：安有巨大的镜子，如同冰屋一般。再跑几步，我又在马克斯公园（Marks Park）的草坪上见到了一堆勉强保持平衡的石头。接着，我绕过麦肯齐湾（Mackenzies Bay），来到塔玛拉玛海滩，邂逅了许多沉默的雕像。我知道过不了多久，这些默默不语的“朋友”们就有机会看到几百名身着比基尼或泳裤的日光浴爱好者。这里确实有详细的讲解牌，但只适合步行的人。我只是匆匆跑过，用自己的想象解读这幅奇特的场景。反正艺术本来就是这么回事。

紧随其后的，是悉尼最棒的几片海滩和海湾。我告别雕塑，径直前往勃朗特（Bronte）海滩——依我拙见，它是顶级中的顶级，你可以在绿意盎然的公园里烧烤，也可以在优美的环境中趴板冲浪，另外还有个免费的潮水游泳池。继续沿小路向南，经过卡尔加保护区（Calga Reserve），我进入了韦弗利（Waverley）。那里有一条环绕公墓的著名木栈道，走在上面便能欣赏摄人心魄、波澜壮阔的海景。

过了木栈道，绕过鲨鱼角（Shark Point），我拐进了克洛韦利（Clovelly）——另一片被海湾环抱的美丽海滩，有一间全世

© Manfred Gottschalk | Alamy Stock Photo

历史谜团

北邦迪海滩海面上方有一幅非原住民崖刻，有些历史学家认为所描绘的是一艘西班牙帆船，旁边配有宣布出征的罗马式文字解说。这种说法尚存争议，因为那意味着西班牙人要比库克船长早200年左右来到澳大利亚东海岸。

从左至右：麦肯齐湾；从邦迪海滩至库吉海滩的小路；菲利普·斯佩尔曼（Philip Spelman）的《红小号和红桌》，2014年海滨雕塑展的作品。278~279页：悉尼著名的邦迪海滩。

界历史最久的冲浪救生俱乐部。在这个上午，一群学生正在海浪上学习冲浪，这让我不禁停下脚步，回想起自己上过的体育课，默默感慨今非昔比。我希望这些孩子能够明白，他们到底有多么幸运。

不过我觉得自己也很幸运，刚刚分泌的安多芬让我快乐得好似踩在云朵上，直到进入克里夫布鲁克大道（Cliffbrook Parade），才被拉回到了人间。这条道路连接克洛韦利和戈登湾（Gordons Bay），能让大腿肌肉酸痛无比，但从道路另一头进入只有乘船或步行才能抵达的优美海湾时，你会觉得一切都是值得的。此时我看见潜水的人们已经跳进纯净的海水，开始清晨的水下探险。

黎明的寒意早已褪去，汗流浃背的我转过海豚角（Dolphin Point），经过纪念巴厘岛爆炸案受害者的那尊青铜雕塑，最终踏入了库吉海滩的热情怀抱。现在，该做决定了：我是跑回去，走回去，还是怯懦地坐上公共汽车？真正的答案只有一个——这条小路如此出色，怎能不再跑一次？不过回程时我也许会放轻松，不时驻足欣赏一下沿途的艺术品。 **文 / 帕特里克·金塞拉**

跑步指南

起点 // 本巴克勒角

终点 // 库吉海滩

距离 // 单程4.3英里（7公里）

到达 // 从市政厅乘火车至邦迪路口（Bondi Junction），用时11分钟。开往海滩的公共汽车很多。

何时去 // 悉尼全年气候宜人。海滨雕塑展在10月下旬至11月上旬举办。

住宿 // 勃朗特、克洛韦利和库吉全都拥有不逊色于邦迪海滩的海滩，海边提供住宿，没那么喧闹。

更多信息 // www.sculpturebythesea.com

行前参考 // 如果8月份到访悉尼，可以考虑参加“城市到海滩马拉松大赛”（City to Surf），加入80,000名选手的队伍，从CBD的海德公园（Hyde Park）跑到邦迪海滩。

更多类似体验

悉尼郊区

马鲁布拉至马拉巴

邦迪至库吉是一条经典的海滨晨跑线路，但其他时段可能会热闹得令人沮丧。这条稍微往南的线路行人稀少，又美得不输其他线路分毫，整个过程只需保证南大洋始终位于你的左侧。从马鲁布拉海滩（Maroubra Beach）南端出发，沿着扣人心弦的海岬悬崖下的灌木小径跑过马吉克角（Magic Point），接着转过布拉角（Boora Point），进入长湾（Long Bay），就会在马拉巴（Malabar）见到另一片极美海滩。若想跑更长的线路，可以继续前往拉彼鲁兹（La Perouse），以及被列入联合国《世界遗产名录》的植物学湾（Botany Bay）的秃岛（Bare Island），中途会经过小湾（Little Bay）、班克斯角（Cape Banks）、亨利角（Henry Head）和小丛皇海滩（Little Congwong Beach）。

起点 // 马鲁布拉海滩

终点 // 马拉巴海滩（更长的线路可以到拉彼鲁兹）

距离 // 2.8英里（4.5公里）

更多信息 // www.nationalparks.nsw.gov.au

皇家植物园至巴兰加鲁保护区

悉尼或许拥有澳大利亚最古老、最具辨识度的建筑，但它也在不断发展和变化，因而显得风情万种，生机勃勃。这条线路从美丽的皇家植物园出发，先沿着伍尔卢莫卢（Woolloomooloo）地区的海岸线，来到"麦考里夫人座椅"（Mrs Macquarie' s Chair；一块伸入悉尼港的裸露砂岩）。从这里望去，悉尼港大桥（Harbour Bridge）的风光绝佳，但你还要绕过环形码头（Circular Quay），经过著名的悉尼歌剧院，这样才能更加靠近这座标志性的大桥。最后，穿过这座城市最古老的岩石区（The Rocks），抵达2015年开放的海滩公园，即宜人的巴兰加鲁保护区（Barangaroo Reserve）。

起点 // 圣玛丽路（St Mary' s Rd）和艾伯特王子路（Prince Albert Rd）的交叉路口

终点 // 巴兰加鲁保护区

距离 // 3英里（5公里）

更多信息 // www.barangaroo.com

莱恩科夫国家公园

这座国家公园远离热闹的东郊，位于悉尼迷人的北区（North Shore），能让人们沿着几条野生动植物丰富的宁静线路跑步，有挑战，也有收获。其中一条越野环线是从莱恩科夫河（Lane Cove River）南岸、靠近车士活（Chatswood）的一端出发，沿赤桉林立的河滨步道（Riverside Walk）至德伯格桥（De Burghs Bridge）。你可以由此过河，取道莱恩科夫河谷（Lane Cove Valley）和历史步道（Heritagewalking routes），从对岸返回。沿途不妨找找栖息在桉树、洞穴和岩石之间的笑翠鸟（kookaburra）和吸蜜鹦鹉（lorikeet），听听它们的叫声。对公路跑步者来说，另一个选择是沿着柏油路面的河滨路（Riverside Rd）往返跑上10公里，只是高度提升得颇为生猛。

起点 // 德里公路桥（Delhi Rd bridge）

终点 // 车士活

距离 // 7英里（11.2公里）

更多信息 // www.nationalparks.nsw.gov.au

© Oleg Kozhukhov | Shutterstock

从上至下：悉尼皇家植物园；巴兰加鲁保护区，背景是悉尼港大桥

澳大利亚超级越野跑

无论是曾经的“北面100”，还是现在的“澳大利亚超级越野跑”，
蓝山上这场壮丽的旅程始终是南半球最著名的长跑赛事。

“10公里，”他们说，“你只需要跑最后的10公里。”我的任务是为全世界最著名的超级马拉松选手迪恩·卡纳泽斯（Dean Karnazes）撰写一份小传，采访地点是澳大利亚超级越野跑（Ultra-Trail Australia）的活动现场。当时这个赛事被称为“北面100”（North Face 100），是大洋洲规模最大的超级越野赛事，在全世界也数一数二。

当然，卡纳泽斯准备跑完全程100公里。而我此前跑过的最长距离只有8英里（12公里），所以当主办方说他们可以把我放在距离终点线仅6英里（10公里）的地方时，我信了。这便是我跑完自己第一个超级马拉松的前因：一切纯属意外。

我一边朝着悉尼以东连绵起伏的蓝山世界遗产区（Blue Mountains World Heritage Wilderness）前进，一边忍不住猜测自己将要面临的训练方式。说到澳大利亚超级越野跑，选手们总会被告知应该练习上坡、下坡和过台阶；而且无论参加的是相对轻松的13.6英里（22公里），还是31英里（50公里）或62英里（100公里）的超级马拉松，准备工作都不可少。但是我觉得自己没必要训练，甚至大胆地盘算着，像我这样状态还不错的

© Pete Seaward | Lonely Planet

© Chris Ord

普通中年人，区区10公里靠“作弊”就能过关。比赛开始前两星期，我总共只溜达了两个5公里，还满心觉得这应该就够了。或许事实也会如此，但前提是工作人员没有错把我扔在半程（全程100公里）标志处。

此时此刻的我还不能忘了工作。谢天谢地，我遇见卡纳泽斯的时候，他立即向我讲述了自己跑步生涯的各种趣事，为我的文章提供了丰富的素材。而且沿途风光的确壮观，蓝山高耸的悬崖和岩石吸引了来自世界各地大约6000名选手，其中很多人每年都带着水袋、跑鞋和一颗顽强的决心前来参赛。

与卡纳泽斯一样，吸引他们的不只是澳新地区最大规模越野跑的噱头，还有小径纯粹的美。它们忽上忽下，途经悬崖、峭壁和山脊，名字还往往很诱人，例如窄颈（Narrow Neck）、铁锅岭（Iron Pot Ridge）、蜜月观景台（Honeymoon Lookout）和名副其实的崇高点（Sublime Point）。在超过4500米的上坡路段，选手需要爬上金色阶梯（Golden Stairs）、芋头天梯（Taros Ladder），以及最后的弗伯步梯（Furber Steps）——沿着998级台阶上升650英尺（200米）。

令人屏息的不只是上坡路。偏僻的美加龙谷（Megalong Valley）一派田园风光；六尺小路（Six Foot Track）作为典型的澳式灌木丛跑步线路，还会经过东部城墙中的瀑布；大崖顶小路（Grand Clifftop Track）从咖啡馆众多的村庄和蓝山宁静住宅区之间穿过，又会下降2000英尺（600米），进入国家公园和詹姆森谷（Jameson Valley）的幽深荒野之中。

我沿着美加龙谷的一条峻岭小心地倒着走，尽量假装自己有办法跟得上那个能在50天内去50个州跑完50场马拉松的名人。我现在绝对不是澳大利亚超级越野跑的正式选手，因为我只关心眼前的几英尺，以及如何从卡纳泽斯那儿打听更多的素材。

然而，他在这次比赛的前半段跑得非常糟糕，当我凑上去的时候，他正在考虑退赛。就在那时，我做了一件至今自己都不太理解的事情：我与他商量，如果他继续跑下去，作为回报，我也将竭尽全力、在几乎零训练的基础上完成自己的第一场超级马拉松。倒霉的是，他同意了。

大约18英里（29公里）以后，再也没有好听的地名和如画的风景缓解我们的疲劳了。更糟糕的是，当我抬头望见穿过林木线的闪烁灯光，知道那是终点线的信号时，就越发对即将到来的冲刺感到恐惧和痛苦。随着我越来越靠近最后一座悬崖，我渐渐听到人群向已经冲线的选手发出雷鸣般的欢呼。声音听

© Chris Ord

澳洲精英

2010年澳大利亚超级越野跑上，澳大利亚人斯图尔特·吉布森（Stuart Gibson）和安德鲁·李（Andrew Lee）在激烈的竞争中完成比赛（时间为9小时31分11秒）。他们手拉手冲过终点线。2014年，吉布森再次获得并列第一，这一次陪伴他的是安德鲁·塔基（Andrew Tuckey）。但这回他们没有牵手。

从左至右：四周是蓝山国家公园的桉树；准备攀登多级台阶。284~285页：杰米逊谷（Jamison Valley）上方的三姐妹峰。

起来是那样近，让我误以为自己也即将完成人生第一个超级马拉松。但就在那时，我看到路边的标牌显示，前方还有6英里，这彻底打碎了我的希望。一想到还要继续爬坡，我的双腿突然发软，胃也开始下坠。

“超马先生”迪恩·卡纳泽斯早就明智地甩开我了，我们经过最后一个打卡点不久后，他便展开了冲刺。只要感觉到终点线在召唤他，他就会像所有优秀的跑步运动员一样，加快步伐，争得一个体面的完赛时间：14小时42分钟。但在甩开我之前，他也坦诚地告诉我，这是他经历过的最艰难的比赛之一。对此我深表同意。

再说回我吧。最终，我在午夜到来前跑完了最后一段——落后卡纳泽斯整整3小时。然而我终究是跑完了，也由此无意间开启了自己的超马生涯——如今的我已经跑了30场，而且还在继续。诚然，我尚未正式参加澳大利亚超级越野跑全程62英里（100公里）的主赛，但也跑过几次距离较短的比赛，包括超级马拉松的主要赛段。更长距离的超级马拉松也已在我的愿望清单上，如果时机成熟，我会为此努力训练。 **文 / 克里斯·奥尔德**

跑步指南

起点 / 终点 // 风景世界（Scenic World），大蓝山世界遗产区卡通巴（Katoomba）

距离 // 62英里、31英里或13.6英里（100公里、50公里或22公里）

到达 // 卡通巴位于悉尼以西约2小时车程处。

何时去 // 越野跑活动每年5月举办（不过小径全年开放）。

住宿 // 卡通巴、卢拉（Leura）和温特沃斯瀑布（Wentworth Falls）有酒店、汽车旅馆、民宿和青年旅舍。

更多信息 // www.ultratrailaustralia.com.au

行前参考 // 澳大利亚超级越野跑是对跑步者的一项超级挑战，其中包括几段很长的非专业防火通道，事先不进行上（腘绳肌）下（股四头肌）陡峭地形和多级台阶的训练非常不明智。

右页：日落很久之后，新西兰塔拉韦拉超级马拉松仍在继续。

更多类似体验

澳新越野跑盛会

塔拉韦拉超级马拉松，新西兰

塔拉韦拉超级马拉松（Tarawera Ultramarathon）是新西兰规模最大的越野跑赛事，每年2月举办。该项赛事属于全球超级越野跑巡回赛（Ultra-Trail World Tour）的一部分，分为100英里（162公里）、63英里（102公里）、31英里（50公里）和12.4英里（20公里）组别，可以探索北岛的罗托鲁瓦（Rotorua）荒野。途中既会经过对本土毛利人来说具有深远文化意义的地点，也有湖泊、森林、瀑布等众多自然亮点。参赛者约有1500人，包括一些世界顶级跑者。点对点式的小径适合跑步，且风景优美。所有完赛选手都能得到一枚具有本地特色的漂亮木制奖牌（100英里的完赛选手可以获得玉石吊坠）。两项长途组别还是美国西部100英里耐力跑越野赛（Western States 100 Mile Endurance Run）的预选赛，距离最长的组别则是环勃朗峰超级越野耐力赛（Ultra Trail du Mont Blanc，UTMB）的预选赛。

起点／终点 // 罗托鲁瓦，新西兰

距离 // 12.4~100英里（20~162公里）

更多信息 // www.taraweraultra.co.nz

沃伯顿小径节，澳大利亚

作为澳大利亚越野跑圈最年轻的一员，沃伯顿小径节（Warburton Trail Fest）有些与众不同。它于3月中旬举行，持续3天，包括艰辛的31英里（50公里）山区越野跑"伐木工超级马拉松"（Lumberjack Ultra；为了纪念19世纪中叶在该地区工作的伐木工）、海拔落差3280英尺（1000米）的13.6英里（22公里）上下跑、两项中等距离比赛、3英里（5公里）的趣味跑等。然而，令沃伯顿小径节显得特殊的还是"多日疯狂赛"（Multiday Madness）的报名选项，这意味着参赛者可以尽可能多地参赛，争取实现大满贯。最后一项比赛是1英里的短途越野跑，跑到最后还要在河面划着充气垫前行1英里——所以你得从一开始就带着充气垫飞奔！穿得花哨点儿去吧。

起点／终点 // 沃伯顿，维多利亚州

距离 // 2~31英里（3~50公里）

更多信息 // www.warburtontrailfest.com

纳特101大赛，澳大利亚

诞生于2017年的纳特101大赛（Gone Nuts 101），得名于塔斯马尼亚一座叫作"纳特"（the Nut）的壮观火山栓。它于每年3月举办，分为3个不同组别：63英里、31英里和15英里（101公里、50公里和25公里），起点分别在斯坦利（Stanley）、岩石角国家公园（Rocky Cape National Park）和船港（Boat Harbour），终点在温耶德（Wynyard）。跑步线路主要在海滨，选手在穿越原始海滩的过程中，要面对各种各样的地形，例如狂风怒吼的悬崖上的窄径、沙石滩等。通向内陆的路段则会带你沿着颠簸的四驱车道和草木丛生的小径深入丛林，穿过米利森特谷（Millicent Valley）时还要蹚过溪流。上坡很有挑战性，但不失趣味，毕竟起伏的地形永远不可能打垮你。

起点 // 斯坦利（101公里）/岩石角国家公园（50公里）/船港（25公里），塔斯马尼亚州

终点 // 温耶德，塔斯马尼亚州

距离 // 15~63英里（25~101公里）

更多信息 // www.gonenuts.com.au

454
39

怀希峡谷幽灵跑

当你跑在留有矿井遗迹的新西兰怀希峡谷的山坡时，你的身边会出现很多伙伴，只是你可能看不到他们。

我已经跑遍新西兰，发现只有一个地方需要在白天戴头灯：北岛的怀希峡谷（Waihi Gorge）。小径沿着陡峭狭窄、嵌入地下的山谷延伸，穿过淘金热时期开凿的隧道网络。这里有一条起起伏伏、经过矿井的6英里（10公里）环线，弥漫着历史气息，又点缀着无与伦比的自然美景。正是对超自然现象的期冀，让我始终对这条跑步线路青睐不已。

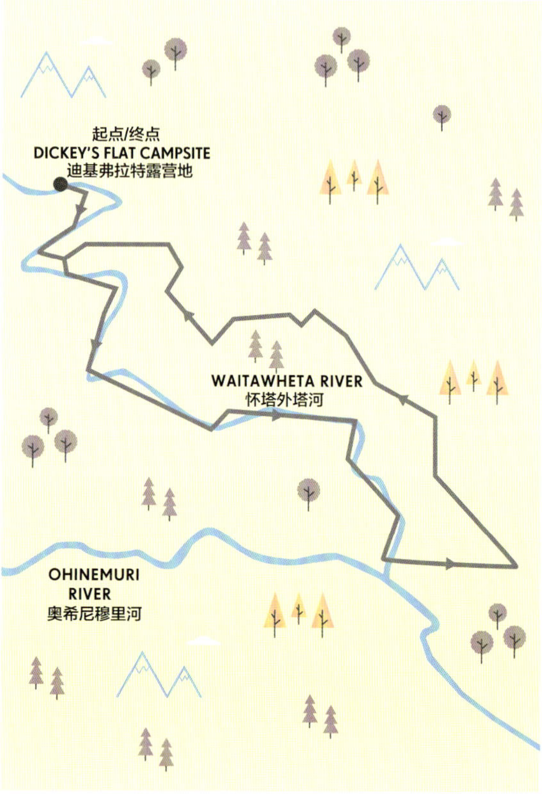

怀希镇位于奥克兰（Auckland）以南2小时车程处，前往罗托鲁瓦（Rotorua）和陶波（Taupo）都很便利。19世纪初叶，这里发现了黄金，因此1908年之前，它始终是新西兰发展最快的城镇。灾难性的地质巨变不仅把珍贵的矿产送到了距离地表更近的地方，还创造出了动人心魄的高山峡谷，不得不说是今日跑步者和徒步者的幸运。大多数游客满足于在停车场附近短途漫步，但只有把解说牌甩在身后，深入其中探险，才能真正感受到历史的沧桑，甚至有机会与以前的峡谷居民交谈一番。这些沟壑一度容纳并养活了2000多人，他们七零八落的房子在陡峭的崖壁上摇摇欲坠。现在这里无人居住，寂静得都闹鬼了。

但怀希镇本身是充满生机的，到处都有住宿场所。不过我的大本营向来是位于迪基弗拉特（Dickey' s Flat）的环保部露营

地。在穿上跑鞋、背起背包之前，我可以先在温暖的春日阳光中悠闲享用一顿早餐。

前几百码，我跑得很放松，还晃晃悠悠地跨过了第一座单排木吊桥（这样的桥梁一路上有很多）。前面的皇冠步道（Crown Track）在阳光下忽明忽暗，凉爽潮湿的树林与林中的亚麻地或草地交替出现。小径宽阔平坦，坡度适宜，我一边沿着怀塔外塔河（Waitawheta River）飞跑，一边尽情享受水流奔腾的感觉。

随着小径缓缓攀至河流上方，河水变得更深更急，阳光和鸟鸣很快消失不见，取而代之的是散落在小径上的、早在一个世纪前就被抛弃的工具和器械。爬上一段台阶，来到河流上方的更高处，我开始兴奋起来——眼前的隧道告诉我，那就是风窗步道（Windows Walk）的起点。

我戴上头灯，小心翼翼地钻进黑暗。当初矿工们每天花费16个小时在潮湿的洞壁上挖凿，一寸一寸地深入山腹，在黯淡的岩石中寻找闪亮的黄金。据说，为了逃离这个地狱，他们甚至会切掉拇指，好让自己无法干活儿。怀希博物馆（Waihi Museum）就展示着好几排存放人类手指的罐子。

隧道地面遍布岩石，我只能缓慢前进。当看到从第一个风窗透下的细碎光线时，我不禁颤抖起来，靠在粗糙的窗台上，向下直视翻滚的怀塔外塔河。又经过了几扇风窗，我终于回到明亮的阳光下，这才顺畅地跑了起来。后面还有几条隧道，但都比较短，不戴头灯也能在昏暗中前进。跑到一条废弃的电车轨道旁时，我还发现了一节矿车，正好适合拍一张有趣的照片。

经过一段不长的台阶，我突然闯入了一片开阔的林中空地，激动人心的风景映入眼帘：怀塔外塔河和奥希尼穆里河（Ohinemuri River）在此交汇，水流湍急。继续走大约3英里

泵站保护区

怀希泵站（Waihi's Pumphouse）建于1904年，用于存放挖掘玛莎矿井（Martha Mine）的蒸汽泵。1914年通电以后，里面没用的设备被人搬走，整座建筑成为古迹。2004年，工程师们发现，由于地下矿井的存在，泵站地面极不稳定。于是人们用刷上特氟龙涂料的混凝土梁，将这栋1840吨的三层标志性建筑向下移动了300米，安置于此处。

顺时针从上至下：过河很容易；由旧铁路隧道改造而来的小路；新西兰著名的银蕨。291页：卡朗格哈克峡谷附近。

（4.8公里），环线最精彩的地方来了。在那之前，这条线路都不算太过费劲，但现在，我必须做出选择：要么沿奥希尼穆里河右岸前行，进入4英里（6.4公里）长的卡朗格哈克历史步道（Karangahake Historic Walkway），从沃华诺瀑布（Owharoa Falls）一直走到引人入胜的维多利亚炮台（Victoria Battery）遗迹；要么沿那条历史步道前行几百米，那儿还有一条半英里（0.8公里）长的废弃铁路隧道和一座露天双层桁架桥，可以形成一条妙趣横生的环线。

不过今天我想亲近树木，所以上面两个都不选，而是沿峡谷西侧前行——这是一次与相对轻松的晨跑截然不同的体验。我做好万全的准备，穿过潮湿、茂密的苏格兰人隘谷（Scotsman's Gully）向上攀爬。此时我的双腿还有力气，道路也显得畅通无阻。沿着县道（County Rd）慢慢跑向卡朗格哈克山（Karangahake Mountain）的高处，我渐渐感受到了一个另类的工业时代。19世纪时，相邻的凯迈山脉（Kaimai Ranges）的土生贝壳杉（kauri）曾遭受严重砍伐，而这里的参天大树却好好地生长了600多年，直径达到5米。

碎石很快没了踪影，我又回到了草木丛生的狭窄小道。树枝掠过头顶，鸟儿在树冠上扑棱并尖叫，到处都是银蕨——新西兰全黑橄榄球队的标志。小径在卡朗格哈克山的外缘蜿蜒，我不时顺着岩壁一瞥，就能望见下方峡谷的深处，只觉得头晕目眩。虽然跑步的过程简单顺畅，但这段路的爬升高度常常令人心惊。

好在我已经抵达了最后的岔道口，兴奋的感觉再次涌上心头。主路通往山顶，但我不打算继续，而是向左一拐，进入一条过山车似的道路——“达博”（Dubbo's）。达博96步道（Dubbo 96 Track）陡峭松软，最棒的路段是名副其实的单行小道。我一边傻笑一边向下冲，相信自己的双脚每次都能落到坚实的地面。高大的阔叶树和罗汉松遮住了大部分阳光，营造出一种愉悦的神秘气氛。我惊讶地发现，自己走过的上坡路一会儿就看不见了。

步道在一条寒冷、清澈的溪流处触底，之后又开始向上翻越一道足以累断腿的小山脊，最终将你带回光线充足又宽阔的皇冠步道，也就是这段旅程的起点。走在返回迪基弗拉特的平坦路段上，我起伏不定的心绪渐渐得到平复，经过最后一座桥时，我还对着安静流淌的河水凝神驻足了一阵。这是一次令人思绪万千的远足，我甚至在想，劳累一天的矿工和伐木工跋涉回营地的时候，是否也会被卡朗格哈克峡谷和山脉的恢宏气势吸引而逗留。我宁愿这样认为。 **文 / 维基·沃利**

跑步指南

起点 / 终点 // 迪基弗拉特露营地（Dickey's Flat Campsite）

距离 // 6.25 英里（10 公里）环线

到达 // 卡朗格哈克峡谷位于奥克兰以南 140 公里处（2 小时车程），罗托鲁瓦以北 130 公里处。

何时去 // 全年皆可，但天气恶劣时，小径可能因落石或洪水而封闭。

住宿 // 迪基弗拉特提供基本露营条件，怀希镇和怀希海滩度假村附近有几家汽车旅馆。

更多信息 // www.doc.govt.nz/karangahake

行前参考 // 带上过隧道的头灯，寒冷的时候带上轻薄的保暖衣，出发前登录环保部（Department of Conservation）网站，查看小径是否封闭。

右页：怀里里瀑布落差500英尺（153米），瀑布上方或底部均有有趣的跑步小径。

更多类似体验

新西兰越野跑

皮龙亚山

酣睡于塔斯曼海（Tasman Sea）仅15英里（25公里）外的皮龙亚山（Mt Pirongia），优雅得如同一位睡美人。但是请小心，这座死火山有很多玄武岩山锥，绝对不是什么"淑女"。这座从怀卡托平原上拔地而起、高达3150英尺（960米）的山峰因变化多端且恶劣的天气而闻名，有危险的陡坡和湿滑难攀的岩石，小径一年到头都相当泥泞。全副武装去挑战吧——周密计划，充分准备，带上保暖干燥的服装，还要做好有时行进速度会很慢的准备。而作为回报，你将发现珍稀的动植物，看到令人印象深刻的风光，获得新西兰技术难度最高的跑步体验。

起点 / 终点 // 格雷路（Grey Road）停车场

距离 // 7.4英里（12公里）环线，途经蒂罗杭加（Tirohanga）步道和马奥库拉（Mahaukura）步道

更多信息 // www.doc.govt.nz

平纳克尔山

平纳克尔山（Pinnacles）一日游已被列入官方推选的新西兰人"101件不容错过的事"（101 Must-Do），足以证明它的魅力。主路沿着20世纪初为杉木伐木工和淘金者运送物资的驮马老路延伸，向上穿越美丽的原始森林和无数条小溪，随后经过山中避难小屋，最终攀升至平纳克尔山。要爬上这些岩峰，必须对高度无所畏惧，对脚力足够自信。平纳克尔山是欣赏日出日落的热门地点，可以俯瞰科罗曼德尔半岛（Coromandel Peninsula）、豪拉基湾（Hauraki Gulf）和考埃朗格谷（Kauaeranga Valley）的全景。经由历史悠久的公山羊步道（Billygoat Track）返回，可以避开人群，沿途散落着伐木工和矿工离去时丢弃的机器，上面已经锈迹斑斑。

起点 / 终点 // 考埃朗格谷公路尽头

距离 // 12.4英里（20公里）环线，途经平纳克尔山和公山羊步道

更多信息 // www.wildthings.club/trails/

怀里里瀑布

如果山丘是你早起的动力，那么怀里里瀑布（Wairere Falls）就是垂直跑上几英里的好选择。颇具气势的怀里里河（Wairere River）冲下凯迈山脉（Kaimai Ranges）西南端的宽阔岩台，跌落500英尺（153米），流至蒂阿罗哈（Te Aroha）平原，形成了怀里里瀑布。岩台是夏季热门的游泳地点，但下大雨时必须极为小心，那时的瀑布水量可能翻倍。这条短途线路单程仅仅2英里（3.2公里）有余，海拔却提升了1900英尺（580米），无论上坡还是下坡都足以让大腿酸痛，还要小心湿滑的岩石和木板台阶。从瀑布上方可以踏上通往凯迈山脉南侧更深处的其他小径。

起点 / 终点 // 古德温路（Goodwin Rd；紧邻旧蒂阿罗哈路）

距离 // 4.3英里（7公里）

更多信息 // www.wildthings.club/trails/

塔斯马尼亚弗雷西内半岛之旅

从哈泽德（Hazards）的高地到酒杯湾（Wineglass Bay）白葡萄酒般清澈的海水，这条极为讨人喜欢的小径无所不有。

最好的跑步体验经常发生在意外的场合。无论过程是妙不可言还是状况百出，这些不期而至的探险总会令我们难以忘怀，即使大腿肌肉都已忘记曾经跑过的漫漫长路。至少，那次我就是这么对自己说的——明明我只打算环绕塔斯马尼亚弗雷西内国家公园（Freycinet National Park）的一处小角落跑一圈，也就是从帕森斯湾（Parsons Cove）到酒杯湾（Wineglass Bay）、途经哈泽德海滩（Hazards Beach）和地峡步道（Isthmus Track）不到7英里的路程，却莫名其妙地围着半岛跑了一条将近19英里（30公里）的环线。

我一直都想跑跑这条线路，或多或少地跑一段。尽管平日里很少见到其他跑步者（徒步的人数远远超过我们），但跑过弗雷西内环线（Freycinet Circuit）全程的越野爱好者谈到它的时候总是敬畏有加。每年7月，这里甚至会举办一场跑步比赛。出色的小路将横贯的花岗岩山峰、绝美的白色海滩和茂密的海岸森林巧妙地织成一张网络，令每个到访的跑步者心生向往。

但那并非我当天的计划——我还要赶飞机。

我来到澳大利亚这座“苹果之岛”（Apple Isle；即塔斯马

© Karel Stipek | Shutterstock / © Jochen Schlenker | Shutterstock

尼亚州）的原因与跑步毫无关系，可一想到与弗雷西内如此之近，如果连一次走马观花的探索都不尝试就离开，实在是有一种负罪感。所以，天刚亮我就跑上了平坦的哈泽德海滩步道（Hazards Beach Track），一路从帕森斯湾绕过大牡蛎湾（Great Oyster Bay），又在梅森山（Mt Mayson）山脚转了个弯。梅森山与阿莫斯山（Mt Amos）、达夫山（Mt Dove）、帕森斯山统称为哈泽德，扼守着半岛的细颈。热身之后，我加快了步伐，那些关于塔斯马尼亚过往的思绪也开始飞速涌出。

图尔诺迈勒默纳人（Toorernomairremener）曾在这里生活了上千年，牡蛎壳堆成的贝塚便是他们存在过的唯一证据。然而欧洲人的帆船在地平线上一出现，他们的生存就受到了威胁。一名荷兰探险家在地图上标注并命名了弗雷西内，但首先发现这片遥远的土地有利可图的是英国人。

现在的人们完全无法想象，这个令人赞叹的地方曾是乔治王朝的放逐地——数百名被放逐者在此承受了难以想象的痛苦。声名狼藉的流放地就在附近，比如阿瑟港（Port Arthur）和玛丽亚岛（Maria Island）。罪犯们被当作劳动力，来开发弗雷西内这根伸入塔斯曼海的纤细手指。讽刺的是，如今数以千计的英国佬要来到这儿，还得花上一大笔钱。

翻过一处山嘴的时候，一阵突然的响动把我震回现实。我赶紧向一只被自己的粗鲁打扰的红颈袋鼠低声道歉——它正在道旁漫不经心地轻咬沾着露珠的青草，育儿袋里面装着一只笨拙的小袋鼠，它的胳膊腿儿中间探出一个顽皮的小脑袋。

太阳很快升起，哈泽德的山峰为我遮挡了刺眼的光芒，向小路投下阴凉的影子。我暂时还无须担心踩上一条沉睡的虎蛇，反正它们全都忙着在木麻黄之间的树丛中吃早餐，得要等到白天晚些时候才会爬上步道晒太阳。

跑了大约2.5英里（4公里），经过能将普罗米斯湾（Promise Bay）一览无余的弗勒里厄角（Fleurieu Point）和雷曼纳观景台（Lemana Lookout），我到达了哈泽德海滩的金色沙滩。我本能地转向潮水退去后的紧实沙滩。就是在这儿，我被美丽的海滩迷惑，错过了向上通往步道的沙滩台阶。如果那时跑上步道，我就可以抄近路穿过地峡，到达酒杯湾的北端。

直到跑到这片2英里（3.2公里）长的海滩尽头的拉贡塔溪（Lagunta Creek）时，我才意识到自己的错误。不过由于腿部肌肉已经跑开了，我决定继续穿过桉树林，跑向库克海滩（Cooks Beach）。到这时我仍然很有把握，因为我的地图上显示跑回去和继续前进的路程差不多，而继续探索的渴望让我忽视了地图上的等高线，那意味着前方会是一个大坡。

步道随后转向内陆，绕过了弗雷西内山（Mt Freycinet）。在博塔尼凯尔溪（Botanical Creek）灌满水袋之后，我开始从侧翼攀登1900英尺（579米）的格雷厄姆山（Mt Graham）。翻越东弗雷西内山口时，我已跑了将近10英里（16公里）。拖着不太听使唤的大腿，我爬上半岛的脊背，顶着从侧面吹来的风，踏上了一

© Christian Musat | Shutterstock

血腥的历史

除了曾有过一段可怕的流放地历史之外，环绕弗雷西内看似美丽的海滩和海湾，一度还被捕鲸业糟蹋得血肉狼藉。当年这里对鲨鱼洒下的诱饵的威力，不亚于如今这座半岛对游客的吸引力。实际上，“哈泽德”的名字就取自一名非裔美国捕鲸者——“邪恶的”理查德·哈泽德船长（Captain Richard ‘Black’ Hazard）。

从左至右：哈泽德海滩的宝物；大壮蛎湾；一只母红颈袋鼠和它的宝贝儿。296~297页：塔斯马尼亚著名的酒杯湾。

条从岩石中穿过的路线。

美丽的风景和凉爽的微风轻易弥补了攀登的劳累。令人叹为观止的酒杯湾在我的脚下泛着波光；远处蔚蓝色的海水之上，则耸立着达夫山的悬崖。继续前行，穿过树木茂盛的高原，再向下沿着隘谷奔向格雷厄姆溪（Graham Creek），然后顺着孤石岭（Lone Rock Ridge）来到酒杯湾的南端。在那里，耀眼的白色沙滩如一弯新月，将晶莹剔透的塔斯曼海盛在杯中。面对有生以来踩过的最美丽的海滩，此刻又是空旷无人，我没有理由不甩开自己的装备，跑过嘎吱作响的细沙，跳进大海。最后，湿淋淋的我穿过梅森山和阿莫斯山之间前往帕森斯湾的山口，沿步道返回至小路的起点。

我忐忑不安地赶往朗塞斯顿（Launceston）机场，幸好赶上了飞机。只是，我得对坐在自己旁边的可怜人深表同情。由于来不及洗澡，我的身上还沾着汗水和酒杯湾的海水蒸发残留的一道道白色盐渍，而且探险过后的肾上腺素尚未消退，差点儿错过航班的恐惧又刺激了我的大脑，我忍不住喋喋不休地讲述自己这段从未有过的最棒的跑步经历。 **文 / 帕特里克·金塞拉**

跑步指南

起点 / 终点 // 帕森斯湾

距离 // 18.6 英里（30 公里）

到达 // 科尔斯湾（Coles Bay）位于霍巴特（Hobart）东北115 英里（186 公里）处，朗塞斯顿东南 104 英里（167 公里）处。可以从那里沿蜜月湾（Honeymoon Bay）继续前往帕森斯湾。

何时去 // 全年皆可，但高处可能非常寒冷，冬季（6 月至 8 月）可能有危险。

住宿 // Freycinet Lodge 位置非常优越，提供四星级的小屋。酒杯湾海滨有简陋、便宜的露营地，无须预约。

更多信息 // www.parks.tas.gov.au

行前参考 // 跑步者和步行者最好在小路上逆时针行进，以免帮助致命的植物病原体疫霉菌（烂根病）传播。

右页：珀贝克半岛有很多出色的越野跑线路，是英格兰西南海岸小径的组成部分。

更多类似体验

半岛环线

珀贝克岛，英国

珀贝克（Purbeck）是一座伸入英吉利海峡的美丽半岛，位于被列入联合国《世界遗产名录》的侏罗纪海岸（Jurassic Coast）。它也是英国最长线路——西南海岸小径（South West Coast Path）中的一段，给想要探索杜德尔门（Durdle Door）、拉尔沃思湾（Lulworth Cove）等景点的人提供了理想的跑步环境。历史遗迹散落于半岛之中，从新石器时代的定居点到拿破仑一世时期的要塞，从昔日走私者的小道到“二战”的地堡，诸如此类。如果打算跑一条20英里（32公里）的环线，可以从著名的Square and Compass酒馆出发，经过“跳舞礁”（Dancing Ledge），沿海岸前往与斯沃尼奇（Swanage）相对的老哈里岩（Old Harry Rocks），再从珀贝克步道（Purbeck Way）抵达科夫堡（Corfe Castle），最后穿过人群返回起点。

起点 / 终点 // 沃斯麦特勒佛（Worth Matravers）

距离 // 12.4英里（20公里）

更多信息 // www.southwestcoastpath.org.uk

威尔逊角，澳大利亚

威尔逊角（Wilsons Promontory）是澳洲大陆的最南角，位于墨尔本以南143英里（230公里）处，本身就是一处热门的旅游目的地。但如果远离潮汐河（Tidal River）热闹的露营地，跟随悄悄潜入灌木丛的小径，跑步者就会来到一片千年未改的原始风景之中：袋熊和岩袋鼠随处可见，笑翠鸟叽叽喳喳，还有只能步行或乘船前往的隐蔽蓝色海湾和海滩，能让人暂时躲避炎炎烈日。途经灯塔的南部环线（Southern Circuit）是一条37英里（60公里）长的史诗级线路，风光极美，但只适合最能吃苦耐劳的越野跑步者。滑铁卢湾（Waterloo Bay）和奥伯伦湾（Oberon Bay）之间的内陆小径也是很棒的马拉松线路，主要从半岛南部的中间穿过，也会经过最美丽的海滩。

起点 / 终点 // 潮汐河

距离 // 26.2~37英里（42~60公里）

更多信息 // www.parkweb.vic.gov.au

绵羊角，爱尔兰

在从西科克（West Cork）崎岖的海岸线向大西洋伸出的“三根手指”中，最纤细的那根便是风景如画的绵羊角（Sheep's Head）。这里有漂亮的村庄——包括基尔克罗恩（Kilcrohane）、阿哈基斯塔（Ahakista）、达勒斯（Durrus）——以及令人叹为观止的海景。超级马拉松跑步者可能会喜欢54英里（88公里）长的环线，从班特里（Bantry）至尽头引人遐思的孤寂灯塔，然后沿半岛南侧返回；但对普通跑步者来说，几条较短的环线更为可行。其中之一就是诗人环路（Poet's Way Loop），全长7.7英里（12.5公里），设有路标，得名于本地作家丹尼斯·M.克罗宁（Denis M Cronin）。这条线路从图尔恩（Tooreen）向西南延伸，环绕邓马纳斯湾（Dunmanus Bay），经过阿肯湖（Lough Akeen），到达绵羊角的灯塔，最后从班特里湾一侧返回。

起点 / 终点 // 班特里湾或图尔恩

距离 // 7.7英里（12.5公里）

更多信息 // www.thesheepsheadway.ie

非洲

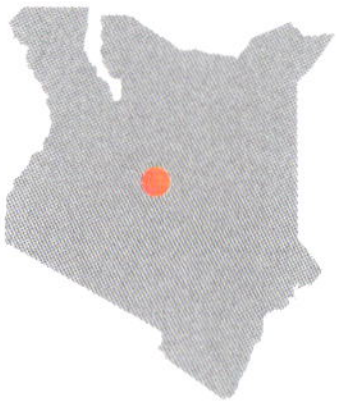

Safaricom半程马拉松

当你能够以生态保护的名义用双脚去丈量肯尼亚的大草原时，
还需要考虑路虎吗？

比赛前一晚，我开始陷入崩溃状态。有些许紧张感是正常的，这一点我知道，但此时非同寻常。作为一名非常业余的竞速型跑者，过往当我在比赛前夜爬进被窝时，担心的是自己有没有把闹钟调错，闹铃会不会响，跑步结束以后要去哪里吃早餐；但眼下我置身于肯尼亚北部的一处帆布帐篷里，躺在一张简易床上，干等着几个小时后的一场半程马拉松，担心的却是狮子，或者担心被狮子吃掉。

那是去年夏天，我和我的丈夫及四位朋友从旧金山出发，途经法兰克福，深夜抵达了内罗毕（Nairobi），并在那里住了一夜，第二天一早就搭乘一架小飞机降落在了里瓦野生动物保护区（Lewa Wildlife Conservancy）。换句话说，我们并非处于参加马拉松的最佳状态——即便只是半马。这不是一条常规的比赛路线，听说它是世界上最艰难的马拉松路线之一。海拔5500英尺（1670米）的里瓦炎热干燥，尘土飞扬。我突然醒悟过来：或许我应当针对这种环境进行专门训练。

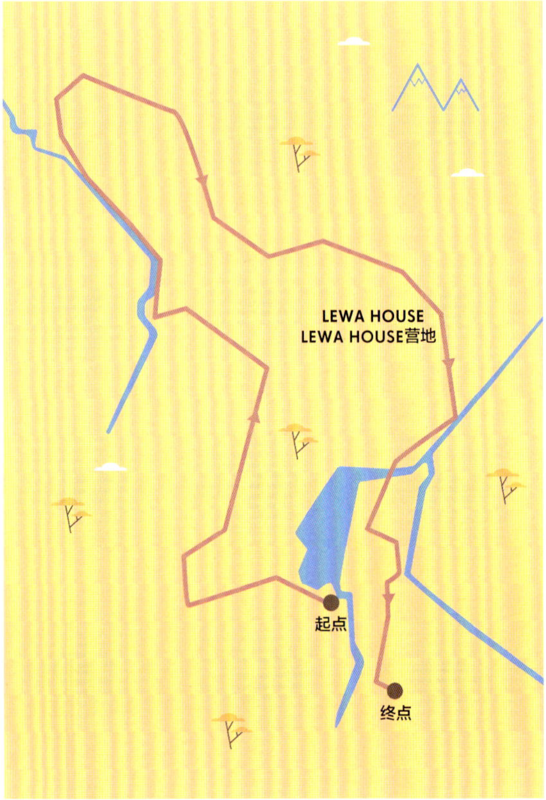

我们这支“瞪羚队”（这是我们给自己取的队名）来参加的是Safaricom马拉松，一项经过精心细致安排的马拉松，由里瓦野生动物保护区与英国非营利机构象牙信托基金会（Tusk Trust）联合举办，目的是为肯尼亚的野生动物保护、教育和社区发展筹措资金。占地25,000公顷的里瓦保护区内生活着数量

繁多的野生动物，其中包括169只犀牛、十几只猎豹、约400只迁徙而来的大象、世界上最大的细纹斑马单一种群，以及44头狮子。另外还有140名荷枪实弹的守卫，他们随时保持警惕——正是冲着这一点，我才脑袋一热，决定来参加比赛（事实上，这项赛事差不多已经举办了20年，从来没出过什么问题）。

在黑暗中，我静静地躺着，耳畔传来了狒狒们的尖叫声，害怕狮子扑来的感觉更明显了。几个小时前，我们驱车来了一次探险，亲眼看到了大量野生动物，有非洲水牛、鬣狗、黑犀牛和白犀牛。我们甚至追逐了一只猎豹，当然是开着丰田的陆地巡洋舰追的，可不是光凭两双肉足。一年的其余364天里，参加游猎的客人都不可以随处乱逛；马拉松比赛日是个例外。

太阳还没升起来，我就被大喇叭里震耳欲聋的肯尼亚流行音乐吵醒了，声音传遍整个营地，就像是公共的起床号。然后又传来了直升机的"嗖嗖"声，这是在为比赛路线做准备。操纵直升机的是迈克·沃森（Mike Watson）及其同事，迈克一直担任着里瓦保护区的首席执行官，同时也是一位粗犷的丛林居民。直升机需要往返飞行，在上空盘旋，一整天不断温和地驱赶着野生动物们——它们要让路于里瓦最罕见的物种，人类。

每年6月的某个早晨，20个国家的1400名参赛选手（绝大多数来自肯尼亚）会以保护生态和启发当地人的名义齐聚这里。大多数人选择跑半程马拉松，还有约200名强者跑全马，即沿着相同的路线再折回来。后者中就包括肯尼亚最顶尖的跑步选手，譬如2016年奥运会的金牌得主埃利德·基普乔格（Eliud Kipchoge）。正式比赛开始之前，举办方还会安排5公里的儿童赛。本地学校的孩子们一整年都在训练，希望在比赛中获得名次，拿到超市的代金券，或是塞满袜子、纸笔和巧克力的礼包，或是属于第一名的奖励——一部手机。

我们胡塞了些香蕉，喝了点咖啡，又灌下仿佛能装满一个

充满生机的群山

占地25,000公顷的里瓦野生动物保护区成立于1995年，以保护动物免于灭绝和被偷猎之苦；现在又与本地社区建立了一种创新合作关系，借此提高民众的保护意识。里瓦是包括犀牛、花豹、斑马、大象、狮子和羚羊在内的濒危和受威胁物种的庇护所。12%的肯尼亚东部黑犀牛以及世界上最大的细纹斑马群都生活在这片保护区内。

蓄水池的瓶装水，这才紧了紧跑鞋，顺着一条土路抵达了起跑线。在那里，我们和瞪羚队的另一位成员雅各布·卡纳克（Jacob Kanake）会合，他是里瓦当地的一位司机，已经在保护区里工作了很多年，但之前从来没参加过这项赛事。"我准备好了！"他说。我们一群人拥抱在一起。喇叭里传来了含混的声音，让所有人到起跑线集合。肯尼亚国旗挥舞了起来，我们也出发了。

1400名水平参差不齐的跑步者一窝蜂似的冲出起跑线（其实就是用两根树枝撑起来的一条简单横幅），一条与防火道差不多宽的土路在前方延伸开来。我们一大群人挤到满是石子的松软土路上，两侧是不平的路面和多刺的草丛，以确保我们不会偏离路线太远。身边是肌肉发达的肯尼亚人，有些还赤着脚，也有装备齐全、身材完美、穿着绣有机构标识的速干T恤的外国人，以及一些身材不那么出众的外国人——譬如我的瞪羚队队友，这样说并无任何冒犯之意。

随后，让人肾上腺素飙升的嘈杂声减弱为集体的缄默，广袤的四周以及未知的前程让每一个人都马上严肃起来——或者说被震慑到了？一小组突击队员在我身后奔跑，他们穿着整

齐的制服，携带着步枪。头顶盘旋着一架直升机，它在密切监视每个人的行踪，就如同操心过度的老母亲。很快，人群开始分散。我找到了属于自己的节奏，既轻松又清醒，我知道没有什么东西会袭击我。

我就这样跑着，跑着。跑过奇特的金合欢树和孤零零的鸵鸟，跑过远远站立的两只雕塑般优雅亮眼的长颈鹿。观众稀稀拉拉——补给站里有几个人，保护区九处营地之一的Kifaru外面也站着几位，穿着制服和围裙的工作人员在挥手加油。这可能是里瓦一年中最重要的日子，但这里毕竟不是波士顿。

我加快了速度，登上了一座小山，继续穿越一片金合欢树林。很快，我便和一位强壮的肯尼亚男子跑了个并驾齐驱。我们向着终点线全力冲刺，最终同时冲线，然后互相击了个掌。

我完成半程马拉松的成绩是1:56:28，还算过得去，但算不上是最快的女选手——这一殊荣归属于本地人贝蒂·卡兰布（Betty Karambu），她的成绩是1:14:28。没过多久，瘦高的跑步健将费力蒙·巴鲁（Philemon Baaru）跨着大步完成了全程马拉松，用时2:22:18——我的队友还没跑完半马，他就已经完赛了。

在旅程剩下的时间里，我们体验了一次标准的游猎——追踪豹子，盯着狮群和象群啧啧称奇，对着犀牛宝宝大呼小叫，跌跌撞撞地穿过灌木丛。当然，我们一直坐在陆地巡洋舰的后排；但自始至终，我总在渴望着冲出去。　**文 / 瑞秋·列文**

顺时针从上至下：来自20多个国家的赛跑选手正在横穿里瓦野生动物保护区；在补给站帮忙的朋友和家人；潜在灌木丛中的斑马。305页：厉害的肯尼亚选手常常一马当先。

跑步指南

起点 / 终点 // 里瓦野生动物保护区

距离 // 13英里（21公里）

到达 // 从内罗毕开车4小时或乘飞机45分钟即可抵达里瓦。

住宿 // 里瓦的九处营地通常很早就被相关组织预订了，海外游客可以选择住在Maridadi Camp，类似“运动员村”，里面有专为跑步者和观光客准备的帆布帐篷和简易床铺。

更多信息 // www.safaricommarathon.com

行前参考 // 别担心，在里瓦举办这项赛事的20年间，从未有人被狮子袭击过。起跑点的组织有点混乱，跑步者不会按照速度或其他类别分批出发，道路也相当狭窄，所以千万别磨蹭——如果你不想陷入后方缓慢的人流之中，就尽量拉开距离，直至形势明朗。

右页：巴塔哥尼亚国际马拉松在智利南部举行，百内（Torres del Paine）令人惊叹的尖峰给予选手们奔跑的动力。

更多类似体验

荒野赛事

Big Five马拉松，南非

和Safaricom马拉松一样，参加Big Five马拉松的选手也需要以保护生态的名义，去直面非洲大草原上波澜壮阔的野生世界。跑步路线在里瓦的更南方，位于克鲁格国家公园（Kruger National Park）和约翰内斯堡（Johannesburg）之间的恩塔贝尼游猎保护区（Entabeni Safari Conservancy）。赛事活动于6月展开，在正式比赛开始之前（或结束以后），主办方还会安排多日的吉普游猎。Big Five马拉松是一项充满挑战性的比赛，相比其他类似的赛事，它的路线更加高低起伏，会碰到松软的岩石和陷沙。不过，跑者可以欣赏到附近高原顶端巨大湖泊的绝美风景，还有机会看到斑马、长颈鹿、羚羊和狮子等众多野生动物。

起点 / 终点 // 恩塔贝尼游猎保护区

距离 // 13~26.2英里（20~42公里）

更多信息 // www.big-five-marathon.com

澳大利亚内陆马拉松

在著名的神圣砂岩乌鲁鲁（Uluru，或称“艾尔斯岩”）北边不远处，是一片位于澳洲偏远内陆的贫瘠土地，那里除了一些纵横交错于广袤地表上的灌木丛小径和吉普车道，别无他物。不过，一条全长26英里的马拉松路线就设在那里，它只利用了部分现成小径，剩下的路线则完全偏离，在该区域无处不在的红壤上延伸，有时候甚至要沿着绵延的陷沙行进。澳大利亚内陆马拉松在每年的7月举行，其路线大体平坦，只有几处沙丘要攀爬，某些路段可以欣赏到附近山峰——如乌鲁鲁和卡塔丘塔（Kata Tjuta）——的壮丽景致。

起点 / 终点 // 乌鲁鲁-卡塔丘塔国家公园

距离 // 3.7~26.2英里（6~42公里）

更多信息 // www.australianoutbackmarathon.com

巴塔哥尼亚国际马拉松，智利

比赛地点定在百内国家公园（Torres del Paine National Park）的巴塔哥尼亚国际马拉松，设计了一条在起伏碎石路上奔跑的越野路线，终点为Hotel Rio Serrano。比赛过程中，跑步者可以饱览公园里的美景，那里既有高耸的尖峰，也有闪耀着光芒的冰川和金灿灿的草原。前半程地势相对平坦，后半程则更加起伏，18英里（29公里）标记处附近需要攀升和垂降约300英尺（100米）的落差，最后在一条长长的下坡路之后，抵达终点。要想参加巴塔哥尼亚国际马拉松，你需要坐飞机到彭塔阿雷纳斯（Punta Arenas），它是世界上最南端的城市之一，位于大西洋和太平洋汇合的麦哲伦海峡沿岸。

起点 // 百内国家公园

终点 // Hotel Rio Serrano

距离 // 6.2~26.2英里（10~42公里）

更多信息 // www.patagonianinternationalmarathon.com

Y-150
Km
50

撒哈拉沙漠马拉松

这个全程150英里（240公里）、横跨摩洛哥环境险恶的撒哈拉沙漠的超级马拉松需要多日完成，是打开分段赛世界大门的上佳之选。

无论什么时候，一想到摩洛哥，我就会进入感官超载的状态。我记得街边小摊贩卖着猴子、蛇和奇特的刀具，还看到一包包香料呈现着各种颜色，散发着我在家乡弗吉尼亚闻所未闻的气味。但我始终不能完全理解，为什么这就是我对摩洛哥的印象——我在那里待了40天，99%的时间都花在那场只能被形容为“撒哈拉感官剥夺”的马拉松比赛上。

于我而言，摩洛哥是这样一个地方：那里会举办被称为撒哈拉沙漠马拉松的残酷的分段赛，选手需要用时7天，顶着平均40℃的高温跑完150英里（240公里），横跨这片北非沙漠。在过去10年里，我已经两次参加撒哈拉沙漠马拉松并跑完全程，分别在2009年和2010年，后一次还拿到了第三名的成绩。这么多年以来，作为一位受赞助的超级马拉松跑者——我还参加过恶水135英里马拉松（见210页）和巴克利马拉松（见174页）——我依然觉得撒哈拉沙漠马拉松是我所经历过的最艰难的比赛之一。不过，这可能是因为在2000年首次挑战它时，我基本上只能算是个缺乏经验的“周末战士”，跑过的最长距

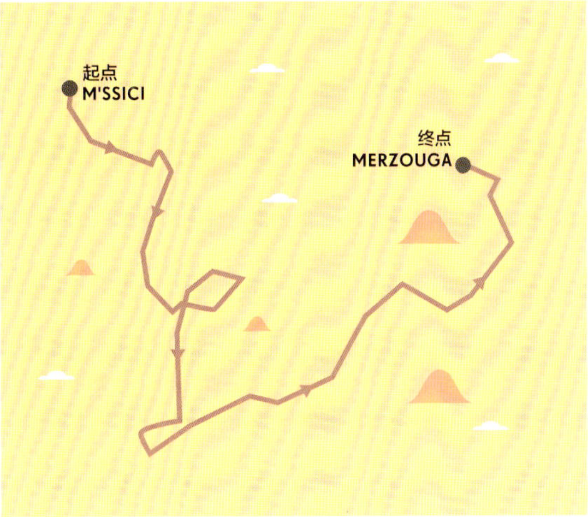

© Jean-Philippe Ksiazek | Getty Images

“赛事组织方用扬声器在起跑点大放特放AC/DC乐队的《地狱公路》，但这种做法对于缓解我一贯的赛前焦虑起不到任何帮助。”

离的赛事就是JFK 50英里比赛。那时候我还是个派对达人，一个星期都跑不满50英里——这比撒哈拉沙漠马拉松最长的分段距离还要短。当然，也正因为如此，撒哈拉沙漠马拉松的经历才深深地烙入了我的灵魂。

毋庸置疑，我被吓到了。虽然我可以轻松地去体验一些离家更近的超级马拉松比赛，但这项在遥远异国举办的赛事深深地吸引了我。这一“沙漠马拉松”是由法国人帕特里克·鲍尔（Patrick Bauer）在1986年发起的，在徒步穿越了撒哈拉以后，他觉得这种具有变革性的体验值得推广给更多人，由此撒哈拉沙漠马拉松应运而生。

那是我第一次造访非洲大陆。赛事组织方用扬声器在起跑点大放特放AC/DC乐队的《地狱公路》（*Highway to Hell*），但这种做法对于缓解我一贯的赛前焦虑起不到任何帮助。幸运的是，开跑第一天的18英里（30公里）路线是起伏山坡上硬实平整的土路，只有一小段沙丘。然而，当完成了这第一段赛程以后，满身脏土、又累又饿且筋疲力尽的我不禁疑惑：真的有人能跑完全程吗？比赛中我还犯了很多错误，譬如低估了沙子的数量，中途停下来倒鞋子里的沙子浪费了我许多时间。

过程中的互帮互助成了我的救命索。第一天结束休整时，我知道肯定能从住同一间帐篷的舍友那里获得一些亟须的建议。果然，经验丰富的老手们教会了我如何在白天降温、在夜间保暖，如何应对有限的卡路里，怎样上厕所和在拥挤的帐篷里入睡……这些方法对我来说非常关键。虽然氛围有点像夏令营，但交谈似乎总会回到“最漫长的那天”（即后面会提到的第五天）这个话题上。在那天之前，我们会跑过3个以上的赛段，但如果没有这些策略，我甚至撑不了这么远。

柏柏尔人帮助我们搭建帐篷村并给予招待，他们的装束看起来很像是《星球大战》电影里的沙民（Sandpeople），但都非常和善。他们总是露出灿烂的笑容，眼睛炯炯有神。每到晚上，我们一躺倒在铺位上，星星便会立刻现身，银河的梦幻光芒令我们如痴如醉。

接下来几天的比赛简直就是靠身体硬扛。我们散落在20~25英里（32~40公里）的区域内，这里地形复杂，既有两层楼高的松软黄沙丘，也有满是尘土被称为“瓦迪”的干河床。前一分钟我们的双脚还陷在流沙里，后一分钟交错的岩石又扯烂了我们的鞋子。沙丘一座接着一座，距离感丧失殆尽。尽管如此，我却开始慢慢喜欢上那种空旷的感觉和无边无际的视野。

到了第三天，我非常挣扎，因为饥饿成了比跑步更严重的问题。当我因为缺少卡路里而呕吐时，一位西班牙选手冲我喊了两个简单的单词：“Bebe! Come!”凭借基本的西班牙语功底，我知道他在提醒我吃点或喝点东西。

第五天——最漫长的那天——是决定性的日子。据说如

带什么

撒哈拉沙漠马拉松要求参赛者必须随身携带满足7天生存的各类补给。除了每天2000卡热量的食物外，你还得带一个睡袋、防蛇咬工具包和一枚紧急照明弹（一旦使用，就代表弃赛）。谢天谢地的是，沿途会提供每天需要的9升饮用水，只不过取水时必须打卡。

从左至右：撒哈拉沙漠马拉松的每个赛段都在沙漠中设有帐蓬营地；艰难的第五赛段。310~311页：第三赛段的崎岖地形，完赛需要7天时间。

果能撑过去，完赛就有希望了。该赛段的距离约为50英里（80公里），选手们必须在48小时内完成。那天恰好是我25岁生日，我也是那里第二年轻的跑者。尽管起步比较慢，但是在找到节奏后，我逐渐跑出了完美的状态。气温和煦，微风轻抚。我在第二波的跑者群里领头，成为最快完成这一赛段的美国人。

最后两个赛段较为简单，都是26.2英里（42公里）的马拉松距离，也是相对平坦的吉普车道路。此时的我们仿佛开起了派对——这大概因为我们知道自己正在接近终点，而且没有什么能够阻止我们抵达终点。等到大功告成，冰凉的软饮料被递到我们面前，乐队在一旁奏起了音乐。

从高亢的状态中恢复平静后，我的思绪变得既模糊又敏锐。我回想起了翻过的那些山峰，穿过的那些峡谷，令人震撼的白色盐滩，以及害得我双脚肿胀的锋利黑色岩石。而多年后的现在，尽管我已跑过不计其数、各具特色的赛段，那次依然是我非常喜欢的体验之一。说来也怪，撒哈拉沙漠马拉松竟是如此适合入门者的分段赛。

我很早就明白，要努力实现某项壮举，应当能够同时让生活中的其他目标——包括长跑在内的任何挑战——感觉更加触手可及。正是这样的认知，让我对自己的能力拥有了无穷的信心。　**文／迈克尔·瓦尔丁**

跑步指南

起点 // M'ssici

终点 // Merzouga

距离 // 大约150~156英里（240~250公里）

到达 // 坐飞机到马拉喀什，再乘飞机或驾车125英里（200公里）到瓦尔扎扎特。

何时去 // 撒哈拉沙漠马拉松每年4月举办。

住宿 // 每个赛段的终点都设有露营帐篷。

更多信息 // www.marathondessables.com

行前参考 // 精确控制随身携带的装备本身就需要技巧，不妨注意以下几点：首先炉子不是必备品，天气足够炎热，把食物放在暴晒的石头上就能烤熟；其次记得穿上衣服，这不仅是为了保持凉爽，还可以遮盖皮肤；最后，每次小憩时，或者当天赛段结束后，尽可能在遮阳地休息。

更多类似体验

史诗级分段赛

跑遍地球，纳米比亚，蒙古，智利，南极洲

“跑遍地球”（Racing the Planet）赛事在世界各地举办，不过每次都在各式各样荒无人烟、环境恶劣的沙漠。在距离设置和组织方式上，它们都是直接模仿撒哈拉沙漠马拉松。四大极地巡回赛（4 Deserts）连起了4个地区，大多数人选择其中一地，有些人会跑完全程——要跑7天，分为6个阶段，全长150英里（240公里），路线有标记。比赛过程中，选手必须随身携带个人装备，水是外部提供的唯一补给。每段比赛，起点和终点的确切位置是保密的，这样选手就无法沿途藏匿食物或补给。无论在哪里，你都能欣赏到原始而荒凉的美丽风景。

距离 // 150英里（240公里）

更多信息 // www.racingtheplanet.com

八百流沙极限赛，戈壁沙漠，中国

八百流沙极限赛（Ultra Gobi 400K）是一项自导航自补给式赛事，在中国西部甘肃省青藏高原边陲的戈壁沙漠南部举行。参加这个具有专业水准的极限比赛需要有一流的越野定向能力。不过，拥有了GPS以及使用相关设备的经验，做到这一点并不困难。决定何时进食、携带哪些装备以及何时睡觉（如果需要的话）也是挑战所在。沿途你会遇到很多沙丘、山峰、牧羊人和他们的羊群、野狗、狼以及蚊子（无数的蚊子）。另外，气温变化不定，前一秒还是零下，后一秒就能变成灼热的骄阳和大风。

起点 / 终点 // 中国瓜州县

距离 // 250英里（400公里）

延伸阅读 // 《八百流沙》

海岸挑战，哥斯达黎加

海岸挑战（Coastal Challenge）是非常不错的入门级极限分段赛。6天的比赛分为两个组别：初级组的96英里（155公里）冒险赛，以及距离更长、更困难的远征赛。两组路线都充分展示了哥斯达黎加的各种风光，包括丛林瀑布、美丽海滩和雨林风貌、雨林里生活着的吼猴、箭毒蛙、蛇类和你从未见过的最奇异的蝴蝶。参赛者只需带一个跑步的小背囊，组织方沿途会提供传统的哥斯达黎加饮食和饮料。你既可以自己搭帐篷，也可以选择工作人员提供的帐篷。每个分段赛的终点通常都安排在某个海滩附近。

起点 // 普拉亚德雷（Playa del Rey）

终点 // 德雷克斯湾（Drake’s Bay）

距离 // 96英里（155公里）

更多信息 // www.thecoastalchallengecostarica.com

从上至下：在中国举行的八百流沙极限赛是世界上距离最长的分段赛之一；哥斯达黎加的海岸挑战非常适合分段赛的入门级选手

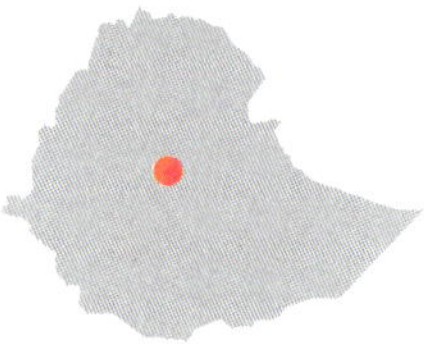

大埃跑

这一穿越东非伟大首都中心的“趣跑”，
堪称这个国家为长跑英雄们举办的流动派对。

我就是你们口中所谓的“跑步呆子”，我为此感到自豪。我关注里程分割、海拔变化和心率区间这些与长跑有关的专业知识，我也可以告诉你我从400米到马拉松不同长度项目的最好成绩。但如果说有什么活动能治愈一位跑者糟糕的强迫症，那必定是在亚的斯亚贝巴（Addis Ababa）举行的“大埃塞俄比亚跑步赛事”（Great Ethiopian Run，简称“大埃跑”），它组织得乱糟糟的，又充满了欢乐。

这项赛事自2001年以来每年都会举办，我参加过两次。我可以很骄傲地说，我真的不知道我这两次的完赛时间——如果我记得清清楚楚，那就意味着我参加比赛的方式完全错了。很多人会告诉你，参加大埃跑最好的做法是让它成为你生命中最慢的10公里跑。你看，这根本不像什么比赛，反倒更像一场万米派对。谁又想第一个离开派对呢？

第一次参加大埃跑的那天早晨，我别无选择，只能默默接受比赛信息缺乏的事实。忘了赛前包、完赛包、芯片计时、礼品包这些东西吧，这里通通没有，能拿到的就是一件印有象征埃塞俄比亚国旗的黄绿色厚棉T恤（尺码大到足以在里面露营），以及前往起点的模糊指示。跟随那些穿着同样大尺码T恤的参赛者，我来到了起跑点。因为衣服毫无特色，我几乎被淹

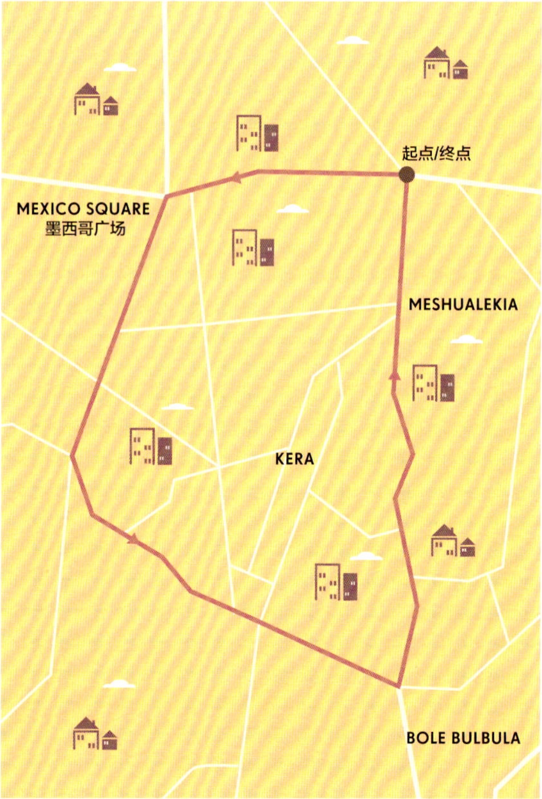

sensation
ARISE!

“正是在2000年悉尼奥运会又揽得一块金牌凯旋之后，格布雷希拉西耶发起了大埃跑活动。”

没在人群之中，然而很多有经验的大埃跑选手会对T恤别出心裁地加工一番，例如撕条口子或剪个洞洞，或是其他艺术性的改动。

这里的氛围紧张又热烈。亚的斯亚贝巴——有时候被称作“非洲的政治首都”——是一座日新月异的城市，变化的速度堪称现象级，仿佛一闭眼一睁眼，建筑工地就成了购物中心。随着中国热钱的涌入，不甚稳固的竹制脚手架如雨后春笋般立了起来。不过，你偶尔也会看到一群山羊阻塞了道路。固然尘土飞扬、交通拥挤，但这座都市本身相当美丽。它坐落在一处植被葱茏的高原上，有一种我从未见过的光线，在热力和灰尘的扩散下，呈现出特别的金黄色调。

在亚的斯亚贝巴，人们对本地英雄尤其是运动员的自豪感似乎永远不会改变。当阿比比·比基拉（Abebe Bikila）赤脚赢得1960年奥林匹克马拉松冠军时，整个民族受到了鼓舞。事实上，对于埃塞俄比亚人（以及肯尼亚人和其他东非地区国民）来说，跑步是摆脱贫穷的可能途径之一；黑·格布雷希拉西耶（Haile Gebrselassie）和凯内尼萨·贝克勒（Kenenisa Bekele）等楷模人物还会获得人们的挚爱和崇敬。难怪这里的竞争异常激烈，甚至在学校亦是如此。很多年轻的跑者凌晨三四点钟起床摸黑训练，然后才开始一整天的工作，或许他们正梦想着有一天自己的照片能被印在海报上，就像格布雷希拉西耶和贝克勒那样。

大埃跑正是由在2000年悉尼奥运会再次揽得金牌的格布雷希拉西耶回国后设立的。第一年开赛，1万张门票在几天内就售罄——每个人都想和格布雷希拉西耶一起跑。可以说，他是凭借一己之力发起了一场群众参与的长跑活动。现如今，每年的大埃跑会吸引4万多名业余跑步爱好者参与。

绝大部分参与者是本地人，少数为欧洲移民——他们很多来自总部设在亚的斯亚贝巴的非政府组织或大使馆。站在起点线前的选手如同面对潘普洛纳（Pamplona；西班牙奔牛节举办地）的公牛一样热切，在一排手持警棍的警察身后蓄势待发。有人摁响了非正式的喇叭，起跑线瞬间被突破。警察们掉转身，便匆匆逃命去了。混乱之中，甚至有只鞋飞到了空中，但稍微有点理智的人恐怕都不会回头去找那只鞋子。直到几分钟

世界领跑者

富有竞争力的埃塞俄比亚赛跑步运动员在多个项目上都有着优异的表现，而其中的最强项，始终是1万米。在黑·格布雷希拉西耶、凯内尼萨·贝克勒、阿尔玛兹·阿亚娜（Almaz Ayana）和其他运动员的携手努力下，埃塞俄比亚成为在该项目上收获奥运金牌和世锦赛冠军数量最多的国家，而且阿亚娜和贝克勒现在还是1万米的世界纪录保持者。

从左至右：亚的斯亚贝巴的缤纷和嘈杂为大埃跑提供了丰富的背景；足以被列为违禁品的埃塞俄比亚咖啡。317页：在非洲的这片土地上，跑步是一种国民运动。

后，我才义无反顾地一头扎入看似无穷无尽的人潮，但仅仅跑出去400米，就有人已经开始放慢速度，快乐地步行起来。

在我身边慢跑的一名男子指了指我的GPS手表。表带前一天坏掉了，我临时修了修，戴在手上不是很稳。他笑着将手表从我的手腕上扒了下来，在我面前挥了挥，便一溜烟跑了。不过他并没有跑远，总是与我保持着足够近的距离，好让我能够赶上来。我们猫捉老鼠似的戏耍了好几里，最后他把表扔还给我，就消失了。

路过本地的酒吧时，捧着冰啤酒的围观者也会拿我们取乐。虽然我不懂他们说的话，但肢体语言再明显不过：“为什么你们这些疯子要在这么热的天跑步？”沿途的广播大声地播放着阿姆哈拉语（Amharic；埃塞俄比亚官方语言）音乐和俗气的欧洲流行乐，一群穿着牛仔裤的跑步者突然停了下来，绕着一

位业余的霹雳舞者围了个圈。再往前，还有两位穿着鲜绿色裤子的步行者踩着高跷在我们上方缓缓前行。

几公里过后，事情变得一目了然了：没有人在认真比赛。很多人在临时洒水装置下跳舞，还有人排队领马耳他健力士，这是一种本地产的无酒精饮品，深受大家喜爱。比赛路线都设在城区，有宽阔的大马路和立交桥，当然也少不了令人咋舌的坑坑洼洼的路面。虽然我这个人做事向来能够游刃有余，但稀薄的空气（亚的斯亚贝巴海拔2355米）和尘土飞扬的干热还是令我备感挫败。最终，我们抵达了简·梅达（Jan Meda）一处老旧的运动场，同时也是比赛的终点。

但不管怎样，通过终点的拱门只是意味着比赛的结束，派对还在继续。巨大平坦的绿地上散落着数千名跑步者，他们还在欢庆，彼此之间开着玩笑。我甚至混进了一处VIP区域，不仅喝上了埃塞俄比亚咖啡，还和格布雷希拉西耶蹭了张合影。几口咖啡下肚以后，我觉得自己可能发现了埃塞俄比亚人统治长跑项目的真正秘诀：埃塞俄比亚咖啡就如同火箭燃料一般带劲。要是能够在起点喝上一杯，那该有多好啊！　**文 / 凯特·卡特**

跑步指南

起点 / 终点 // 梅斯克尔广场（Meskel Square），亚的斯亚贝巴

距离 // 6英里（10公里）

到达 // 坐飞机到亚的斯亚贝巴，然后坐出租车到离起点尽可能近的地方，因为会遇上道路封闭。

何时去 // 大埃跑每年11月举办。

住宿 // 比赛物资包在官方指定的希尔顿酒店发放，你也可以下榻于此。

更多信息 // www.ethiopianrun.org

行前参考 // 国际参赛者需要在比赛开始前一个星期领取物资包。报名费包含了在希尔顿酒店举行的赛前意大利面派对。不出意外的话，黑·格布雷希拉西耶会出现在那里。

更多类似体验

大非洲赛事

索韦托马拉松节，南非

索韦托马拉松周末（Soweto Marathon weekend）每年11月举行，有多个项目可选。为了展现约翰内斯堡索韦托镇悠久的历史，路线会经过各种遗迹景区，譬如沃尔特西苏鲁广场（Walter Sisulu Square）和里贾纳芒迪天主教堂（Regina Mundi Catholic Church），前者是1955年《自由宪章》（*Freedom Charter*）的诞生地，后者以其在反种族隔离斗争中所扮演的角色以及作为荣誉主教德斯蒙德·图图（Desmond Tutu）主持“真相与和解委员会”（Truth and Reconciliation Commission）听证会之地而扬名。

起点 / 终点 // 足球城体育场（FNB Stadium）

距离 // 6~26.2英里（10~42公里）

更多信息 // www.sowetomarathon.com

马拉喀什马拉松，摩洛哥

马拉喀什马拉松（Marrakesh Marathon）每年1月举办，到2019年已经迎来了第30届比赛，其以冬季的阳光和选手的速度而闻名，精英组的比赛成绩都是世界一流水平。赛段较为平坦，途中会经过风景如画的宣礼塔、路边的古城墙和市场，远处则是白雪皑皑的山峰。本地乐队会为8000名参赛者加油助威，氛围如同狂欢节般热烈。对于追求成绩的跑者来说，马拉喀什马拉松堪称完美。

起点 / 终点 // 梅纳拉大道（Avenue de la Menara）

距离 // 13~26.2英里（20~42公里）

更多信息 // www.marathon-marrakech.com

马拉维冲击马拉松

马拉维马拉松（Malawi Marathon）是冲击马拉松系列赛（Impact Marathon Series）的一部分，这个全球性赛事旨在通过跑步改变和改善社区，其举办地为马拉维、肯尼亚、尼泊尔和危地马拉。去马拉维参赛意味着你要在5月抽出一个星期的时间，完全投身于整个过程——住在马拉维湖岸边的运动员村，拜访并参与你一直在为其募资的相关服务项目，当然还有参加马拉松。跑者将会翻越山坡，穿过希沃普里国家公园（Shivapuri National Park）的森林，沿着巨大湖泊的岸边前进—— 整条路线环绕一圈为半马，两圈是全马。虽然跑起来并不轻松，但你不必拼尽全力争取个人最好成绩。

起点 / 终点 // 恩考坡（Nkope）

距离 // 13~26.2英里（20~42公里）

更多信息 // www.impactmarathon.com/malawi

从上至下：马拉维湖奥特尔角（Otter Point）的日落景色；马拉喀什热火朝天的公共广场。

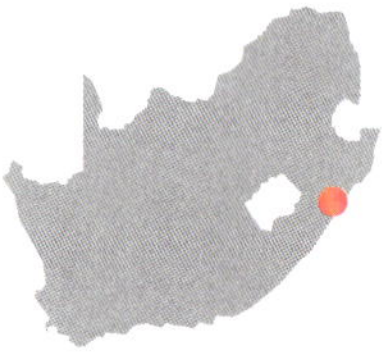

同志马拉松

它是所有超级马拉松的南非先辈，在这项赛事中，历史感和传统感会支撑着你越过终点线。

绕过最后一个转角进入彼得马里茨堡（Pietermaritzburg）的板球场时，我简直不敢相信自己抵达了终点。在过去几个小时里，我顶着29℃的气温，沿着一条穿过郊外住宅区的不起眼的道路，一边奔跑，一边对抗着足以令人心态崩溃的竭力感。我几乎是把自己的身体从54英里（87公里）外的沿海城市德班（Durban）一直拖到了终点，总共花了差不多9小时。排在终点线附近的人们纷纷和选手击掌，为之喝彩和欢呼，我暗暗告诉自己，要将这种感觉铭刻于身体之中，记住它有多痛苦——因为我担心我会忘了这一切，然后发现明年的自己正在重新经历一遍。

南非的同志马拉松（Comrades Marathon）——严格来说属于“超级马拉松”——拥有一种能深入你内心的魔力。在比赛开始前的那几天里，我遇见了很多不止一次来参赛的人。每个人完赛的次数甚至被印在他的比赛号码布上，已经完赛十次或更多的跑者可以获得一块令人梦寐以求的绿色号码布，这枚“荣誉徽章”足以引来其他所有人的崇敬之情。比赛前一天，我见到了巴里·霍兰德（Barry Holland），他已经连续44年参加比赛。“你知道吗？我甚至有点嫉妒你第一次来跑同志马拉松，”他告诉我，“第一次的感觉非常强烈。你会终生难忘。”

感觉强烈，那是肯定的。越过终点线的那一刹那，我的眼眶就湿润了。一位工作人员握住我的手，亲切专注地看着我。“你还好吗？”她问道，好像在期盼我能够抱住她。

在世界其他地方，超跑或许依然是小众运动。但在南非，超跑就是跑步，它没什么特别。这里拥有两项重大赛事，双洋马拉松[Two Oceans marathon；35英里（56公里）]和同志马拉松，与之相比，普通马拉松只能算是热身活动。作为世界上最盛大且最古老的超级马拉松，同志马拉松堪称所有超马的先祖。它由“一战”老兵维克·克拉彭（Vic Clapham）在1921年创立。战争期间，他所在的南非第八步兵团艰苦跋涉了数百英里穿越东非，尽管承受了巨大的痛苦，但战友之间的同志之情却深深地打动了他。战争结束以后，克拉彭感觉与战友之间的亲密关系从自己的生活中消失了，于是在1921年，他发起了第一届同志马拉松。

与其他跑者之间的纽带从起点就开始形成了。不过清晨5:00站在人群之中的我仍在怀疑，一切是不是被夸大其词——太多人告诉我它有多么不可思议，如何会让人起鸡皮疙瘩。虽然时间还早，但德班已经躁动起来，20世纪80年代的激情民谣响彻仍被黑暗笼罩的街道。在德班，今晨无人入睡。

几分钟以后，传统民歌《索索洛扎》（*Shosholoza*）的音乐响了起来，很快我们都一起唱出了它那深沉而多情的副歌。“Shosholoza”意为“前进”，这首歌传唱着对南非动荡过往的痛心和反抗。对于这个分裂的民族而言，同志马拉松一直是一个不可多得的熔炉：1923年出现了第一位女性完赛者，1935年第一次有黑人跑者参赛，1975年官方终于将完赛奖牌不分种族和性别地颁发给参赛运动员——这甚至比种族隔离制度的结束早了近20年。

随后枪声响起，人潮涌动，我们出发了。将近18,000名参赛者中，男女老幼，高矮胖瘦，什么人都有。同志马拉松远远超出了一场普通马拉松的范畴，这不只体现在距离上——它大致相当于两个全马再加上一个背靠背公园跑，也体现在多半上坡的路线特点上。比赛过程中，我们需要沿着灰蒙蒙的城市混凝土要道，爬坡进入绿草覆盖的高地，再穿越炙热的平原。沿途山峰的名称，如Inchanga和Polly Shortts，足以唤起恐惧和敬畏之心，每一座山峰都拥有自己的胜利史和灾难史。

随着太阳升起和双腿逐渐疲惫，跑者之间的联系不断加深。总有人会帮助我，递给我一瓶水或一些食物，询问我的名字，让我和他们一起跑，这样的场面在半途中出现了无数次。无数的观众守候在路线两旁，唱着歌跳着舞，大声鼓励着我们——如果有需要，他们甚至会为我们按摩双腿。

在南非，同志马拉松是一年中最盛大的体育赛事之一，电视台会连续12小时以上不间断报道。结束时的收视率往往最高，因为12小时后终点线会关闭，那些没能完赛的跑者等于直接失去比赛资格。这是一项残酷的传统，却带来了极强的戏剧性。我拖着疲惫的身体及时爬上了主看台，想看看最后的场面。

本土传奇

1922年，即第二届同志马拉松举办的那一年，南非国家橄榄球队成员比尔·佩恩（Bill Payn）在头天晚上灌下去几杯烈酒以后，决定去参加第二天的比赛。比赛当天，他穿着自己的橄榄球球鞋就开跑了，沿途停下来吃了熏肉煎蛋和一份咖喱鸡肉，跑到一半的时候还喝了杯啤酒。他最终以第八名的成绩完赛。第二天他又参加了一场橄榄球赛，但由于脚上被磨出了水泡，他选择穿跑鞋比赛。

顺时针从上至下：20,000人参加了这个世界上最古老的超级马拉松赛事；来自南非的Bongmusa Mthembu曾多次夺冠；很多人必须跑满12小时才能完赛 323页：计时钟

音乐声依然刺耳，解说员的声音依然中气十足，他在催促着参赛者们做最后的努力。没过几分钟，数千人鱼贯而入。每年都有超过一半以上的跑者会赶在最后一个小时完成比赛，其中大多数人又会在最后10分钟冲线。抵达终点的人像来到天堂之门的老弱病残，他们展开双臂，向后仰着头，整个人欢欣鼓舞。还有些人是被其他跑者搀着过线的，但依然拼命地昂起脖子。悲悯和仁慈让我一次又一次擦去眼角的泪水。

最后30秒，氛围逐渐变得更加狂热。有人在冲刺，还有人越过终点瘫倒在地。残酷的倒计时忽而响起，工作人员开始排成人墙：3，2，1——大门关闭，音乐停止，灯光熄灭。还没有完赛的人呆站在原地，一副彻底被打败的样子。这孤独绝望的场面看起来像极了电视剧《最后的岗哨》（*The Last Post*）中的画面，女士们，先生们，就到这里了。

比赛结束后第二天，我参加了本地一场名为“疼与痛”（Aches & Pains）的派对，参赛者们在酒吧聚会，分享着彼此的战争经历。他们都问我明年是否还会再来。我试着回想了一下在最后20英里感受到的那种痛苦，但它已然退却，取而代之的记忆是完成如此伟大比赛带来的极度兴奋和真挚情感。

“我不知道。”我说。大家都笑了。“你会的，”他们会意地回答，“你肯定会的。” **文 / 亚德哈拉南德·芬恩**

跑步指南

起点 // 德班

终点 // 彼得马里茨堡（起点和终点每年交换）

距离 // 54英里（87公里）

到达 // 乘飞机到德班。起点位于市中心，靠近海滨。

何时去 // 比赛在5月或6月举行，即南非的初冬。

住宿 // 比赛开始（或结束）于德班的海滩附近，周边有很多酒店，步行就能抵达。Southern Sun Elangeni和City Lodge Hotel都能满足参赛者的需求，且氛围很好。

更多信息 // www.comrades.com

行前参考 // 虽然沿途有食物提供——煮马铃薯蘸盐深受欢迎——但你最好随身携带一些能量胶。下午的天气可能非常炎热，别忘了做好防晒。

右页：南非的开普敦是双洋马拉松的举办地。

更多类似体验

历史悠久的超级马拉松赛事

双洋马拉松，南非

被誉为“世界最美马拉松”的这个公路超级马拉松是最接近同志马拉松的赛事，全程34.8英里（56公里），其环形路线位于开普敦标志性的景点桌山（Table Mountain）附近，能同时欣赏大西洋和印度洋（名字“双洋”的由来）的壮丽风光。每年4月举办，起初是作为同志马拉松的预热赛事，因此参赛者经常会被问到是否在为同志马拉松做训练准备。不过，自1970年第一届比赛以来，双洋马拉松逐渐发展壮大，现如今它已经成为独立的大型马拉松盛会，沿途风景比同志马拉松还要壮美。同一个周末会举办南非最大规模的半马，利用同样路线的一部分作为赛道。

起点 // 纽兰特（Newlands），开普敦

终点 // 开普敦大学

距离 // 13~34.8英里（20~56公里）

更多信息 // www.twooceansmarathon.org.za

JFK 50，美国

JFK 50是美国历史最悠久、规模最大的超级马拉松。1962年冬天到1963年，为了响应肯尼迪总统提出的要求，即美国海军陆战队员必须在20小时以内完成50英里（80公里）徒步来展现体魄，“JFK挑战”系列赛事在美国各地涌现，JFK 50便是其中之一。很多平民也报名参加了这些比赛，这一现象后来被称为不可思议的1963年“50英里狂热”。在肯尼迪遇刺以后，仅有马里兰州还继续举办JFK挑战赛，且逐渐发展壮大。现如今，JFK 50已经成为一个大规模的军事盛会，成绩最好的军事小组将获得享有盛誉的“肯尼迪杯”。每年1月，会有1250名跑者参与挑战，时间限制在13小时之内，其路线包括铺装道路、沿切萨皮克和俄亥俄运河（简称C&O运河）一段很长的纤道，以及13英里（21公里）景色宜人的阿巴拉契亚步道（Appalachian Trail）。

起点 // 布恩斯伯勒（Boonsboro），马里兰州

终点 // 威廉斯波特（Williamsport），马里兰州

距离 // 50英里（80公里）

更多信息 // www.jfk50mile.org

德班城市马拉松，南非

如果你想体验在德班奔跑的感觉，又不想挑战像同志马拉松那样重大又漫长的赛事，你可以尝试每年4月举行的德班城市马拉松（Durban City Marathon）。10公里和半马的比赛不仅能让你同样感受印度洋的微风，而且有着沿城市步道和港口规划的平坦快捷的路线。它的全程马拉松是同志马拉松的资格赛——你必须在5小时以内完赛才能获得资格，因此在跑步过程中，你也能感受到一丝同志马拉松的传奇氛围。除此之外，位于同志马拉松路线终点的彼得马里茨堡，亦会在每年的2月举办属于自己的城市马拉松，即马里茨堡城市马拉松（Maritzburg City Marathon）。在南非人看来，这些赛事都和同志马拉松存在着千丝万缕的联系，透过它们，你可以隐约感受到这个国家的国民对于同志马拉松的痴迷。

起点 / 终点 // 摩西·马布海达体育场（Moses Mabhida Stadium）

距离 // 6~26.2英里（10~42公里）

更多信息 // www.durbancitymarathon.co.za

索 引

E

F

H

M

S

T

U

幕 后

我们的作者

理查德·阿斯奎斯(Richard Askwith)

著有*Today We Die A Little: Emil Zátopek, Olympic Legend to Cold War Hero*(Yellow Jersey)一书。

格雷格·本齐维克(Greg Benchwick)

在莱德维尔100英里(160公里)越野赛中结识了不少朋友，参加过一次大瑟尔马拉松，此外，他也以慢跑的方式游览全球各地。可通过Instagram@gregbenchwick了解他的动态。

乔·拜恩德洛斯(Joe Bindloss)

约翰·布兰奇(John Branch)

撰写了《纽约时报》2018年6月17日刊中有关Dipsea的故事。

凯特·卡特(Kate Carter)

斯蒂芬妮·凯斯(Stephanie Case)

可通过推特@runningcase及网站www.ultrarunnergirl.com关注她。

杰恩·达尔西(Jayne D' Arcy)

关注网站www.jaynedarcy.com.au了解她的极限保健方式。

查理·恩格尔(Charlie Engle)

网站www.charlieengle.com介绍了他的最长探险行程“5.8”。

亚德哈拉南德·芬恩(Adharanand Finn)

著有*Running with the Kenyans*和*The Rise of the Ultra Runners*，可通过Instagram@adharanand关注他的动态。

达米安·哈尔(Damian Hall)

户外记者、作家、创纪录的极限跑者、演讲家，还非常喜欢喝茶，可通过他的个人网站www.damianhall.info了解更多。

帕特里克·金塞拉(Patrick Kinsella)

记者和作家，专攻各种小径(通常也写艾尔啤酒)，可以通过推特@paddy_kinsella关注他。

瑞秋·列文(Rachel Levin)

记者，也是*LOOK BIG: And Other Tips for Surviving Animal Encounters of All Kinds*(Ten Speed, 2018)一书的作者，可以通过网站byrachellevin.com了解她。

布莱恩·梅茨勒(Brian Metzler)

长居博尔德的记者，在30多个国家跑过步，出版过几本书，可以通过网站brianmetzler.com了解他。

加比·莫卡塔(Gabi Mocatta)

塞巴斯蒂安·内兰(Sebastian Neylan)

住在墨尔本，此前在伦敦的Lonely Planet办事处待过5年，可以通过推特@swobba关注他。

艾坦·奥卡罗尔(Etain O' Carroll)

为Lonely Planet供稿超过15年，一直都在跑步，可以通过网站Etaino.co.uk了解她。

克里斯·奥尔德(Chris Ord)

www.trailrunmag.com网站的编辑、比赛总监，此外还担任假期跑步行程(www.tourdetrails.com)的向导。

马特·菲利普斯(Matt Phillips)

最近参加了攀登伦敦52层楼高的Cheesegrater慈善活动，可以通过推特@Go2MattPhillips了解他。

皮尔斯·皮卡德(Piers Pickard)

阿丽西亚·瑞博恩(Alicia Raeburn)

www.mileslesstraveled.com。

马克·雷米(Mark Remy)

著有*Runners of North America – A Definitive Guide to the Species*，也是网站www.DumbRunner.com的创始人。

布伦登·塞恩斯伯里(Brendan Sainsbury)

参与撰写过50多本Lonely Planet指南，在此过程中跑了数千英里。

萨拉·斯特林（Sarah Stirling）

居住在斯诺登尼亚的探险作家，可通过网站SarahStirling.com和推特@sarah_stirling了解她。

雷吉斯·圣路易斯（Regis St. Louis）

迈克尔·瓦尔丁（Michael Wardian）

职业运动员，参与过许多国家级赛事并最终夺魁，可通过推特@mikewardian了解他。

维基·沃利（Vicki Woolley）

卡拉·齐默尔曼（Karla Zimmerman）

住在芝加哥，可以通过Instagram@karlazimmerman关注她的动态。

黄嵩

成为Lonely Planet作者已超过10年，跑步与骑行爱好者，每年参加多场马拉松比赛，并热衷于自行车长途旅行。

封面与插图：罗斯·莫雷（Ross Murray；www.rossmurray.com）

关于本书

本书为中文第一版。由以下人员制作完成：

项目负责　关媛媛

项目执行　丁立松

翻译统筹　肖斌斌　李昱臻

翻　　译　徐黄兆　邹云　吕国斌

内容策划　董驰迪　盛洋　李小可

视觉设计　庹桢珍　李小棠

协调调度　沈竹颖

总　　编　朱萌

执行出版　马珊

责任编辑　叶思婧

执行编辑　朱思旸

特约编辑　刘霜

地图编辑　田越

制　　图　张晓棠

流　　程　孙经纬

排　　版　北京梧桐影电脑科技有限公司

声 明

本书地图由中国地图出版社提供，审图号 GS（2020）2284 号。

说出你的想法

我们很重视旅行者的反馈——你的评价将鼓励我们前行，把书做得更好。我们同样热爱旅行的团队会认真阅读你的来信，无论表扬还是批评都很欢迎。虽然很难一一回复，但我们保证将你的反馈信息及时交到相关作者手中，使下一版更完美。我们也会在下一版特别鸣谢来信读者。

请把你的想法发送到 china@lonelyplanet.com.au，谢谢！

请注意：我们可能会将你的意见编辑、复制并整合到 Lonely Planet 的系列产品中，例如旅行指南、网站和数字产品。如果不希望书中出现自己的意见或不希望提及你的名字，请提前告知。请访问 lonelyplanet.com/privacy 了解我们的隐私政策。

我的跑步记录

在全世界跑步

中文第一版

图书在版编目 (CIP) 数据

在全世界跑步 / 澳大利亚 LONELY PLANET 公司著；徐黄兆，邹云，吕国斌译 . -- 北京：中国地图出版社，2020.9

书名原文：Epic Runs of the World

ISBN 978-7-5204-1740-2

Ⅰ . ①在… Ⅱ . ①澳… ②徐… ③邹… ④吕… Ⅲ . ①旅游指南－世界 Ⅳ . ① K919

中国版本图书馆 CIP 数据核字（2020）第 164412 号

出版发行	中国地图出版社
社　　址	北京市白纸坊西街 3 号
邮政编码	100054
网　　址	www.sinomaps.com
印　　刷	北京华联印刷有限公司
经　　销	新华书店
成品规格	185mm×240mm
印　　张	21
字　　数	572 千字
版　　次	2020 年 9 月第 1 版
印　　次	2020 年 9 月北京第 1 次印刷
定　　价	138.00 元
书　　号	ISBN 978-7-5204-1740-2
图　　字	01-2020-1770

如有印装质量问题，请与我社发行部（010-83543956）联系